The Learning Habit

숙제의 힘

THE LEARNING HABIT
Copyright © 2014 by Good Parent, Inc
Korean translation rights © 2015 by Dasan Books Co.
All rights reserved including the right of reproduction in whole or in part in any form.
This edition published by arrangement with Perigee, a member of Penguin Group(USA) LLC,
a Penguin Random House Company through shinwon agency

이 책의 한국어판 저작권은 shinwon agency를 통해 Perigee Trade와 독점 계약한
(주)다산북스에 있습니다.
저작권법에 의하여 한국 내에서 보호를 받는 저작물이므로 무단전재와 복제를 금합니다.

The Learning Habit

숙제의 힘

전 세계가 주목한 최고의 '학습 습관 연구' 프로젝트

로버트 프레스먼 · 스테파니 도널드슨 — 프레스먼 · 레베카 잭슨 지음
김준수 옮김

서문

지난 몇 년에 걸쳐 우리는 교육 환경이 드라마틱하게 변하는 모습을 지켜봐 왔다.

한때 교실 수업의 부가물 정도로 여겨졌던 숙제는, 이제 교육 과정의 핵심 부분이자 학업 성적을 정하는 중요한 요소가 되었다. 온라인 수업 도구와 교과서를 통한, 테크놀로지의 결합으로 숙제의 과정은 더욱 복잡해졌다. 이제는 미디어 소비의 목적이 교육이냐, 취미생활이냐 하는 경계 자체가 매우 흐릿해질 정도이다.

과거에는 숙제하는 데 기껏해야 30분 정도가 걸렸다. 특별 프로젝트를 하거나 수학 문제 몇 개를 풀거나 철자 시험을 준비하는 정도였다. 아이들은 수업 시작 전에 숙제로 내준 부분을 쓱 훑어본 후 숙제에 답을 써넣으면 됐다. 선생님이 교실 문턱을 넘어설 때까지 답을 휘갈겨 쓰기도 하면서!

하지만 이제 그런 방식은 통하지 않는다. 요즘 숙제는 (스트레스가 가득한 채) 몇 시간이 걸리기도 한다.[주1] 디지털을 이용한 숙제, 온라인 조사와 온라인 지도가 일반화되었다. 하지만 부모들은 이런 도구들을 어떻게 활용해서 아이들의 숙제를 효율적으로 도울 수 있는지에 대해 제대로 안내를 받은 적이 없다. 좋든 싫든, 테크놀로지에 기반한 숙제는 이제 현실이 되었지만 말이다.

이러한 가운데 '비필수적인' 학교의 교육 프로그램들은 점차 없어지고 있다. 삶을 풍요롭게 해 줬고, 체육과 예술 분야에서 우리에게 기회를 제공해 왔던 활동들이 사라지고 있다. 학생들이 도전하게 하고, 새로운 것을 익힌다는 사실에 자부심을 갖게 하는 대신, 교사들은 정해진 대로 시험을 치르는 일에 바쁘다.

정해진 시험만을 강조하면서, 성취도가 가장 중요해졌다. 그 결과 이 나라는 실수나 도전, 심지어 수업 중에 질문하는 것조차 바보처럼 보일까 봐 두려워하는 아이들로 가득차게 됐다. 만약 네가 우등생이 될 수 없다면, 만약 최고가 될 수 없다면, 차라리 아예 시도해 보지도 않는 게 나을거야— 왜냐하면 넌 아마 실패할 테니까, 이런 식이 되어 버린 것이다.

또한 테크놀로지는 그 어느 때보다 더 우리의 삶에 지대한 영향을 끼치고 있다. 아이들은 통신의 발달 덕에 정보에 더 쉽게 접근할 수 있는 혜택을 누리고 있다. 대체로 훌륭한 진보라고 할 수 있지만, 그렇지 않을 때도 있다.

우리가 지켜본 바로는 아이들은 미디어에는 쉽게 접근하지만, 사회성이나 대화의 기술이 부족하다. 몇 시간이고 비디오 게임을 할 줄 아는 아이들이 10분 이상 책을 읽지 못한다.

문자를 보내고 트위터를 할 줄 아는 아이들이 수학 문제에는 집중할 줄 모르고, 역사책은 채 몇 줄도 읽지 못한다. "너무 지겨워요!"라고 아이들은 불평한다. 비디오 게임, 문자, 소셜 미디어에서 얻을 수 있는 즉각적인 만족감에 비한다면 지루하기 짝이 없다고 말한다.

이 책을 쓴 우리 세 명의 연구자, 로버트 프레스먼Robert Pressman, 스테파니 도널드슨-프레스먼Stephanie Donaldson-Pressman, 레베카 잭슨Rebecca Jackson은 지금의 이 현실이 보편적인 현상인지 알고 싶었다. 그래서 이런 문제들을 맞닥뜨리고서도 4년 만에 아이들을 대학에서 졸업시킨 가족들을 포함하여 '*학습 습관 연구*'The Learning Habit Studies를 진행하게 되었다.

이 연구는 미국 50개 주, 4,600개 도시, 약 5만 명의 부모들을 대상으로 3년간 수행된 프로젝트로 역사상 가족의 일상에 관한 최대의 규모를 자랑하고 있다. 이 연구는 전통적인 학술 연구뿐 아니라 온라인 조사, 임상 경험, 그리고 부모와 교사 인터뷰에 근간을 두고 진행되었다. 2013년 가을에 수행된 이 연구의 결과는 결정적이고 도발적이었다.

이렇게 변화되는 환경에서도 학업에 성공한 아이들은 어떤 경우일까? 부모들은 아이들에게 명확하게 의사소통할 수 있는 사회성을 길러 주고, 건강한 정신과 자신감을 불어넣어 주기 위해 어떻게 했을까? 우리는 다른 과학자들을 모아 학습 습관에 관한 세 가지 서로 다른 연구를 수행했다.

연구가 온라인으로 진행되면서 익명성이 보장되자, 재미있는 일이 벌어졌다. 부모들이 자녀의 성적, 또래들과의 사회적 교류, 학교와 가정에서의 훈육과 행동 문제들, 그리고 미디어 사용 등에 대해 편안하게 속내를 드러냈다.

거대한 분량의 자료를 취합하고 분석하고 상호 비교하는 것은 벅찬 작업이었다. 우리는 다양한 주제들을 다각적으로 비교해야 했다. 스포츠와 의사소통 능력, 성적과 사회적 참여, 취침 시간과 성격, 양육 방식과 독립심 간에 서로 어떤 상관관계가 있는지 파악하기 위해서 말이다.

예를 들어, 커뮤니케이션 능력과 학교 숙제는 완전히 별개라고 생각할 수 있겠지만, 이 책을 읽은 후에는 그 생각이 달라질 것이다. 스포츠와 사교성의 관계도 마찬가지다. 수면도 중요한 요소 중 하나이다. 휴대폰 사용, 비디오 게임, 컴퓨터는 어떨까? 짐작다시피, 미디어 기기의 사용은 숙제와 성공적 학습 습관을 형성하는 데 있어 중요한 역할을 한다.

결국 우리는 각 요소들이 만나는 연결점을 찾아 학업, 정서, 사회성에서 성공한 아이들이 속한 가족들에게서 공통적으로 발견되는 여덟 가지 학습 습관을 정의할 수 있었다. 이렇게 찾아 냈으니, 이 습관들을 자녀 양육 방식에 접목하면 최상의 결과를 낳을 수 있을 것이다.

연방 통신 위원회(FCC) 의장, 미디어 전문가들, 발달 전문가들은 포럼에서 초중고생 아이들을 'M² 세대' Generation M² (밀레니엄 세대, 미디어 세대를 뜻하는 'Generation M'보다 미디어와 훨씬 더 깊숙한 관계를 맺고 있기에 M의 제곱으로 표현함_옮긴이)라고 불렀다. 카이저 가족 재단은 그들의 보고서 「M² 세대 : 8~18세의 미디어 사용」[주2]에서 8~18세 사이 아이들의 엔

터테인먼트 미디어 남용과 관련된 연구 결과와 우려를 제시하고 있다.

우리의 연구 결과도 그들과 일치한다. 이 세대의 미디어 사용은, 가히 폭발적이라고 할 수 있다. 이러한 미디어 사용은 전반적인 가정사와 숙제에 영향을 끼친다.

이러한 환경의 변화 속에서 이 책은 미디어 사용이나 학교 숙제를 지지하려는 것도, 혹은 비난하려는 것도 아니다. 이 둘은 모두가 존재하는 현상이다. 하지만 우리가 인터뷰한 부모들은 자녀들이 감당해야 하는 스트레스, 특히 숙제 때문에 받는 스트레스에 혼란스럽고 화가 치민다고 했다.

인터뷰 대상이었던 카렌은 3학년생인 여덟 살짜리 딸이 매일 밤, 1시간 이상 온라인 수학 숙제를 하느라 눈물을 흘릴 정도로 심각하게 좌절한다고 했다. 같은 수업을 듣는 아이들의 부모들 중 다수가 그런 걱정을 갖고 있었다.

"이건 옳지 않아요." 그녀는 수장했다. "미칠 것 같아요! 하시만 어디가 적정선인지 어떻게 알죠?"

부모들은 답을 원한다. 정상적인 일상을 회복하기 위해서는 어느 지점에서 선을 그어야 할지를 알고 싶다. 급속한 기술의 진보, 교육 환경의 변화, 사회적 불안정 속에서 부모들은 균형을 잡지 못하고 불안해 한다. 그들의 마음 깊은 곳에서 "뭔가 잘못됐어"라는 속삭임이 퍼져 나온다. 그렇다. 뭔가 잘못됐다.

이것이 바로 우리가 M^2 세대를 위한 학습 습관에 대해 이야기하려는 이유이고, 아이들의 성공을 도울 수 있도록 양육 방식을 정비하는 방법에 대한 대화를 시작하려는 이유이다.

우리의 궁극적인 목적은 부모들이 자신의 가정을 원만히 운영하고, 학교의 커리큘럼과는 별도로 아이들의 성공 가능성을 높이는 데 대한 해답을 제공하는 것이다.

이 목적을 위해 우리는 이 책 1부와 2부에 여러 가지 이야기를 담았다. 이 책에 등장하는 이야기들은 모두 실제 있었던 일들이다. 부모들과 인터뷰 참가자들의 신원 보호를 위해 이름과 정보를 바꿨을 뿐이다. 또 일부 이야기는 우리의 개인적인 양육 경험에서 추출했다.

마지막으로 이 책의 3부에서 다루고 있는 가족 도전 과제들을 꼭 수행해 볼 것을 권한다. 여러분의 가족들이 시도해 볼 수 있는 흥미로운 게임들로, 각 과제들마다 딱 24시간만 투자하면 된다. 당신의 양육 기술을 강화하고 자녀들과 당신을 위한 학습 습관을 기르는 데 효과적일 것이다.

다른 부모들을 돌아보라. 그들이 배우는 사람들인지 혹은 멈춘 사람들인지 살펴보라. 배우는 사람들은 분명히 성공한 사람들이고 재미있는 사람들일 것이다. 또한 굳이 증명할 필요도 없이 그들이 하는 일을 즐기는 사람들일 것이다. 단지 듣기만 하는 것이 아니라 진정 귀를 기울일 줄 아는 사람들이다.

타인들이 그들에게 끌리는 것은 배움에 대한 그들의 열린 자세 덕분이다. 그것이 당신이 자녀들에게 해 줄 수 있는 최선이기도 하다.

아이들에게 지치지 않는 학습 습관을 길러 줘라. 배우는 능력은 그들에게 인생의 성공을 담보해 줄 것이다.

차례

서문 • 05

평생 학습의 모든 것은 가정에서 시작된다

성공 뒤에 숨은 비밀을 밝혀라 • 17

자율 양육이 학습 습관의 시작이다 • 27

성공하는 아이를 위한 8가지 학습 습관

Learning Habit 01

미디어 사용 습관 컴퓨터와 스마트폰을 어떻게 사용할 것인가 • 69

Learning Habit 02

숙제 습관 규칙적인 숙제 습관을 어떻게 기를 것인가 • 123

Learning Habit 03

시간 관리 습관 시간을 어떻게 효율적으로 관리할 것인가 • 159

Learning Habit 04
목표 설정 습관 목표를 어떻게 효과적으로 설정할 것인가 • 183

Learning Habit 05
효율적 대화 습관 원하는 바를 어떻게 표현할 것인가 • 201

Learning Habit 06
책임지는 습관 선택에 대해 어떻게 책임질 것인가 • 227

Learning Habit 07
집중하는 습관 눈앞의 마시멜로를 어떻게 참을 것인가 • 257

Learning Habit 08
자립하는 습관 자립하는 용기를 어떻게 기를 것인가 • 287

PART 3
성공하는 아이를 위한 21가지 놀이 과제들

놀이를 통해 배운다 • 317

감사의 말 • 340 / 주석 • 347

평생 학습의 모든 것은 가정에서 시작된다

성공 뒤에
숨은 비밀을 밝혀라

"더 잘 알수록, 더 잘하게 된다."
_ 마야 안젤루(Maya Angelou), 작가, 시인, 미국 대통령 자유 훈장 수훈자

어렸을 적, 신학기가 되면 나는 항상 학용품 구입을 즐겼다. 개학 전날이면 마치 갑자기 뾰족한 연필 스물네 자루를 쓸 일이라도 있는 것처럼 새로 구입한 연필들을 깎았다. 요즘도 잘 깎은 연필들을 보고 있자면 내 어렸을 적 신학기의 기억들이 아련히 떠오른다. 이제 우리 집 막내와는 공유하지 못하는 기억이지만.

앞으로 몇 년 안에, 아이들에게 연필을 깎으라고 하는 일은, 마치 자동차 유리문을 손잡이로 빙빙 돌려서 내렸던 일처럼 쓸모없는 일이 될지도 모른다. 미국 초중고 공통학습기준Common Core State Standards, CCSS(학생들의 전반적인 읽기·쓰기 능력을 향상시키기 위한 미국의 핵심 공통 교육 과정_옮긴이)에 따르면, 키보드가 곧 연필을 완전히 대체하게 될 것이라고 하니 말이다.[주1]

우리 아이들이 교육받고 사회화 과정을 밟고 있는 지금 이 세상

은 물론, 이들이 직장인이 된 뒤 영위하게 될 세상은 지금과는 완전히 다를 것이다. 그 차이를 이해하고 받아들여야 학습에 대한 부모의 생각을 바꿔 나갈 수 있다.

부모들은 아이들이 평생 동안 기대게 될 버릇들을 가정에서 가르침으로써 자녀들이 공부하고 돈을 벌어 생존해 나갈 수 있도록 준비시켜야 한다. 이를 위해서 우선 우리는 '숙제'라는 단어의 개념을 다른 시각에서 바라보아야 한다. 학교에서 내주는 숙제는 사실 해마다 계속 변하고 있기에 어려운 과제일 수 있다. 심지어 유치원에 다니는 내 아이는 디지털로 과제를 제출하기 때문에 아이의 온라인 성적표를 확인하기 위해서는 로그인 아이디와 패스워드가 있어야 한다!

이제 숙제하는 습관과 도구들은 다양한 미디어와 연결되어 있기 때문에, 만약 제대로 관리하지 못한다면 오히려 우리 아이들에게 심각한 독이 될 수 있다. 다양한 정보원으로부터 쏟아지는 많은 정보들은 자칫 큰 혼동을 야기할 수 있기 때문이다. 하지만 그렇다고 무시할 수는 없다. 미디어와 온라인 교육 도구들, 이것이 M^2 세대Generation M^2(밀레니엄 세대, 미디어 세대를 뜻하는 'Generation M'보다 미디어와 훨씬 더 깊숙한 관계를 맺고 있기에 M의 제곱으로 표현함_옮긴이)가 배우는 방식이기 때문이다.

> 이건 새로운 새벽, 새로운 날, 나를 위한 새로운 인생이야.
> 그리고 나는 기분이 좋아.
>
> _ 니나 시몬(Nina Simone), 가수, 작곡가, 피아니스트, 편곡자, 시민 운동가

위에 나온 니나 시몬의 노래 가사는 아이들이 어른이 되어도 지녔으면 하는 정신을 반영하고 있다. 하지만 막연한 긍정주의가 옳은 것은 아니다. 아이들은 이제 교육 기회가 불안정하고, 자기계발의 여지가 줄어들고, 실업의 공포가 만연한 변덕스러운 세상에서 살아야 하기 때문이다.

우리 아이들이 맞이하게 될 새로운 어려움은 이뿐만이 아니다. 우리가 10대였을 적, 우리 부모들의 가장 큰 걱정거리는 10대의 임신, 흡연, 음주였다. 오늘날의 부모들은 이에 더하여 학교 폭력, 미디어 중독, 인터넷과 성적의 관계, 부족한 과외 활동을 떠안고 있다.

당신의 자녀가 휴대폰, 컴퓨터나 태블릿을 가지고 있다면, 친구들(혹은 그 외의 누구든지)은 밤낮을 가리지 않고 언제라도 자녀에게 접근할 수 있다. 2012년 이후, 왕따와 섹스팅sexting(성적으로 문란한 내용의 문자 메시지나 사진을 휴대폰으로 전송하는 행위, 2009년 영국 옥스퍼드 영어 사전이 선정한 올해의 단어_옮긴이)이 학부모의 관심사 목록 중 맨 위에 올라 있는 것은 이제 놀랄 일도 아니다.[주2]

이런 새로운 근심거리에도 불구하고, 우리의 목표는 여전히 한결같다. 아이들이 행복하고, 자존감을 갖고 자라나 성공하길 바란다. 그래서 대학에 가고 스스로를 부양하는 데 모자람 없이 자신의 가정을 이루길 바란다.

하지만 이러한 목표에도 불구하고, 아이들이 그 목표를 이룰 수 있도록 돕는 일은 별개의 문제다. 우리는 이 책의 근간이자, 지금까지 가족의 일상에 관해 수행된 가장 큰 규모의 연구인 '*학습 습관 연구*'The

Learning Habit Studies를 통해 정작 부모들이 이러한 습관과 방법을 제대로 배운 바가 없다는 점을 알게 되었다.

수년간, 심리학자들은 아이큐가 성공적 학업에 대한 궁극적인 예측을 제공한다고 믿었다. 이는 곧 아이큐가 높은 아이들이 대학에서도 성공할 것이라는 주장의 근거가 되어 왔다. 정말 그럴까?

학습 습관 연구 결과, 꼭 그렇지는 않다. 우리는 '숙제 습관'을 비롯한 '목표 설정'과 '자존감'이 아이의 성공에 대한 예측 지표로서 훨씬 더 낫다는 사실을 알게 되었다.[주3] 우리 아이들에게 부족한 것은 지적 능력이 아니다. 아이들은 단지 대학의 압박, 요구, 상대적 자유를 성공적으로 다루는 데 필요한 습관을 기르지 못한 것뿐이다.

허드슨 가족

내 어린 시절 이웃이었던 허드슨네 가족 이야기를 해 보려 한다. 수지는 허드슨가의 네 아이들 중 한 명이었고, 비록 재능이 많지는 않았지만 독한 노력파였다. 나와는 가장 친한 친구이자 경쟁자이기도 했다. 어렸을 적, 나는 수지보다 성적이 더 좋았고, 그 점이 매우 기뻤다.

수지에게는 애덤이라는 오빠가 있었다. 수지조차도 애덤이 빼어난 아이가 아니었다는 점은 부정할 수 없으리라. 혹시라도 내가 너무 심하다고 생각하는 독자를 위해, 애덤이 열네 살 때 긁어서 벗기면 냄새가 나는 스포츠 카드를 먹는 광경을 내가 직접 봤다는 점을 밝혀 둔다. 당시 애덤은 "냄새와 똑같은 맛이 난다"고 했다.

수지와는 달리, 애덤은 고등학교 내내 보충반 수업을 들었다. 하지만 수지와 애덤 모두 주립 대학에 입학했고, 열심히 공부해서 4년 만에 졸업했다. 그들은 각자 의과 대학원 입학 시험과 법과 대학원 입학 시험을 수개월간 준비해서 높은 성적으로 대학원에 진학했다. 그럼 그들은 지금 뭘 하고 있을까?

수지가 소아과 의사 닥터 수잔 스파고가 된 것은 별로 놀라운 일이 아니다. 고등학교 졸업 즈음해서 의과 대학원에 진학할 것이라고 진작 얘기한 적이 있었기 때문이다. 충격적인 사실은 바로 애덤이 지금 보스턴의 한 유명 로펌에서 변호사로 일하고 있다는 점이다. 스포츠 카드를 씹던 그 애덤이 수십만 달러의 연봉을 받는다는 게 얼마나 소름 돋는 소식이었던지!

성공 뒤에 숨은 비밀은 무엇일까?

*학습 습관 연구*의 연구자이자 전문 조사원으로서 우리는 더 똑똑해 보이는 아이들이 실패하는 가운데서도, 애덤 같은 아이들이 성공을 거두는 모습에 의문점을 품었다. 그의 부모는 우리가 모르는 뭔가를

알고 있었던 것일까? 우리가 해 보지 않은 특별한 일을 더 한 것일까?

*학습 습관 연구*를 통한 상담과 조사 과정에서 우리는 자녀를 돕는 옳은 일이라면 무엇이든 하겠다는 강한 의지를 지닌 부모들을 많이 만나 왔다. 다만 그들은 그 '옳은 일'이 정확히 어떤 일인지를 알지 못할 뿐이었다. 상담 과정에서 부모들이 토해 낸 몇 가지 걱정거리들을 들어 보자.

"아이가 좀 더 해낼 수 있다는 느낌이 들어요. 부모들이 항상 이런 식으로 말하는 걸 알긴 하지만."

"경쟁에 대한 압박이 너무 심해요. 학교에서건 다른 부모들로부터건 말이죠. 아주 화가 나요! 신경 쓰지 않으면 좋으련만, 그럴 수가 없어요."

"예전에는 우리 집 아이(3학년)가 수학 숙제를 하는 데 10분이면 됐어요. 그런데 학교에서 수학 숙제를 온라인 프로그램으로 내주기 시작한 뒤, 이제는 컴퓨터 앞에서 아이와 70분을 앉아 있어야 해요. 이게 정상입니까?

보통의 부모들은 허드슨 가족이 파악했을 그 '옳은 일'에 대한 정보를 알지 못해 절망하고 있었다.

아이들의 교육적 성공이나 실패를 가름하는 학습 습관과 행동이란 과연 무엇일까? 어떤 아이들은 여러 장애물을 넘어 성공하는데,

심지어 유리한 배경을 가진 것처럼 보이는 몇몇 아이들은 왜 실패해 버리는 걸까? 그 요인은 유전자일까, 양육 방식일까, 학습 습관일까, 아니면 이들 모두일까? 이런 질문들은 수십 년간 교육 전문가들과 임상 심리학자들을 괴롭혀 왔고, 지금도 그렇다.

학습 습관 연구가 답이다

3년간 진행된 *학습 습관 연구*의 최초 목적은 아이들의 교육적 성공과 실패를 결정하는 학습 습관을 명확히 밝히는 것이었다. 이러한 관점에서 특히 숙제와 가족 습관 및 스트레스 간의 상관관계를 밝히는 '숙제 습관'에 중점을 두었다.

이 연구는 브라운 대학 앨퍼트 의과대학, 칠드런스 내셔널 메디컬 센터, 로드 아일랜드 대학 심리학과와 뉴잉글랜드 소아심리학 센터가 참여하여 구성된 협력 연구팀에 의해 수행되었고, 로버트 프레스먼 박사가 연구 책임을 맡았다. 열두 곳의 소아과 진료실에서 1,000명의 참여자로 시작된 이 연구는, 미국 50개 주, 4,500개 도시에 걸쳐, 약 5만 명의 부모들을 대상으로, 전통적인 학술 연구뿐 아니라 인터뷰와 온라인 조사로 확대되었다.

가족의 일상에 대한, 미국 역사상 가장 큰 규모의 연구가 행해지는 과정에서, 우리는 몇 가지 흥미로운 발견을 하게 되었다.

첫째, 학습 습관은 양육 방식과 습관 생성의 결합이다. 모든 연구 결과는 '자율 양육'(부모의 신호, 지원, 간섭 없이 지속되는 생산적인 습관을 개발할 수 있게 하는 양육 시스템)과 습관 형성의 결합이 가장 효과적이라는 결론으로 이어졌다.

둘째, 대부분의 부모들이 숙제에 대해 전혀 반감을 갖지 않은 것으로 나타났다. 그들은 숙제를 자녀들의 교육에서 필수적인 한 부분으로 여기고 있었다. 나아가 부모와 자녀가 숙제를 어떻게 대하고 있는지가 아이들의 성적뿐 아니라 비학습적 영역에서의 성취에 상당한 영향력을 가지고 있음이 증명되었다.

특히 여기서 말하는 숙제 습관에는 저녁 활동이나 방과 후 활동들이 포함된다. 이 활동들은 학생들이 학교에서 치르게 될 시험에 대비하는 데 효과적이며, 아이들이 보다 균형 잡힌 생활을 유지할 수 있도록 도와준다. 우리의 발견에 의하면, 이러한 활동들을 부모가 이끌어 준 아이들은 학교 성적과 감정적 행복도 역시 높은 점수를 받았다.

셋째, 아이들의 미디어 사용과 그들의 성적 사이에는 강력한 상관관계가 있음을 보여 주었다. 실제로, 학습 습관 연구 중에 소위 '게임 중독자, 외톨이의 특징'이 발견된 아이들은 중요한 시사점을 주었다.

이렇듯 우리는 학습 습관 연구를 통해 아이들의 학습과 성장을 돕는 가족의 일상에 대한 가치 있는 통찰을 얻을 수 있었다.

우리의 연구 결과는 새로운 하나의 습관, 즉 숙제 습관이 모든 부분에 있어 보편적으로 적용 가능하다는 의미를 제시하고 있다. 그리고 부모가 자녀의 학습 습관에 다음의 두 가지 방식으로 영향을 끼칠 수 있음을 보여 준다.

- ✓ 첫째, 매일 부모가 자녀와 어떻게 상호작용하는지부터 출발한다. 자율 양육이라고 알려진 양육법만이 아이들이 효과적인 습관을 기를 수 있도록 돕는 가장 효과적인 방식이다(이에 대해서는 2장에서 다룰 것이다).
- ✓ 둘째, 아이들에게 다음의 여덟 가지 필수적인 학습 습관을 개발할 수 있는 기회를 준다(이에 대해서는 2부의 각 장에서 다룰 것이다).
  - 미디어 사용 습관
  - 숙제 습관
  - 시간 관리 습관
  - 목표 설정 습관
  - 효율적 대화 습관
  - 책임지는 습관
  - 집중하는 습관
  - 자립하는 습관

이 책의 마지막 3부에는 당장 실행할 준비가 된 부모들을 위해 스물한 가지 가족 과제들을 담았다. 이는 2부에서 제시된 여덟 가지 필수 습관들과 연계된 하루 동안의 실험으로 녹여 낸 것들이다. 각 과제를 수행하는 데 단지 각각 24시간만 들이면 된다!

가족들은 이 과제들을 수행하고 난 뒤, 배운 바를 기초로 삶의 방식을 바꿔 나갈 수 있다. 순서에 상관없이 24시간 과제 중 어떤 것을 골라서 해 봐도 좋다. 자신들의 습관에 대한 흥미로운 정보들을 얻고, 가족의 일상에서 어떤 부분을 조정해 가야 할지를 알게 될 것이다.

학습 습관이란 아이들이 학업적·사회적·감정적 성공에 필수적인 기술들을 익히는 과정이다. 가족의 일상, 보상 시스템, 기대 수준에 주의 깊은 변화를 가하면 아이들은 더 높은 성적과 자존감을 얻을 수 있고, 새로운 과제에 맞서 인내하는 능력까지 갖출 수 있다. 이 방법들은 앞으로 아이들의 성공적인 삶에 기틀이 되어 줄 것이다.

이 책을 쓰는 동안 나는 내 예전 이웃 수지와 연락하게 되었고, 그녀에게 우리의 연구와 습관과 양육 방식의 중요성에 대해 이야기했다. 수지는 깜짝 놀라며 이렇게 말했다. "그게 바로 우리 부모님이 하시던 방식이야."

이런. 부모들 대부분은 수지처럼 그렇게 운이 좋지 않으니, 계속 이 책을 읽어 나가야 할 것이다. 이 책은 세 차례의 연구, 수백 번의 인터뷰, 수천 시간의 임상 치료 경험으로부터 얻은 최종 결과물이라는 점을 다시금 말하고 싶다. 그 결과, 우리는 자율 양육과 학습 습관 형성의 결합이 효과적이라는 점과 숙제의 중요성을 알게 되었다. 당신 역시도 우리와 같은 깨달음을 얻게 되길 바란다. 이제, 우리의 안내를 따라 놀라운 여행을 떠나 보자.

자율 양육이
학습 습관의 시작이다

"생각을 심으면 행동을 거두고,
행동을 심으면 습관을 거두고,
습관을 심으면 인격을 거두고,
인격을 심으면 그것이 곧 운명이 될 것이다."

_ 사무엘 스마일스(Samuel Smiles), 스코틀랜드 작가, 개혁가

이 책을 읽고 있다면, 당신은 아마도 부모일 것이다. 교육자나 심리 치료사 혹은 아이의 보호자일 수도 있다. 그럼 당신은 아이가 학교 과제를 수행하는 것이 얼마나 어려운 일인지 알 것이다. 이를 잘하지 못하는 아이는 무력감과 고독을 느낀다. 아이의 자존감 중 상당 부분이 학교에서 벌어지는 일들이니 숙제 이해와 수행, 또래 관계, 읽기 능력과 같은 것에 달려 있기 때문이다.

어른들처럼 아이들도 자신들의 삶에 대한 일종의 통제력을 느낄 필요가 있다. 하지만 아이가 스스로 통제하려는 행동은 곧잘 거부되거나 불쾌한 반응에 부딪히고 만다.

자율 양육법이란, 그 명칭이 암시하듯이 아이들에게 스스로 행동에 대한 선택권을 부여하고, 아이들이 삶의 방향성에 대한 통제력을 얻도록 하는 것이다. 이 양육법은 지속될 수 있는 학습 능력을 계발하

는 데 도움이 된다.

> **자율 양육의 핵심**
> - 규칙을 통해 습관이 형성된다.
> - 아이들에게 선택할 수 있는 자율권을 준다.
> - 노력에 대한 칭찬을 통해 아이를 독려한다.

규칙을 통해 습관이 형성된다

2013년 겨울, 보스턴에는 미국 역사상 가장 심각한 독감이 유행하고 있었다. 게다가 더욱 심각한 것은 학교 전체에 연이은 설사와 백일해가 널리 퍼지고 있다는 점이었다. 매사추세츠 유치원 교사 중 한 명은 "끔찍했어요. 설사가 마치 높은 파도처럼 제 교실을 휩쓸었죠"라고 말했다.

교사들은 이 전염병을 막기 위해 학생들에게 계속 '손을 씻어야 한다'고 상기시켰고, 그럴 때마다 아이들은 손을 씻곤 했다. 하지만 교사가 별도로 손을 씻으라고 말하지 않은 날에는 아이들이 손을 씻지 않았다. 한 교사는 말했다. "겨우 대여섯 살인 아이들이에요. 위생이 아이들의 우선순위는 아니니까요."

행동학 용어로 말하자면, 아이들은 손을 씻으라고 교사가 상기해 주는 '신호'가 필요했던 것이다. 만약 그 상기 신호가 없으면, 손 씻기 행동도 없는 것이다.

신호 → 루틴Routin (규칙적 일상의 순서와 방법)

그런데 이 대혼란 속에서도 같은 유치원의 다른 한 교실은 거의 전원이 출석했다. 담당인 재닛 에번스 선생은 자신도 알지 못하는 사이에 아이들에게 습관을 지속시키는 방법에 대한 중요한 정보를 학교 행정 당국과 전 세계의 과학자들에게 제공하고 있었다.

에번스 선생은 16년 차 베테랑 교사다. 매일 아침 그녀는 조회로 하루를 시작한다. 아이들에게 일과를 알려 주고 필요할 경우 교실에서의 법칙을 상기시킨다.

"전염병이 퍼진 기간 동안 당신의 학생들 중 몇 명이나 결석했나요?"

연구자의 물음에 에번스 선생은 이렇게 대답했다.

"독감에 걸려 결석한 아이는 딱 세 명이었습니다."

학생 수와 관련이 있을까? 그렇지 않다. 에번스 선생의 학생 수는 학교 평균인 스물 한명이었다. 하루 일과의 길이와 관련이 있을까? 매사추세츠 주의 학교들은 모두 종일 유치원을 운영한다.

우유 실험

에번스 선생은 후에 '우유 실험'이라고 명명된 일에 대해 설명해 주었다. 수년 전 학교와 소아과 의사들이 세균 감염 방지를 위해 손 씻기의 중요성을 강조하기 시작하자, 에번스 선생은 교실 내 규칙을 만들어 입학 첫날에 아이들에게 설명했다.

우선 아이들에게 '생일 축하' 노래를 크게 부르도록 시켰다. 그리고 그 음을 기억하라고 했다. 그다음, 학생들을 교실 내 싱크대로 이끌고 가서 자신이 직접 머릿속으로 생일 축하 노래를 부르면서 비누 거품을 내어 손을 씻는 모습을 보여 줬다. 그녀는 아이들에게 설명했다.

"매일, 휴식 시간이 끝나고 돌아올 때마다 이렇게 손을 씻는 거다. 이렇게 손을 씻고 나면 우유를 받을 수 있어. 우리 교실의 법칙은 '쉬는 시간이 끝나면 손을 씻고, 그러면 우유를 받는다'인 거야."

에번스 선생은 그날 일어난 일을 묘사했다. 처음에는 단 두 명의 학생만이 쉬는 시간 후에 곧바로 싱크대로 가서 손을 씻었다. 두 아이가 손을 씻는 동안, 에번스 선생은 그 아이들의 자리에 우유를 갖다 두었다. 쉬는 시간 후에 곧바로 자리에 앉은 아이들은 자기 자리에는 우유가 없는 걸 알 수 있었고 한 아이가 물었다.

"저는 우유 안 주세요?"

에번스 선생은 미소를 머금고 싱크대를 가리키며 상냥한 목소리로 말했다.

"우유 법칙이 뭐였더라?"

"아차!"

아이는 곧장 자리에서 일어나 싱크대로 가서 손을 박박 씻었다. 자리로 돌아왔을 때 당연히 자리에는 우유가 놓여 있었다.

에번스 선생이 아이에게 손을 씻으라고 말하지 않았다는 점에 주목하자. 그녀는 아이에게 별도로 주문을 하지도, 억지로 시키지도, 소리를 지르지도 않았다. 사실 그녀는 '손을 씻으라'는 말을 입에 담지도 않았다. 오직 아이에게 신호(우유가 없는 의자)만 제시한 것이다.

신호 → 루틴 → 보상

이틀이 지나자, 다른 상황이 펼쳐졌다. 아이들에게는 더 이상 신호가 필요치 않았다. 휴식 시간 후에는 우유를 달라고 하지도 않고 곧장 싱크대로 걸어갔다. 의심할 나위 없이 하나의 간단한 규칙이 모두의 건강을 지켜 냈다.

루틴 → 보상

일부러 의식하고 했던 행동은 아니었지만, 에번스 선생의 우유 실험은 자율 양육의 완벽한 사례다. 아이들이 스스로 선택하는 방법을 가르친 것이다.

아이들은 손을 씻지 않는 걸 선택할 수 있다. 그 선택에는 우유를 받지 못하는 결과가 따른다. 하지만 우유를 원한다면 손을 씻는 선택을 해야 한다. 에번스 선생의 우유 실험은 아이들에게 스스로 선택할 수 있는 자유를 주었다.

에번스 선생은 아이들이 그녀의 지시를 내재화하고 그것을 자신들의 필요에 연결시켜 특정한 학습 습관을 기르도록 독려했다. 아이들이 우유(보상)를 원했기 때문에 그들은 스스로 손을 씻게 된 것이다(행동함, 습관이 됨). 이것이 자기 강화 시스템, 즉 요구되는 행동을 먼저 수행하고 보상을 받는 것이다. 외부로부터 신호가 주어지지 않아도 말이다!

다른 교실에서는 손을 씻든 말든 여부에 상관없이 우유를 주었다. 그 반의 아이들은 선택의 책임감과 보상을 경험할 기회가 주어지지 않았던 것이다. 그래서 아이들은 학습 습관을 형성하지 못했다. 간단한 사실이다.

연구자들은 또한 에번스 선생의 우유 실험이 주는 부가적인 이점을 발견했다. 아이들이 손을 씻는 시간이 길수록 아이들의 건강이 더 나아진다는 것이다. 모든 아이들이 손 씻기를 권장받았지만, 에번스 선생의 아이들은 다른 유치원생들에 비해 10초 더 손을 오래 씻었다. 평균 22초로, 질병방지센터가 세균을 죽이는 데 제시한 지침보다 2초가 더 길었다.

그렇다면 에번스 선생이 아이들에게 20초 동안 손을 씻으라고 했을까? 아니다. 하지만 분명 내재적인 동기에 의해 선택을 내린 아이들은, 억지로 시켜서 손을 씻은 아이들보다 즐겁게 손을 씻은 것이다. 에번스 선생의 학생들이 손을 씻는 동안 노래를 흥얼거린 반면,

다른 교실의 학생들은 과제를 수행하기에 바빴으니 그저 손만 씻으면 그만이었던 거다. 심지어 다른 교실의 어떤 학생은 손 씻는 흉내만 내기도 했다(수도꼭지를 틀고 손을 근처에 갖다 댔지만, 실제 손을 씻지는 않았다).

뉴잉글랜드 소아심리학 센터의 의사들과 연구원들은 아이들의 습관 형성에 대한 정보를 수십 년간 수집해 왔다. 프레스먼 박사는 왜 우유 실험이 손 씻는 습관을 형성하는 데 성공적이었는지를 이렇게 설명한다.

재닛 에번스 선생은 중요한 행동학적 기술을 사용했습니다. 학생들이 스스로 내린 선택에 동기 부여가 될 수 있도록 규칙을 만든 것이죠. 그녀의 규칙은 단순하고 명확하고, 그리고 가장 중요하게도 자기 강화가 되는 것이었습니다. '손을 씻으면 우유를 얻는다'는 선택지가 명확할수록, 규칙은 더욱 큰 성공을 거둘 수 있는 겁니다.

지속과 반복이
습관을 형성하는 열쇠다

2010년, 뉴잉글랜드 소아심리학 센터는 가정 내 규칙이 습관 형성에 끼치는 영향에 대해 연구하기 시작했다. 한 연구자는 5~10세의 자녀가 있는 가정 중 스무 곳이 취침 시간과 수면에 대한 유사한 문제를 겪고 있음을 발견했다. 프레스먼 박사는 말했다.

"취침 시간은 많은 가정에서 어려워하는 문제지요. 어떤 가정에서는 아이를 재우는 데 몇 시간이 걸리기도 합니다. 부모들이 밤에 겪는 스트레스의 근원이고, 잠을 잘 자지 못한 아이들은 종종 낮에도 과잉 행동이나 과민한 반응을 보입니다."

부모의 상담 차트를 더 살펴보니, 스무 곳 가정 모두가 또 다른 공통점을 갖고 있었다. 취침 시간에 대한 규칙이 모호하고 일정치 않았던 것이다.

A그룹

이 그룹은 취침 시간에 대해 별도의 지시를 받지 않았다. A그룹의 각 가족에게는 이미 자신들만의 취침 시간에 관한 규칙이 있었다. 그것은 바로, '아이들의 취침 시간이란 자라고 하는 말을 듣고 자러 갈 때'라는 것이었다. 우리는 이들에게 가능한 한 일정한 시간에 자러 갈 것과 그 결과를 제출할 것을 요청했다.

A그룹의 부모들이 아이들을 재우는 문제에 대해 나아진 점이 없었다는 것은 당연한 결과다. A 그룹의 부모들은 어쩔 수 없이 자녀들에게 지시를 내렸다. 그들은 신호를 사용하지 않았다. 연구자들은 규칙이 정해져 있지 않고 지속적이지 않으며, 매번 부모들이 아이들에게 지시하고 개입하기 때문이라고 설명했다.

B그룹

　이 그룹의 부모들은 학습 습관으로 발전하게 될 취침 시간 규칙을 어떻게 정하는지를 배웠다. 규칙이 먹힐 때까지는 며칠이 걸렸지만, 일단 한 번 학습되고 나면, 더 이상 잠과 관련된 아비규환은 일어나지 않았다. 보너스로, 이 그룹에 속한 자녀들은 낮 시간 동안에도 문제적 행동이 감소하는 모습을 보였다. B그룹의 부모들은 결과에 환호했다. 규칙을 지켜야 하는 대단한 동기가 마련되었다!

　B그룹에 주어진 요구사항은 다음 다섯 가지다.

- ✓ **명확할 것** '취침 시간은 매일 저녁 7시 30분에 자러 가는 것이다.'
- ✓ **현실적일 것** 스스로에게 이 규칙이 정말 지켜질 수 있는지를 자문해 보라. 자러 가기 전, 목욕이나 책 읽는 시간까지 고려해서 규칙을 세워야 한다. 보다 활동적인 일(저녁식사, 놀이)에서 덜 활동적인 일(목욕, 책 읽기)로 옮겨 간다. 취침 시간을 너무 이르거나 너무 늦은 시간으로 정하면, 현실성이 없다.
- ✓ **시간에 기반할 것** 정확한 시각을 제시하라. 예를 들어 '매일 저녁 7시 30분'.
- ✓ **자기 강화가 가능할 것** 집 안의 모든 양육 담당자들이 정해진 취침 규칙을 충실히 지켜야 한다. 만약 부모 중 어느 한쪽이라도 이 취침 규칙을 지키지 않으면 규칙은 강화될 수 없다. 처음 며칠이 지나면 자기 강화가 이뤄질 것이다.

✓ **지속적일 것** 매일 저녁, 정확히 같은 방식으로 행해져서 아이들이 무슨 일이 벌어지고 있는지를 알 수 있도록 해야 한다. 그래야 취침 시간에 대한 습관이 형성된다. 안전한 실행을 위해 2주 동안은 취침 시간을 사전에 알리는 것이 좋다—B그룹의 모든 가족들은 네 번의 밤이 지나고 나니 취침 규칙이 정착되는 모습을 보였다.

B그룹의 규칙 : 취침 시간이란 '매일 저녁 7시 30분에는 자러 간다'는 것.

연구진은 부모들에게 아이들 앞에서 새로운 규칙을 설명하기 위해 가족회의 시간을 가지라고 주문했다(많은 부모들이 이미 가족회의에 친숙하겠지만 그렇지 않은 집을 고려하여 설명하자면, 가족회의란 규칙을 결정하고, 소개하고, 평가하는 자리다).

가족회의 100배 활용법
- 모든 양육자들이 서로 사전에 회의에서 다루려는 의제에 동의해야 한다.
- 특정한 안건을 다뤄라. 여러 가지가 아닌 하나의 안건을 논하라.
- 회의를 짧고 간명하게, 서로를 존중하면서 진행하라.
- 가족회의는 정기적으로 운영해야 가장 효과가 좋다.

부모들이 특히 주의해야 할 점
- 당면한 문제나 상황에 대해 아이들과 대화하라.
- 그것들을 해결하기 위해 고안한 규칙을 소개하라.
- 규칙을 어떻게 적용할지에 대한 토론을 장려하라.

예상했겠지만, B그룹의 아이들은 첫날 밤에는 새로운 규칙에 적응하느라 애를 먹었다. 하지만 부모들은 아이들이 이 중요한 습관을 익히도록 돕는 권한이 자신들에게 주어졌다는 것을 알았다.

부모들은 만약 아이들이 침대 밖으로 나오면, 다음과 같이 행동하도록 교육받았다.

- ✓ 아이가 처음 침대에서 일어나 방을 나오면 부모는 "규칙이 뭐였지?" 하고 묻는다. 만약 아이가 답을 못하거나 규칙 외의 다른 답을 하면, 친절하게 다시 규칙을 일러 준다. "규칙은 저녁 7시 30분에 잠자리에 드는 거란다"라고 말하며 상냥한 얼굴로 불 꺼진 방으로 이끄는 동작을 취한다.
- ✓ 아이가 또 방을 나오면 역시 "우리의 규칙이 뭐였지?"라고 묻는다. 아이가 규칙을 똑바로 말하지 않고 방으로 되돌아가지 않으면, 다시 규칙을 말해 주고 상냥한 얼굴로 침실로 인도한다.
- ✓ 침실을 향해 부모가 동작을 취할 때는 아이에게 "들어가!"가 아닌 "같이 가자"는 느낌을 전달하도록 한다. 그 동작은 아이를 몰아내는 게 아니라 끌어들이는 것이어야 한다. 만약 아이가 규칙을 바로 이야기하면, 고개를 끄덕이며 미소를 지은 채 침실 쪽으로 인도한다.
- ✓ 아이가 다시 침실 밖으로 나오면, "우리의 규칙이 뭐지?" 하고 묻는다. 아이가 제대로 답을 하지 않으면, 다시 반복해서 규칙

을 말해 준다. 오직 침실을 가리키는 동작만이 허용될 뿐 다른 말은 하지 않는다.

B그룹의 부모들은 취침 규칙에 지겨워하지 않았다. 아이들과 협상할 필요가 없었다. 단지 질문을 던지고 비언어적인 방법으로 촉구할 뿐이다. 그럼 아이들은 매일 밤 어떤 일이 벌어질지를 정확히 알게 된다. 그리고 그에 맞추어 행동한다. 이 행동 유형과 시간이 신호가 된 것이다. 부모의 간섭이나 훈육 대신에.

> 선택이 명확할수록 선택이 쉬워진다는 것은 자명한 진리다.
> 지속과 반복이 습관을 형성하는 열쇠다.
>
> 합리적인 가정 내 규칙을 확립하는 것이 자율 양육의 근간이다.
> 그럼으로써 습관 형성이 촉진된다.

아이가 스스로 선택하도록 하라

아이들은 종종 인생에서 자신들이 선택할 수 있는 경우가 매우 드물고 '명령받는 대로' 움직인다고 느낀다. 아이의 자립심을 키우는 최고의 양육법 중 하나는 규칙을 이용하는 것이다. 아이에게는 그 규칙을 따르길 원하는지, 혹은 아닌지를 스스로 선택할 자유가 주어진다. 많은 부모들이 이 개념을 이해하기 어려워한다.

취침 실험에서 B그룹을 떠올려 보라. 취침 규칙을 따르지 않는 것은 분명 자유다. 지키지 않는다고 해서 부모가 소리를 지르거나 때리는 일은 없다. 또한 어떤 권리가 제한되지도 않는다. 아이들은 짜증을 부릴 수도 있으며, 바닥에 누워 자도 되고, 침대에서 장난감을 갖고 놀아도 된다. 하지만 며칠 지나지 않아 아이들 모두가 다툼 없이 7시 30분에 자러 가는 걸 선택했다. 왜일까?

여기서 자율 양육의 중요한 부분, '선택권'이 부각된다. 자율적 부모들은 명령을 내리는 대신 미리 정한 한도 내에서의 선택권을 준다. B 그룹 아이들은 부모의 관심을 끌거나 TV를 보는 선택은 할 수 없었다. 그것들은 가능한 선택지가 아니다.

*학습 습관 연구*에서, 연구자들은 아이들을 몰아세우는 부모들은 제대로 된 규칙이나 습관을 적용하지 못한다는 점을 발견했다. 이런 부모들은 아이들의 주의를 환기시키기 위해 주로 명령을 했다. 우리는 대부분 어떤 일을 하라고 지시받는 것을 좋아하지 않는다. 그러므로 아이들에게 명령을 내리면 저항이 뒤따르는 것은 당연하다.

명령은 "아가야, 제발 TV 좀 끄고 숙제 할래?"처럼 아무리 상냥하게 표현되더라도 비지속적이고, 예측이 어렵고, 종종 변덕스럽기까지 하다. 명령을 내리는 것은 부모 입장에서도 즐겁지 않고, 명령을 받는 아이 입장에서는 반감과 억울함을 낳기 쉽다.

반면에 규칙은 안내와 행동의 지침이 된다. 취침 실험을 통해 부모들이 배우게 되었듯이, 규칙은 습관으로 이어지는 수용 절차다. 결국 아이들은 규칙을 따르기로 한 자신들의 선택을 내재화하게 되고, 그런 과정을 통해 새로운 습관이 창조되는 것이다!

내 친구 중 하나는 아이들이 들어줄 수 없는 요구를 해 올 때 이렇게 대답한다. "그건 우리 정책이 아니야." 아이에게 그런 식으로 말하다니 좀 우습기도 했지만, 한편으론 꽤 현명한 방법이라는 생각이 들었다. 규칙, 원칙 혹은 정책은 모두 같은 말이다.

자율 양육 vs 허락 양육

우리의 양육 모델에서 '허락'이란 단어는, 아이들이 좋지 않은 행동을 계속하도록 만든다는 의미다. 예를 들면, 부모가 자녀의 부적절한 행동을 변명해 주거나, 대신 처리해 주거나, "한 번 이러는 건 괜찮아"라는 식으로 합리화하면서 규칙을 어기거나 깨뜨리는 것 말이다.

반면에 양육법으로 자율 양육을 선택한다는 것은, 부모로서 아이들이 독립성과 자립심을 기르는 습관이 들기를 바란다는 의미다. 허락 양육(전통적 양육 또는 권위적 양육으로도 쓰인다)이란 완전히 그 반대 지점에 있다. 부모에 대한 의존도를 심화시키고, 아이가 좋은 습관을 익힐 수 있는 능력을 억제한다. 자질 계발, 책임감이나 노력 등의 요소보다 아이의 결과(성적, 상)에만 집중한다.

허락 양육을 하는 부모들 역시 아이들을 도우려 하는 것이지만,

실제로는 좋지 않은 행동을 유지하게끔 유도하는 결과를 낳는다. 이런 아이들은 책임감이 부족하고 산만한 경우가 많은데, 엄마나 아빠가 항상 자기를 위해 곁에 있어 줄 것을 알고 있기 때문이다.

부모들은 종종 두려움 탓에 허락 양육에 의존하게 된다. 자녀의 안전에 대한 실재하지도 않는 공포, 아이가 실패할 것에 대한 우려, 또는 좋은 부모처럼 보이지 못할까 하는 두려움이 있는 것이다. 허락 양육으로는 아이들이 자신의 선택이 가진 영향력을 느끼게 하지 못한다. 이 양육 방식은 학습 습관에 방해가 된다.

자율 양육과 허락 양육은 다음과 같은 차이가 있다.

먼저, 자율 양육은 자녀들에게 다음과 같은 기회를 제공한다.

- ✓ 자기 행동의 중요성을 경험할 기회.
- ✓ 합리적인 한도 내에서 선택할 기회.
- ✓ 부모가 책임져 주지 않기 때문에 스스로 선택한 바에 책임질 기회.
- ✓ 선택과 그 선택의 중요성, 그로 인해 초래될 결과와 영향에 대해 생각할 기회.
- ✓ 자신의 목표에 이를 수 있게 해 줄 습관을 기를 기회.

자율 양육을 적용하는 부모들은 아이들이 실수할까 걱정하지 않는다. 그 실수 또한 아이가 배우는 방법이라는 걸 이해하고 있기 때문이다. 아이들은 자신의 잘못된 판단으로부터 구원받지도 않고, 그 판단 때문에 비난받지도 않는다. 그 경험을 통해 스스로 배우게 된다. 바로 학습 습관을 확립하는 과정이다.

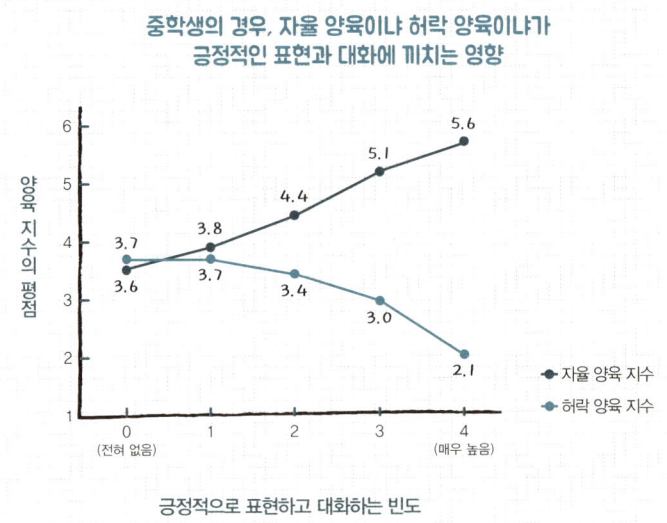

허락 양육은 다음의 특징들이 있다.

- ✓ 따뜻함이 없음, 판단하고 비판하는 방식.
- ✓ 아이가 자신의 감정에 대해 말하고자 할 때 잘 들어 주지 않는 편.
- ✓ 충동적인 대응, 교정하려고 듦, '꼭 해야 해' 남발, 아이가 말할 때 참지 못하고 끼어듦.
- ✓ 충분히 생각하지 않고 반응함, 벌주고 때리려는 성향이 강함.

이는 아이를 교정하고 심판하며 입을 다물게 하는 효과를 갖는다. 아이가 자신의 감정을 표명하거나 스스로 선택하지 못하게 한다. 이런 양육 방식은 통제 중심적, 결과 중심적 방식이다. 이는 학습 습관을 창조하는 열린 마음가짐과 명백히 대조를 이룬다.

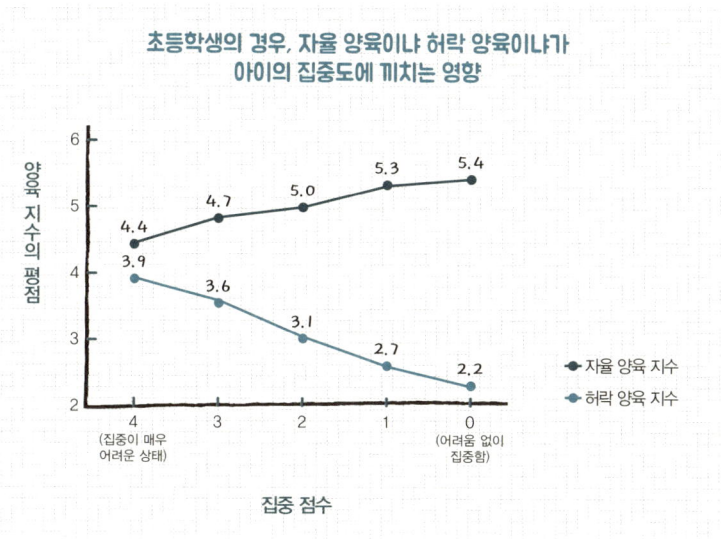

아이가 스스로 배우도록 하라

2010년 첫 학습 습관 연구가 진행될 무렵, 미국에서 한 흥미로운 양육 현상이 유행하고 있었다. 사람들이 흔히 '헬리콥터 양육(자녀 주위를 맴돌며 과보호하는 부모를 지칭하는 신조어_옮긴이)'이라 부르는 양육 방식이 언론의 헤드라인을 빠르게 점령했다. 이 용어는 사실 1969년, 심리학자 하임 기노트Haim G. Ginott가 이미 자신의 책에서 '과잉 양육되는 10대'를 묘사하는 데 사용한 바 있다.[주1]

이 헬리콥터 부모들이 가지는 특징 중 하나는 자신의 아이들이 선택과 결과를 경험하지 못하게 하는 데 있다. 그래서 아이들은 자신의 선택에 대한 영향력을 느끼지 못한다. 그냥 구출되는 것이다.

스스로를 '헬리콥터 맘'이라 칭하는 한 엄마는 아이가 차에 두고 내린 숙제를 전하러 사무실에서 일하다 말고 아이의 학교로 갔던 자신을 강력하게 변호했다. "내 딸이 실패하는 걸 가만히 두고 볼 순 없어요!" 실패에 대한 두려움. 이것은 헬리콥터 부모들 사이에서 떠도는 공통된 테마다. 헬리콥터 맘들이 '실패'라는 단어를 사용한 점이 흥미롭다. 실패를 방지하기 위해서는 어떤 일이든 정당화될 수 있다는 의미다.

헬리콥터 양육으로 자란 아이들의 첫 세대가 대학을 졸업하게 되자, 전국의 경영자들은 공통적인 현상을 마주하게 되었다. 바로 일에 차질이 생기거나 장애가 발생했을 때, 제대로 대처할 줄 모르는 무능력이었다. 그 이후 사장들은 "요새 신입 직원들이 너무 자기중심적이며 실수에 대한 책임을 질 줄 모른다"고 불평해 오고 있다.

사라졌다 되찾은 돈

케니(7세)는 차고 청소를 돕고 아빠에게 5달러(약 5,500원)를 받았다. 아이는 이 돈으로 마트에 가서 장난감을 사고 싶었다. 아빠는 케니에게 장난치느라 돈을 잃어버리지 않도록 단단히 주의를 준 뒤, 만약 돈을 잃어버리면 다시 주지 않을 거라고 경고했다.

케니의 이모와 함께 온 가족이 마트에 갔을 때, 아빠는 케니가 다른 아이들에게 돈을 보여 주면서 노는 모습을 보았다. 쇼핑을 모두 마치고 계산을 하려는데 케니는 돈을 갖고 있지 않았다. 상점 안을 찾아다녔지만 소용이 없었고, 아빠는 케니에게 창피한 일이라며 이제 장난감을 살 수 없다고 말했다.

케니는 아빠에게서 장난감을 뺏으려 하다가 울음을 터뜨렸고, 바닥을 뒹굴며 성질을 부렸다. 그러자 케니의 이모가 지갑을 꺼내 5달러를 케니에게 주면서 자신이 장남감을 사 주겠노라고 말했다.

이모는 자신의 행동이 선의에서 비롯된 것이고, 이 난처한 상황을 끝낼 방법이라고 생각했을 것이다. 의도가 무엇이었건 간에, 그 결과 케니가 책임감 없이 행동하고 사회적으로 용인되지 않는 행동을 하도록 허락한 셈이다.

이제 케니는 다음과 같이 생각할 것이다.

- ✓ 내가 뭔가를 잃어버리면, 누군가 그걸 보충해 줄 거야.
- ✓ 내가 크게 난리를 피우면, 내가 원하는 걸 얻게 될 거야.

명심할 것! '실패'란 '배움'이다

"내 아이가 실패하는 걸 두고 볼 순 없다"는 말은 사실,
"내 아이가 배우는 걸 두고 볼 순 없다"와 마찬가지 의미다.

엄마의 결정

사샤(12세) 가족의 규칙은 이렇다. 취침 전 아이들은 계획표를 보고 다음 날 학교에서 필요한 물품들을 준비해 책가방을 싼 뒤, 뒷문에 놓아 두어야 한다.

수요일 저녁, 사샤는 계획표 점검을 하지 않아 목요일에 제출해야 할 보고서를 챙기는 것을 잊어버렸다. 그 보고서는 학기 성적의 30퍼센트를 차지하는데 말이다. 점심시간에 친구 에머리가 사샤에게 보고서가 걱정되지 않느냐고 물었다. 그제야 사샤는 자신의 실수를 깨닫고, 학교 서무과로 가서 허둥지둥 엄마에게 전화를 걸었다. 그리고 그 보고서를 영어 수업 전에 가져다 달라고 부탁했다.

엄마의 시나리오 1 엄마는 뭐가 옳은지 판단할 새도 없이 모든 일을 놔두고 숙제를 찾아서 학교로 간다. 사샤는 매우 고마워하며 다시는 이러지 않겠다고 약속한다.

목표 사샤는 낮은 성적을 받지 않게 된다. 엄마는 책임감 있고 자녀를 잘 돌보는 이미지를 유지한다. 딸에게 영웅이 된다.

교훈 사샤는 만약 결정적 순간에는 엄마가 딸의 성적을 지키기 위해, 그리고 선생님에게 사샤가(그리고 아마도 엄마도) 밉보이지 않도록 하기 위해, 규칙을 바꿀 수도 있다고 생각하게 된다.

엄마의 시나리오 2 사샤의 요청을 거절한다.

목표 사샤에게 자신의 숙제에 책임져야 할 사람은 바로 자기 자신이라는 점, 그리고 규칙을 따르지 않았을 경우 발생할 당연한 결과가 어떤 것인지를 가르친다.

교훈 사샤는 자신의 통제 하에 있는 일에 대한 책임을 자신이 지지 않으면, 누구도 대신 해 주지 않는다는 점을 배우게 된다.

사샤의 엄마는 말했다. "규칙이 뭐지? 네가 곤경에 빠졌다니 안됐지만, 지금 내가 하던 일을 멈추고 네 숙제를 가져다주진 않을 거야."

엄마는 "다음번엔 꼭 계획표 체크하는 걸 잊지 마라" 같은 훈계를 전혀 하지 않았다. 단지 지켜야 할 규칙이 있고, 그걸 바꾸지는 않을 거라고 말했을 뿐이다.

사샤는 엄마에게 화가 치밀어 울면서 전화를 끊어 버렸다. 선생님에게 어떤 일이 벌어졌는지를 설명했다. 선생님은 내일 보고서를 가져오라고 했지만, 제출이 늦어진 데 대해 점수를 깎을 거라고 했다.

하지만 이제 사샤는 자신이 해야 할 일에 대해 책임지는 법을 배우게 됐다. 다시는 계획표 체크하는 것을 잊어버리지 않았다. 왜일까? 사샤의 엄마가 그 책임을 대신 떠맡아 주는 걸 거절했기 때문이다. 만약 엄마가 "그래, 해 줄게. 대신 다음부터 그러면 안 된다!"고 하면서 숙제를 학교로 가져다줬다면, 계획표를 점검하지 않는 사샤의 행동은 더 강화됐을 것이다.

우리가 부적절한 행동을 강화하면, 그 행동은 나쁜 습관으로 굳어지고 만다. 엄마의 행동은 사샤가 학습 습관을 형성하도록 도왔고,

계획표를 체크하고 내일의 준비물을 챙기는 습관이 몸에 배게 했다.

잘못된 습관은 계속된다

6세 자녀를 둔 부모 중 약 37퍼센트가 '내 아이가 학교에 뭔가를 두고 왔을 때' 어떻게 대응하는지에 대한 질문에 "나는 자주 또는 항상 아이를 도우러 간다"고 답했다.

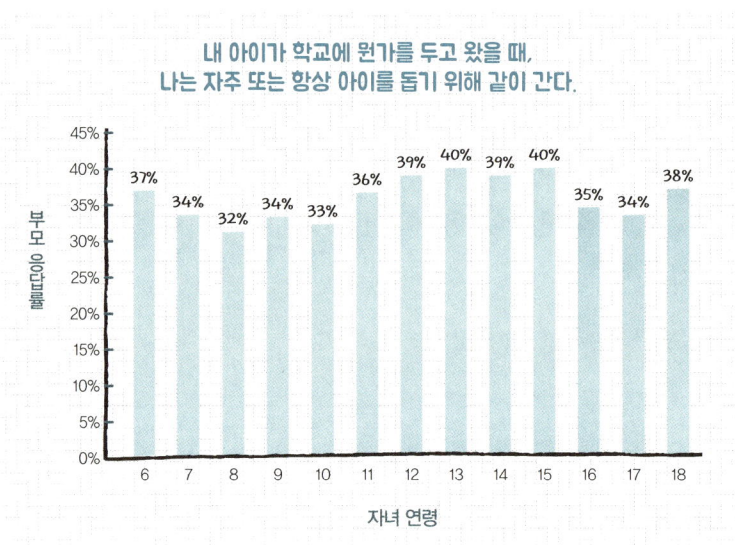

흥미롭게도 18세의 자녀를 둔 부모들도 6세 자녀를 둔 부모들과 비슷하게 38퍼센트나 "나는 자주 또는 항상 아이를 도우러 간다"

고 응답했다. 자녀가 어릴 때부터 부모가 허락 양육적인 태도를 보이면, 아이가 학교에 다니는 내내 그 양육 방식이 유지되는 것이다. 그렇게 자라나는 아이들은 부모의 허락 양육 방식을 필요한 일로 받아들인다. 이 아이들은 학습 습관을 익히는 것이 한 번도 허용되지 않았기 때문이다.

사샤의 엄마는 아이에게 숙제를 가져다줄 수 없다고 했을 때를 회상하며 말했다. "선생님들이 휴게실에서 흉을 볼 수도 있겠죠. '불쌍한 사샤. 애 성적을 깎아야 하지만 심정적으로는 너무 불쌍해. 개 엄마가 숙제를 안 갖다주다니 믿을 수가 없네.' 그리고 숙제를 가져온 다른 아이의 엄마들은 뭐라고 생각했겠어요? 그건 내가 해야 했던 일 중 가장 어려운 것 중 하나였다고요."

솔직히 말해서, 우리 부모들은 스쿨버스를 태우는 정류장에 모여, 쌀쌀한 가을날에 반팔을 입히거나, 책가방을 들려 보내지 않는 엄마들의 흉을 보곤 한다. 하지만 이 '나쁜 엄마들'이 사실은 아이가 경험을 통해 배우고 학습 습관을 기드기 위해 그러는 거라면?

누구도 나쁜 부모로 비춰 지기를 원치 않는다. 아마도, 이 책을 읽고 난 후 당신은 예전에 다른 부모들에 대해 내렸던 판단들을 달리 생각하게 될 것이다.

단기적으로는 고통이지만, 장기적으로는 이득!

사라(13세)의 엄마 제니퍼가 씩씩대며 내 사무실로 들어왔다. 그즈음의 날씨는 완전히 제멋대로였다. 화창한 아침으로 시작했다가 곧 흉

수가 날 것처럼 비가 엄청나게 오더니 이내 다시 맑아지는, 전형적인 뉴잉글랜드의 날씨가 계속됐다. 그날도 아침에 비가 올 것이 확실했기에 제니퍼는 세 딸들에게 우의를 입고 장화를 신으라고 했다.

사라는 "이상하잖아. 안 입을 거야"라고 투정을 부렸다. 엄마와 딸 사이에 말싸움이 벌어지고 마침내 서로 소리를 지르는 상황까지 벌어졌다. 사라는 우여곡절 끝에 우의를 입긴 했지만, 엄마에게 성질을 내면서 버스를 타러 빗속으로 달려 나갔다.

제니퍼가 소리쳤다. "애가 얼마나 고집이 센지 몰라요! 모든 일을 싸움으로 만들고 제 방식대로만 하려 든다니까요. 마치 자기가 언제나 옳고 저는 언제나 틀린 것처럼요."

내가 웃으며 답했다. "최근에 거울을 들여다 본 적이 있으세요? 사라는 당신을 따라 하는 것 같군요."

"무슨 소리를 하시는 거예요? 제가 옳았다고요, 비가 왔잖아요!"

"그 '옳다'는 것에 대해 얘기해 보지요. 사라가 울면서 나갈 때, 기분이 좋던가요?"

제니퍼는 얼굴을 찡그렸다. "당연히 아니죠. 하지만 전 아이가 종일 비를 맞아서 홀딱 젖은 채로 다니는 걸 바라지 않았다고요. 대체 학교에서 선생님이 뭐라고 생각하겠어요?"

"좋아요. 최악의 시나리오를 한번 상정해 봅시다. 사라가 비에 흠뻑 젖은 채로 하루를 보낸 뒤, 결국 폐렴에 걸려서 비참한 죽음을 맞이하게 되었어요. 그제야 자신의 잘못을 깨닫고, '아, 언제나 옳으신 우리 엄마'라고 후회하는 사라의 말을 당신이 들었어야 했는데……."

제니퍼는 실소를 터뜨렸다. "글쎄요, 그런 식으로 말하니까 좀 우습네요. 애가 죽을 거라고까지는 생각을 안 했다고요!"

"정말요? 음…… 그럼 아이가 심각하게 아플 거라고 생각했나요?"

제니퍼가 풀죽은 목소리로 답했다. "아뇨."

"좋아요. 제가 어떻게 이해했는지 확실히 해 두죠. 당신은 아이가 죽을 거라고도, 혹은 아플 거라고도 생각하지 않았어요. 그럼 우의와 장화를 착용하지 않았을 때 아이에게 어떤 끔찍한 일이 생길 거라고 생각한 건가요?"

"그렇게 소설까지 쓰실 건 없잖아요! 전 그저 사라가 종일 비에 젖어 비참한 꼴을 하고 있을 거라고 생각한 거예요. 또 애 선생님이 비에 홀딱 젖은 사라를 본다면, '엄마가 대체 정신이 있는 건가' 하고 생각할 줄 알았던 거라고요. 다른 엄마들은 어떻고요?"

"제니퍼, 오늘 일이 이렇게 진행됐다고 가정해 보죠. 당신은 인터넷에서 오늘 날씨를 체크하고 기상 예보를 봤어요. 크고 검은 구름이 몰려오는 걸 보고 아이들에게 우비를 입는 게 좋겠다고 말했습니다. 그런데 사라가 말하죠. '입기 싫어. 보기 흉하다고.' 그럼 당신은 대답하죠. '좋아, 그건 네 선택이지. 이상하게 보이거나 홀딱 젖거나. 너에게 달린 거야.' 그리고 아이는 우의 없이 나가서 버스를 기다리다가 홀딱 젖어요. 그럼 다음번에 비가 올 때는 어떻게 될 거라고 생각하세요?"

"아마 아이는 제가 옳았다는 걸 알고 당연히 우비를 입겠죠!"

"그렇겠죠. 아이는 경험을 통해 배우고 다음번엔 다른 선택을 하겠죠. 또는 괴상한 꼴보다는 비에 젖는 게 낫다고 결정할 수도 있어요. 어느 쪽이건 그건 아이의 결정이고 당신은 그 결정에 따라야 합니다. 그럼 싸움도 눈물도 없고, 화를 내며 하루를 시작할 이유도 없겠죠. 오늘 아침의 소란이 정말 그럴 가치가 있었을까요? 사라가 배울 기회가 있었다고 생각하나요?"

"이제 알았어요. 하지만 아이가 나쁜 선택을 하는 걸 지켜보는 건 정말 어려운 일이라고요!"

물론 다른 사람들이 그 광경을 보게 될 거라는 것, 그리고 당신에 대해 부정적으로 생각하리라는 것을 떠올리는 일은 매우 힘들 것이다. 계속 생각해 보자. '단기적으로는 고통이지만, 장기적으로는 이득'이라는 것에 대해.

아이는 실패로부터 배운다

우리들은 새로운 행동에 임할 때, 마음속으로 목표를 세운다. 그 목표는 추가적인 정보를 얻게 되면서 변할 수도 있고, 더 명확해질 수도 있고, 때로는 폐기되기도 한다.

양육에서도 마찬가지다. "아기가 너무 작아. 숨은 쉬고 있는 거야?"처럼 거대한 불안감을 안고 시작하지만, 점차 자신감을 얻으면서 부모로서의 몇 가지 큰 목표들을 세우게 된다. 예를 들면 '최고의 부모 되기', '내 부모처럼 되기, 또는 되지 않기', '아이에게 기회, 교훈, 뭐든 가장 좋은 것으로 해 주기' 등이다.

아이가 학교에 입학하면 그때부터 대부분의 부모들은 아이의 성취도에 매달린다. 아이가 좋은 성적을 거두고, 인간관계에 능숙하고, 감정적으로 건강하고, 행복하길 원한다. 성취, 그것이 자녀들을 위한 부모의 목표가 되는 것이다.

종종 아이들의 성취를 돕기 위해 다른 전략을 시도해 보기도 한다. 숙제를 도와주거나 어울리는 옷을 입으라고 시키는 것이 아이들의 삶을 더 쉽게 해 준다고 믿는다. 또 불편, 고통, 당황, 혹은 실패로부터 아이들을 보호해 줄 것이라고 생각한다. 본질적으로 우리는 아이들을 위해 아이들의 선택을 대신 해 주고 있는 셈이다.

아이들을 위해 우리가 선택을 내린다는 것은 한편으로는 우리 스스로를 위한, 또 우리 스스로에 대한 선택을 하는 것이라고도 볼 수 있다. 우리가 결국 옳다고 생각하는 것, 아이들에게 그것이 최선이라고 생각하는 것을 우선 선택하게 된다.

제니퍼와 사라의 사례에서 제니퍼는 우의와 장화를 착용하는 것이 최선이라고 생각했고, 아마도 그랬을 수 있다. 제니퍼를 위해서는. 하지만 어쩌면 사라에게는 그렇지 않았을 수 있다. 결과(홀딱 젖음)에 집중하기보다 부모는 아이에게 만들어 주고 있는 습관에 대한 스스로의 관점을 수정하고, 그 습관 형성에 초점을 맞출 필요가 있다.

부모가 마음을 열고 한발 물러서서 아이들이 어떤 선택을 내리고 어떤 교훈을 배우게 되는지를 지켜보기로 했을 때, 비로소 자녀들과 함께하는 진정한 학습자가 된다. 그리고 무언가를 배우는 사람이야말로 가장 흥미로운 사람인 것이다!

상황의 결과(비에 젖지 않는 것)에 매달리거나 아이들이 성취(좋은 성적을 받게 하기)하도록 도우려 한다는 것은 마치 잘못된 표적지를 겨누는 것과 마찬가지라고 이해하면 쉽다. 아이들의 성적에 안달하면 부모 자신이 그에 대한 책임을 지게 되는 것이다. 그 시나리오상에서 아이들은 당장의 성취는 가능하겠지만, 그 성취는 오로지 당신이 계속 관여할 때만 가능해진다.

살면서 언젠가는 그 끈을 잘라 내야 할 순간이 올 것이고, 또 우리 아이들은 스스로 자립하는 데 필요한, 우리의 개입 없이도 성공하는 데 필요한 습관을 얻지 못하게 되는 것이다.

학습 환경 조성이란 나중에 시간이 흐르면 습관으로 굳어지는 행동을 독려하는 일이다. 일찍 시작할수록, 더 쉽게 그 일을 할 수 있다.

아쿠아맨 복장의 데이지

오늘은 데이지(8세)와 딜런(8세), 두 쌍둥이의 3학년 개학 첫날이다. 어젯밤, 쌍둥이 엄마는 아이들에게 내일 날씨가 매우 덥겠으나 학교에서는 에이컨을 틀지 않을 것 같으니 그걸 고려해 입을 옷을 준비하라고 얘기했다.

다음 날 아침, 딜런은 옷깃이 달린 짧은 소매 셔츠와 카키색 반바지를 입고 아침을 먹으러 왔다. 그런데 데이지는 할로윈 의상 같은 파티 복장을 보관해 두는 옷장을 뒤졌다. 마침내 온몸이 파란 아쿠아맨 Aquaman(슈퍼맨이나 배트맨 같은 영웅 캐릭터_옮긴이) 복장을 입고 아침 식탁에 등장했다. 거기에 오빠 딜런의 카우보이 복장 중 하나인 양가죽 바지를 허리에 걸친 채였다. 머리에는 아빠가 작년 핼러윈 때 사용했던 '론 버건디 Ron Burgundy(2004년 코미디 영화 「앵커맨」의 주인공 캐릭터_옮긴이)' 가발까지 썼다.

데이지는 위협적으로 식탁을 발로 쿵쿵 치면서 엄마를 계속 노려보았다. 오빠는 웃기 시작했다. 엄마는 오빠에게 눈짓을 보내고는 데이지에게 주스를 따라 주고, 시리얼과 우유 한 통을 놓아 주었다.

"내 옷이 어때? 멋지지 않아?"

데이지가 물었다. 엄마는 커피를 마시며 잠시 생각하더니, 이윽고 입을 열었다.

"데이지, 그건 네 선택이지. 지금 밖은 32도가 넘는 더운 날씨지만, 종일 그렇게 입고 싶으면 원하는 대로 하려무나."

데이지의 오빠와 아빠는 가만히 앉아서 아침을 먹었다. 누구도 데이지의 선택에 대해 말하지 않았다. 식사가 끝나자 데이지는 가만히 접시를 싱크대에 놓고는 위층으로 올라가더니, 이내 티셔츠와 반바지를 입고 내려왔다.

노력에 대해 칭찬하라

자율 양육식 접근법의 마지막 구성 요소는 아이들의 지성, 능력, 성취가 아닌 노력에 대해서 칭찬하는 것이다. 최근에 뉴스를 통해 무조건적인 칭찬이나 과도한 칭찬이 아이들의 자아 형성에 부정적인 영향을 준다는 기사가 여러 번 보도된 바 있다. 이 뉴스를 본 부모들은 '아이들을 언제, 어떻게 칭찬해야 할지'가 무척이나 혼란스럽고 궁금했을 것이다.

여러 해 전, 우리는 '노력에 대한 칭찬 시스템'을 개발했다. 이 시스템은 노력이나 어려움이 요구되는 특정한 일에 대해 아이를 칭찬하는 것이다. 우리가 실시하는 치료 모델의 핵심은 꾸준한 노력과 긍정적인 태도, 문제 해결을 지속하는 것에 대해 칭찬하는 것이다. 아이들이 변해 가는 모습을 지켜본 결과, 아이들의 행동에서 작지만 눈에 띄는 변화들을 관찰할 수 있었다.

주의력결핍장애(ADHD) 치료 그룹에 속한 아홉 살 소년 조니는 다른 아이들이 말하려는 걸 끊임없이 방해했다. 하지만 노력에 대한 칭찬 시스템을 적용하고 난 후에 조니는 전보다 더 오래 듣게 되었고, 치료 중간에 겨우 서너 번 방해할 뿐이었다.

우리는 조니를 칭찬했다. "오늘 아주 잘 들었어. 얼마나 노력하는지 잘 봤단다"라거나, "네 차례가 올 때까지 기다리려고 열심히 노력하는 모습이 정말 멋지던데!" 하는 식으로. 결과는 매우 고무적이었다.

같은 주제에 대한 연구가 미국 서부 해안 쪽에서도 역시 진행되었다. 스탠포드 대학교의 캐롤 드웩Carol Dweck 교수는 아이들의 도전 욕구에 칭찬이 끼치는 영향을 측정하는 실험을 지휘했다.

우선 한 그룹의 아이들에게는 풀기 쉬운 퍼즐을 내주었다. 다 풀고 난 후 아이들의 지능에 대해 칭찬했다. "참 잘 푸는구나. 넌 아주 똑똑할 거야"처럼. 다른 절반의 아이들에게는 노력에 대해 칭찬했다. "참 잘 푸는구나. 분명 열심히 노력했을 거야."

그다음 같은 아이들에게 훨씬 더 어려운 퍼즐을 풀 기회를 주었다. 지능을 칭찬받은 아이들 그룹은 어려운 퍼즐과 쉬운 퍼즐 중 하나를 고를 기회가 주어지자 더 쉬운 퍼즐 쪽을 택했다. 반면에 노력을 칭찬받은 그룹은 '내가 더 배울 수 있는' 어려운 퍼즐을 선택했다.

전국의 심리 치료사들은 이제 확실한 증거를 얻었다. 노력에 대한 칭찬은 아이로 하여금 더 배우고, 더 발전할 수 있다는 믿음을 갖게 했다. 능력에 대한 칭찬은 아이들을 무기력하게 만든다. 자칫 실패할 수도 있는 어려운 과제에 매달리기를 두려워하게끔 한다.

능력 그 자체는 결코 성공을 보장하지 않는다. 부모가 자녀의 능력을 내재된 것으로 보는지, 아니면 적용하고 발전시킬 수 있는 대상으로 보는지 여부에 아이의 성공이 달려 있다.

아이가 새로운 일에
도전하도록 하라

뉴잉글랜드 소아심리학 센터에 있는 아이들과의 연구를 통해, 우리는 어떤 특정한 형태의 칭찬이 아이들에게 마치 마법처럼 긍정적이고 오래 지속되는 효과를 발휘한다는 점을 발견했다. 그 방법은 간단하지만 전략적이다.

먼저, 아이들에게 합당한 위험을 감수하고 새로운 것에 도전하라고 용기를 준다. 그다음 아이들이 오직 새로운 일에 도전할 때만 칭찬해 준다. 우리는 새로운 도전의 결과가 아닌, 새로운 것에 도전한 그 자체를 칭찬받은 아이들에게서 자존감이 높아지고 행동이 크게 변화하고 공감 능력이 발전하는 모습을 보았다.

그 임무나 게임, 구상이 완벽히 수행됐는지 여부는 중요치 않다. 오직 아이가 그 시도로 인해 긍정적인 감정을 얻는지가 중요하다. 덕분에 아이들은 계속 도전하게 된다. 거의 항상, 아이들은 새로운 일을 완수할 수 있었는데, 그건 무언가에 계속 매달리면 '할 수 있다'고 믿었기 때문이다.

드웩 교수는 '오픈 마인드'open mind라는 개념을 통해 왜 자신의 잠재력을 실현시킬 수 있다고 믿는 사람들은 실제 그렇게 되고, 그렇지 않은 사람들은 같은 공을 들여도 안 되는지를 설명한다. 우리는 도전을 통해 우리의 뇌가 성장할 수 있음을 알고 있다. 그래서 인지 능력이나 운동 역량, 다른 기술의 발전에 계속 투자할 수 있는 것이다.[주2]

우리가 살펴본 아이들의 부모는 아이들에게 성취가 아닌 노력에 대해 칭찬을 시작한 지 불과 몇 주 지나지 않아서 긍정적인 변화와 성장을 보고 놀라곤 한다. 아이들은 더 행복해하고, 에너지가 넘치고, 더 긍정적으로 변했으며 행동거지도 눈에 띄게 좋아졌다. 올바른 칭찬은 마치 마법 같은 행동 변화를 일으킬 수 있다.

탁상 축구의 제왕

10세 소년 네 명으로 구성된 그룹에서, 로비는 탁상 축구(축구 경기를 본 따 테이블 위에서 막대를 움직여 골을 넣는 게임_옮긴이)에 뛰어난 실력을 보였다. 그야말로 로비는 자타공인 탁상 축구의 제왕이었다. 다른 아이들은 항상 로비와 파트너가 되고 싶어 했다.

그룹 치료가 끝나면 로비는 엄마에게 자신이 얼마나 잘했는지를 자랑했고, 엄마도 덩달아 이렇게 말했다. "네가 최고지 그럼. 넌 뭐든지 다 잘하잖니!"

항상 있는 일이시만, 한 아이가 그룹을 졸업하면 새로운 아이기 들어온다. 새로 온 조지는 상냥하지만 수줍음을 많이 타는 성격으로 말수가 적은 편이었다. 또 말을 할 때마다 자기 비하적인 성향을 보였다.

게임을 선택할 순서가 되자 로비는 당연하다는 듯 탁상 축구를 골랐다. 조지도 탁상 축구를 골랐다. 그런데 흥미로운 사건이 벌어졌다. 조지가 로비의 모든 공격을 막아 내고 점수 10점을 모두 가져갔다. 로비는 충격에 빠졌다. 게임을 한 번 더 하자 로비는 완전히 물러섰다. 로비는 몰랐지만, 조지의 집 지하실에는 탁상 축구 테이블이 있어서 조지는 벌써 몇 년 동안이나 자신의 손위 형제들과 게임을 해 왔던 것이다.

그때부터 로비는 미술 시간에도 그림을 그리지를 못하고, 이야기 시간에도 뭐라 말할지를 생각조차 못했다. 수수께끼 풀이 놀이를 하는 동안에도 그냥 멍하니 꼼짝 않고 서 있을 뿐이었다. 로비는 완전히 방전됐다.

로비의 정체성은 상당 부분 자신의 탁상 축구 기술에 대한 칭찬과 관련돼 있었는데, 그것이 장벽에 부딪히자 다른 모든 영역에서 자신의 능력에 대한 회의가 일어난 것이다. 이것이 아이가 성취에 대해 과도한 칭찬을 받고 노력에 대해 칭찬받지 못할 때 생기는 전형적인 현상이다.

조지는 그저 얼굴이 빨갛게 달아오른 채로, 집에서는 그렇게 잘하지 못하고 보통은 형들에게 져 왔다고 했다. 아이들 중 한 명이 "그러면 화나지 않아?" 하고 묻자, 조지가 대답했다.

"좀 그렇긴 해. 하지만 덕분에 더 열심히 연습하게 돼. 언젠가는 내가 형들을 이길 걸 아니까."

> **기억하라!**
> 노력에 대한 칭찬에서 가장 중요한 부분은 아이가 실수를 저질렀을 때, 부모가 과민하게 반응하지 않는 것이다. 실수란 배우는 과정임을 이해해야 한다. 항상 편안한 영역 안에서만 머무르고 새로운 영역에 도전하지 않는다면 결코 발전할 수 없다.

노력에 대한 칭찬은 아이들이 어려운 과제를 헤쳐 나갈 수 있도록 돕는 열쇠다. 이어지는 사례는 자립심과 책임감의 습관을 형성하는 데 자율 양육이 끼치는 영향을 명확히 보여 준다.

매디슨의 수학 숙제

헤더와 매트는 맞벌이 부부다. 적어도 부모 중 한 명은 두 딸 매디슨(8세)과 메건(12세)이 학교에서 돌아올 때 집에 있으려고 서로의 스케줄을 항상 조정하고 있다. 아빠 매트는 집에서 요리를 담당하고 있으며, 엄마 헤더는 딸들의 방과 후 활동과 일정을 책임진다.

매트는 아시아 기업들과 전화 업무가 많아서 저녁식사 후에는 자신의 서재로 들어가 몇 시간이고 일하는 경우가 왕왕 있다. 헤더는 재택근무를 하기 때문에 가족의 스케줄에 시간을 맞출 수 있다. 아이들이 모두 스포츠와 춤에 적극적이라 헤더는 저녁식사 전까지 그들을 차로 실어 나르는 운전수 노릇에 바쁘다. 또한 숙제하는 동안에도 아이들 곁을 지킨다.

헤더는 말했다. "메건은 숙제에 아무런 문제가 없어요. 숙제하라고 일깨워 줄 필요도 없이 딱 자리를 잡고 앉아서 숙제를 하죠. 또 학교 가는 걸 좋아하고 독서도 즐겨요." 매트가 말을 이었다. "문제는 매디슨이에요. 수학 과목을 좋아하지 않는 줄은 알았지만, 이렇게까지 지 손을 쓸 수 없을 정도인 줄은 몰랐어요."

헤더는 매디슨이 부엌 식탁에서 자신과 함께 숙제하는 걸 좋아한다고 말했다.

"작년까지는 숙제가 그렇게 문제 되진 않았어요. 1학년, 2학년, 별 문제 없었죠. 숙제는 주로 책 읽기였는데 매디슨이 읽기가 느린 편이라 가끔 좌절하는 경우가 있었지만 옆에서 도와주면 곧잘 했어요.

하지만 올해는 숙제가, 특히 수학 숙제가 많아졌어요. 아이가 문제를 읽고 그에 답해야 해요. 매디슨에게는 아주 오래 걸리는 일이죠. 때로는 어떻게 답해야 할지 도움이 필요한 경우가 있어서, 저는 아이를 도우려고 하죠. 그럼 매디슨은 피곤해 하면서 힘이 빠지고, 저는 억지로 문제를 풀게 하고…… 문제를 풀어 주고……. 그런데, 맙소사! 어떤 날은 매디슨이 아예 수학 책을 숨기고는 수학 숙제가 없다고 해 버리는 거예요."

이때 매트가 끼어들었다. "지난주 아내가 회의 참석차 이틀간 뉴욕에 갔을 때, 기어코 사건이 터졌죠.

그날은 제가 매디슨과 함께 부엌에서 숙제를 하는데, 자꾸 어떻게 답을 쓸지를 묻는 겁니다. 메이플라워호 청교도 개척자들에 대한 것으로 세 가지 문제에 답을 하는 거였어요. 그래서 저는 아이에게 지문을 읽어 보라고 했죠. 그랬더니 매디슨이 엄마는 그렇게 안 한다고 하더군요. 저는 매디슨에게 지문도 아주 짧고 너는 영리한 아이니까 충분히 풀 수 있다고 얘기해 줬습니다. 그래서 매디슨이 읽기는 읽었지만, 답을 쓰는 데 너무 집착하더라고요. 썼다 지웠다 다시 썼다 지웠다 하면서요. 아주 엉망이었지만 어쨌든 끝내긴 했죠.

그다음 수학 문제를 풀었어요. 문제는 열 개였는데 매디슨은 한참 동안 저와 문제지를 번갈아 보더군요. 왜 그러냐고 했더니 '아빠가 도와줘야지' 하는 겁니다. 아이에게 '아빠가 여기 있잖아, 모르겠으면 물어보렴'이라고 했더니, 눈물이 가득 차서 소리쳤어요. '아냐! 아빠가 도와줘야 해, 엄마처럼!' 엄마가 어떻게 하냐고 물으니 펑펑 울면서 말하더군요. '엄마는 뭘 해야 할지를 다 설명하고 답을 알려 줘. 그래야 어떻게 푸는지를 알 수 있단 말야.' 그래서 아이 옆에 앉아서, 첫 번째 문제를 한번 풀어 보면 봐 주겠다고 했더니 문제지를 찢어 버리고는 저보고 나쁜 아빠라고 하더군요. 도무지 진정시킬 수가 없었어요. 어째야 할지를 몰랐습니다."

헤더가 눈물이 가득 고인 채 말했다. "매트가 전화했을 때, 기분이 어땠는지 아실 거예요. 전 아이를 돕고 싶은 마음에 애 숙제를 대신 해 줬어요. 좋은 의도로 시작한 일이 오히려 애를 망친 거죠. 이제 매디슨은 자신이 멍청하고 아무것도 제대로 할 수 없다고 생각해요."

이 이야기를 읽으며 찔리는 구석이 있는가? 이런 비슷한 일을 많은 부모들이 경험해 봤을 것이다. 아이를 노와주려던 의도가 역효과를 낳은 것이다. 이제 다음 이야기와 한번 비교해 보자.

애버의 색칠 놀이

크리스티나 라이언은 저녁식사 후, 첫째 딸 애버(5세)와 함께 앉아 그림을 그리는 평화로운 시간을 즐긴다. 하루는 애버가 크리스티나의 그림을 보고는 "내 거보다 좋아"라며 불평을 했다. 크리스티나는 딸에게 그렇지 않다고 말했지만 애버는 흐느끼며 말했다. "불공평해, 내

건 엄마 거에 비하면 형편없잖아!"

크리스티나는 그 이후의 상황을 설명했다.

"다음 날, 우리는 색칠 그림책인 『멋쟁이 낸시』에 색칠하고 있었어요. 애버가 제가 한 색칠을 보고는 '엄마 건는 왜 멋져? 내 건 엉망인데!'라고 하더군요. 전 책을 넘겨서 아이가 처음 칠했던 그림을 찾아 그것과 방금 아이가 색칠한 그림을 비교해 보여 줬죠. '두 그림이 다르지? 오늘 네가 칠한 건 이전보다 훨씬 깔끔하단다' 아이는 고개를 끄덕였지만 여전히 훌쩍이며 '하지만 엄마 거가 더 멋져'라고 했어요.

그래서 제가 말했죠. '네 말이 맞아!' 그랬더니 아이가 어찌나 놀란 표정을 짓던지! 아마 기가 차서 말이 안 나왔겠죠. '하지만 애버, 엄마가 색칠을 잘하는 건 연습한 덕분이야. 엄마가 너만 한 나이였을 때 네 할머니랑 거의 매일 그림책을 색칠했거든. 할머니가 검은 펜으로 스케치를 해 주시면 엄마가 그 위에 색을 칠했지, 지금 우리처럼 말이야. 그때 할머니의 그림이 너무 근사해서 엄마는 잘 그리게 되려고 열심히 연습한 결과, 지금 이렇게 된 거야. 힘들었지만, 엄마는 색칠하는 게 너무 좋아서 계속 노력했단다'

아이에게 말을 하는 중간에 어떻게 이야기해 주는 게 좋을지 아이디어가 떠올랐고, 어떻게 풀어 나가야 할지를 드디어 알아챘죠. '우리가 운동을 하지? 뛰기도 하고 자전거도 타잖아. 왜 그러는 걸까?'

아이는 잠깐 생각하더니 입을 열었어요. '우리가 그걸 좋아하니까. 그래야 근육이 튼튼해지잖아'

'그렇지! 자, 이렇게 생각해 볼래? 우리 뇌도 근육과 마찬가지야. 더 강하게 만들려면 계속 연습을 해야 한단다'

애버의 반응은 '에이 설마!'였어요. 그래서 어떻게 연습을 하면 할수록 뇌 근육이 더 튼튼해지는지를 설명해 줬죠. 아이가 지금까지 색칠한 모든 그림들이 네가 얼마나 열심히 색칠했는지를 보여 주는 증거란 점도요. 그간 네가 한 노력이 잘 보이고 최선을 다한 게 너무 자랑스럽다고 말해 줬어요. 그랬더니 아이는 '그래, 더 많이 연습해야겠어. 엄마가 했듯이 말이야' 하더군요. 이후로 다시는 색칠 때문에 우는 일은 없었어요."

크리스니타는 애버의 숙제를 돕는 데도 같은 요령을 사용한다. 노력에 대해 칭찬해서 아이의 용기를 북돋아 주고, 독서와 글씨 연습을 잘하면 노력의 대가로 스티커를 붙여 준다. 애버가 포기하고 싶어 하는 기색을 보일 때마다 열심히 노력하면 뇌 근육이 자랄 거라고 칭찬한다. 매일 애버는 스티커를 받는데, 스티커를 받는 자체에 목표를 두는 것이 아니라 자신의 할 일에 집중하기 위해서이다.

크리스티나가 했던 것처럼, 배움에는 기쁨이 뒤따르고, 우리는 항상 새로운 것을 배우는 중이며, 새로운 기술을 얻는 데는 많은 연습이 필요하다는 것을 자녀들에게 알려 주는 일, 이것이 바로 학습 습관이 자라나게끔 하는 자율 양육법이다.

성공하는 아이를 위한
8가지 학습 습관

Learning
Habit

01

미디어 사용 습관

컴퓨터와 스마트폰을 어떻게 사용할 것인가

> "생존을 위해서는 물이 필요하다.
> 하지만 물이 너무 많으면 빠져 죽을 것이다."
> _ 마야 안젤루(Maya Angelou), 작가, 시인, 미국 대통령 자유훈장 수훈자

시애라(12세)는 아이패드가 자신이 '인간관계'를 맺고 있다고 믿는 낯선 이들에게 '말을 건다'고 믿는다. 그래서 이 '가까운 친구'가 자신을 헐뜯지 않도록 하기 위해서 항상 아이패드를 지니고 있어야 한다고 말한다. 시애라의 엄마는 새벽 3시 반에 울고 탈진하다가 광분하는 시애라를 보곤 한다.

사이먼(13세)은 거의 전 과목 낙제에 친구도 별로 없다. 일상이 온통 게임으로 이뤄져 있다. 가족 활동에도 흥미가 없고, 감정 기복이 심하며, 학교가 끝난 뒤에는 지하 골방에 틀어박혀 게임만 한다.

샘슨(11세)은 자신의 사업을 운영한다. 기업가로서 샘슨은 학교에서 자바, 베이직 HTML, 웹 디자인을 공부했다. 학교 성적은 최우등생이지만 요즘에는 하루 단 한 시간만 컴퓨터 사용이 허락된다. 그 시간 동안 샘슨은 웹사이트를 디자인하면서 돈을 번다.

켈리(8세)는 생일 선물로 벽걸이 TV를 선물 받았고, 아빠가 침실에 설치해 줬다. 최근 켈리의 부모들은 켈리가 지치고, 짜증내고, 찡그린 모습을 자주 본다. 아이가 아픈가 하고 의사에게 데려가 신체 검사와 혈액 검사를 받았다.

이 네 아이들의 사례가 보여 주는 것은 무엇일까?

미디어 사용의 세 가지 방식

미디어 사용이란 말은 원래 스크린을 가진 모든 기기와의 상호작용을 뜻했다. 하지만 미디어 사용이 각기 종류가 달라 하나의 카테고리로 묶기가 어렵다는 것을 이해할 것이다.

이제 디지털 학습과 평가는 아이들의 학교생활에서 중요한 부분을 차지한다. 수학이나 맞춤법을 게임과 연계시켜 익히는 능력은 학생과 교사 모두에게 흥미로운 경험이다. 하지만 교육용 학습 게임들이 경쟁적으로 등장하면서 미디어 사용의 경계를 흐릿하게 만드는 데 일조하기도 했다.[주1]

우리는 M^2 세대 아이들이 미디어와 교감하는 방식을 부모들에게 이해시키고자, 학습 습관에 있어서의 미디어를 세 가지 카테고리로 분류했다. 우리는 이것들을 '3C'라고 부른다.

- ✓ **미디어 소비** Media Consumption 미디어로부터 얻는 것 없이, 단지 미디어를 받아들이거나 사용하는 것
- ✓ **미디어 창조** Media Creation 자발적 참여, 숙련 기술, 복합적 문제 해결이 요구되는 방식으로 무언가를 생산하거나 배포하는 것
- ✓ **미디어 커뮤니케이션** Media Communication 타인과의 소통을 위해 미디어를 이용하는 것

이 장에서는 앞으로 미디어 소비, 미디어 창조, 미디어 커뮤니케이션에 대한 부모들의 이해를 돕기 위해 *학습 습관 연구*의 결과를 제시하고자 한다. 이 세 가지 미디어 사용의 각 카테고리들은 성적, 인간관계, 감정, 학습 등 자녀의 인생에서 중요한 지표에 영향을 끼치는 요소들이기 때문이다.

이 부분을 다 읽고 난 후, 어떤 부모도 하루에 한두 시간 이내로 아이들의 미디어 소비와 커뮤니케이션 시간을 제한할 이유가 없다고는 말하시 못할 것이다. 또한 부모들은 미디어 창조기 어떻게 작동하는지를 이해하고, 이제 막 흥미를 가지기 시작한 아이들을 돕기 위한 몇 가지 정보도 얻을 수 있을 것이다.

넬슨의 미디어 사용 시간

코네티컷 주에 사는 콜린은 외동아들 넬슨(5세)이 있고 현재 둘째를 임신 중이다. 콜린은 아들이 유치원에 간 아침에 *학습 습관 연구* 인터뷰에 참여했다.

콜린은 넬슨의 미디어 사용을 잘 통제하고 있다고 믿었다. 인터뷰 중간에 아이가 하루 몇 시간이나 미디어를 사용하는지 묻자 이렇게 답했다.

"2시간이요. 그리 이상적이진 않을 수 있지만, 그래야 겨우 제 일을 할 수 있거든."

화이트보드에는 콜린 가족이 갖고 있는 미디어 기기들의 목록이 쭉 적혀 있었다.

TV 2대

아이패드 2대

조기 교육용 태블릿 2대

엑스박스(마이크로소프트사의 게임기_옮긴이) 1대

핸드폰 2대

노트북 컴퓨터 1대

데스크탑 컴퓨터 1대

디지털 카메라 1대

인터뷰 진행자가 물었다. "차에는 미디어 기기가 없나요?"

"아, 맞다. 제 차에 빌트인 TV와 DVD 플레이어가 있어요."

진행자는 TV 개수를 '3'으로 정정했다. 그다음 콜린에게 어제 하루 일과를 떠올려 보라고 하고는, 넬슨이 방과 후에 얼마나 미디어 기기들과 시간을 보내는지를 거의 분 단위로 정확히 계산하도록 고안

된 질문을 던졌다. 인터뷰 진행자는 차트 작성을 마친 후 콜린이 볼 수 있도록 옆으로 비켜섰다. 총 5시간 55분, 거의 6시간이었다.

2층 TV	30분
1층 TV	60분
차 DVD	75분
엄마의 아이패드	30분
아빠의 아이패드	15분
Xbox	0분
조기 교육용 태블릿	30분
자녀 학습용 태블릿	45분
아빠의 핸드폰	20분
엄마의 핸드폰	30분
데스크탑 컴퓨터	20분
노트북 컴퓨터	0분
엄마의 디지털 카메라	0분

콜린은 충격에 소리 질렀다.

"세상에! 저건 말도 안 돼요! 제 말은, 정말 바쁜 하루였고…… 쇼핑몰에 가는데 고속도로 공사가 겹쳐서 종일 걸렸고…… 식당에서 기다렸는데…… 6시간이요? 맙소사, 끔찍하네요!" 진행자는 미소를 지으며 대꾸했다. "사실, 이 정도는 평균인 셈이죠."

초기의 *학습 습관* 연구 조사에 참여했던 전국의 부모들은 자녀들의 하루 평균 미디어 사용이 90~120분 정도라고 말했다. 하지만 실제 기기별로 세부적인 질문을 하고 나면 총 시간은 보통 하루에 6~8

시간으로 측정되었다.주2 다른 미디어 관련 연구에서도 이러한 통계는 동일하게 나타난다.

엄마 핸드폰 가지고 노는 몇 분, TV 프로그램이나 DVD 영화 한두 편, 아이패드 게임 조금, 쇼핑몰 다녀오는 동안 차에서 영화 잠깐 등 그리 많은 시간이 아닌 것 같지만, 그 시간들을 전부 다 더하면 얘기가 달라진다.

#어디 한번 잘해 보쇼

하지만 연구팀은 미디어 과용에 대한 결과를 대부분의 부모들이 특별히 중대한 사안으로 받아들이지 않는다는 점을 알게 되었다. 2013년 10월, 미국 소아과 학회는 미디어 사용과 어린이에 대한 보고서를 제시했다. 부모들에게 미디어 사용 시간을 하루 1~2시간 이내로 제한하라고 촉구하는 내용이었다.

AP통신의 한 기자는 이 새로운 가이드라인을 즉각 인용하면서 '#어디 한번 잘해 보쇼goodluckwiththat'라는 농담을 해시태그로 트위터에 올렸다.주3 이 해시태그는 큰 인기를 끌어 그로부터 몇 시간 만에 CNN과 투데이쇼를 포함한 전국의 모든 주요 방송사들이 이 '#어디 한번 잘 해 보쇼' 해시태그를 보도했을 정도였다.

소아과 학회가 아이들의 미디어 사용 시간이 위험 수준을 넘어섰다고 "불이야"하고 외쳤지만 누구도 귀 기울이지 않고 코웃음 치는 형국이었다. 프레스먼 박사는 이를 두고 "차라리 정말 불이라도 나면 어떻게 끄는지라도 알게 될 텐데!" 하고 논평했다.

미디어 소비란 무엇일까

TV 중독에 빠진 켈리

켈리(8세)는 2학년이다. 세 자매의 맏언니라서, 부모들은 켈리를 나이보다 더 성숙하게 대한다. 선생님과 친구에게도 인기가 많은 켈리는 사회성이 좋은 꼬마 숙녀로 생일이 늦은 편이라 해당 지역 유치원의 입학 시기를 한 번 놓쳤기 때문에 다른 친구들보다 나이가 많다.

켈리는 집에서 상당히 자율적으로 행동한다. 엄마와 아빠는 켈리가 두 쌍둥이 동생들(10개월)을 잘 보실피는 데 기뻐하며, 종종 켈리를 '작은 엄마'라 부르기도 한다. 학교에서 잘하고, 집에서는 기쁨을 주는 켈리이기에 부모로서는 눈에 넣어도 안 아픈 딸인 셈이다.

그래서 켈리가 생일 선물로 "너무 비싸지 않으면요" 하고 전용 TV를 사달라고 했을 때, 부모는 기꺼이 그 청을 받아들였다. 금요일 방과 후 열린 생일 파티에서 켈리의 친구들은 켈리의 방에 놓인 커다란 박스를 보고는 이제까지 본 최고의 생일 선물이라며 부러워했다. TV에는 내장형 DVD 플레이어가 달려 있어서 엄마는 켈리가 좋아하는 DVD들을 방으로 가져가도록 허락했다.

첫날 밤, 온 가족이 켈리의 방에 모여 생일 케이크를 먹으며 영화를 봤다. 아기들은 제시간에 잠이 들었지만 켈리와 부모는 계속 영화를 봤다. 취침 규칙을 깨는 것이었지만, 특별한 경우였으니까.

토요일과 일요일 밤, 켈리는 제시간에 침대로 향했다. 엄마는 평소 하던 대로 켈리의 옆에 앉아 이제 막 읽기 시작한 「해리 포터」 시리즈의 첫 권을 읽어 주었다. 엄마가 방을 나간 후에도 켈리는 잠이 오지 않았다. 큰 TV가 바로 저기서 틀어 주기를 기다리고 있으니!

켈리는 몰래 침대에서 나와 '겨울 왕국' DVD를 틀었다. 원래는 딱 몇 분만 볼 요량이었다. 그런데 결국 켈리는 깜빡 잠이 들었다가, 영화가 끝나고 다시 플레이 되기 시작할 때 눈을 떴다. 리모콘을 찾아 전원을 껐지만, 다시 잠이 들기까지는 한참이 걸렸다.

이후 몇 주 사이에 켈리는 변했다. 처음에는 미묘하게, 아침에 미적거리며 일어났다. 그러다 점점 아기들에게 짜증을 내고, 같이 놀아 주거나 엄마와 함께 먹이고 씻기는 일을 꺼리게 됐다. 켈리는 점점 쉽게 피곤해졌고 입맛도 떨어졌다. 예전보다 활기도 없어 보였다. 아빠는 학교에서 무슨 일이 있는지 걱정했지만 켈리는 아무 일도 없다며 부모를 안심시켰다.

부모는 소아과 의사인 배로우스 박사에게 전화했다. 상황을 설명하자, 의사는 내일 아침 일찍 딸을 데려오라고 말했다. 켈리는 병원에서 진찰을 받고 혈액 검사도 받았다. 의사는 켈리가 '말처럼 건강하다'는 소견을 냈다. 하지만 켈리가 창백해 보이고 눈가에 다크 서클이

뚜렷이 보인다고 진단했다. 성격이 상당히 변했고 피곤함이 역력해 보인다는 점에는 우려를 표했다.

의사는 진료실 옆 놀이방에서 켈리를 놀게 한 뒤, 부모들에게 혹시 근래에 켈리에게 어떤 변화가 있었는지를 물었다. 보모가 바뀌었나요? 새로 사귄 친구 집에서 잔 적이 있나요? 어떤 팀이나 그룹에 새로 합류했나요? 학대를 암시하는 듯한 대목에서 켈리의 부모는 화들짝 놀라며 의사에게 그 어떤 변화도 없었다고 말했다.

의사는 켈리와 단둘이서만 이야기해 보겠다고 했다. 간호사가 켈리를 진료실로 데려오자, 의사는 책상 끝에 걸터앉아 미소를 지으며 말했다.

"좋아, 꼬마 아가씨. 요새 무슨 일 있는 거지? 그게 어떤 일이든 선생님은 화내지 않을 거고, 너에게 곤란한 일도 생기지 않을 거야. 그 착하던 숙녀는 어디 갔지? 공주님, 털어놔 보세요."

켈리의 입이 천천히 열렸다. 켈리는 전용 TV를 가진 친구는 하나도 없는데, 자신에게만 생겨서 무척 기뻤다고 말했다. TV가 생기자 자야 할 시간 이후에도 비디오를 보기 시작했다. 이미 외우다시피 한 영화들이라, 시청 중에 잠들곤 했다.

하지만 TV 불빛과 소리 때문에 밤중에 깨고 나면 다시 잠들기란 쉬운 일이 아니었다. 그래서 켈리는 전에 보지 못한 TV 프로그램들을 돌려 보기로 했다. 그렇게 채널 관광을 하게 되었다. TV에 시청 제한을 설정해 놓았지만 그래도 볼 수 있는 프로그램들이 여전히 많이 있었다.

이야기를 종합해 보니, 적어도 두 가지는 확실해졌다.

- ✓ 켈리는 평소보다 훨씬 늦게 자고 있다.
- ✓ 켈리는 제대로 잠을 자지 못하고 있다.

켈리의 부모는 가슴을 쓸어 내리며 안도했다. 동시에 어째야 할지 혼란스러웠다. TV는 바로 자신들이 켈리에게 생일 선물로 준 것이다. 그럼 이제 다시 빼앗아야 할까? 다음 날은 토요일이었다. 아침으로 팬케이크를 먹은 후 그들은 켈리의 방에 모였다. 켈리는 잘 시간 이후에 TV를 봐서 미안하다고 했다. 켈리는 엄마 아빠가 화를 내지 않고 TV를 빼앗아 가지 않으리란 걸 알게 되자, 기쁜 마음으로 몇 가지 규칙을 따르기로 했다. 다음은 냉장고에 붙여 둔 규칙이다.

켈리의 TV 규칙

1. 켈리는 주말마다 하루 2시간씩 TV를 시청할 수 있다.
2. TV가 켜져 있을 때는 항상 방문을 열어 두어야 한다.
3. 일요일 밤에 TV 전원 콘센트를 뽑아 두었다가 그다음 금요일에 다시 연결한다.

이렇게 TV 규칙을 정하고 한 주가 지나자, 켈리는 예전의 모습으로 돌아왔다.

:: 저자의 한마디

수면과 미디어 소비는 훨씬 더 밀접한 관계를 가지고 있었다. 우리가 연구한 결과에 따르면, 미디어의 종류에 상관없이 아이들이 미디어에 노출되는 시간이 45분 이하일 경우에는 큰 해악이 발견되지 않았다. 하지만 45분이 넘어서면 수면에 부정적 영향을 끼치고, 1시간 30분이 경과하면 아이들의 수면에 대한 악영향은 심각한 수준에 이르렀다.

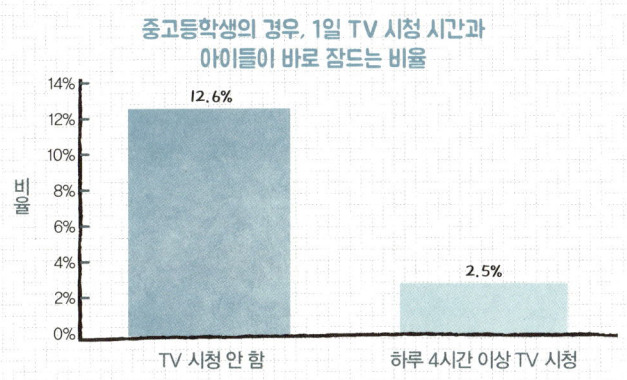

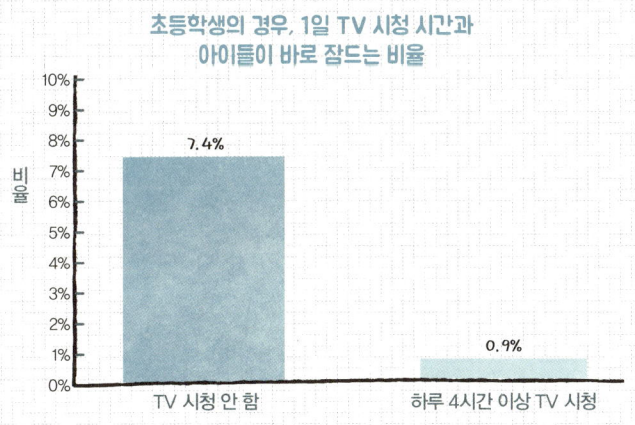

보통 부모들은 전자 제품 사용이 수면 박탈 증상(우울증, 주의력 결핍, 생산성 감소, 과잉 활동, 무기력 등)에 영향을 끼친다고 생각하지 않는다. 하지만 실상 전자 제품의 과용이야말로 수면 박탈 증상의 가장 큰 원인이다. 아이들의 경우 수면 시간이 단 30분만 변해도 급격한 변화가 생길 수 있다.

미 전역 4,600개 도시의 가정을 대상으로 설문 조사를 펼친 결과, 우리 연구진들은 TV를 시청하지 않는 중고등학생 아이들 중 12.6퍼센트가 바로 잠든다는 점을 발견했다. 반면 동연령대에서 하루 4시간 이상 TV를 보는 아이들 중 겨우 2.5퍼센트만이 겨우 바로 수면에 들었다. 뿐만 아니라, 하루 4시간 이상 TV를 보는 초등학생 아이들 중 바로 잠드는 비율은 채 1퍼센트에도 미치지 못했다.

> **학습 습관 연구** 결과, 대부분의 아이들에게서 미디어 사용은 수면에 이르는 과정을 저해하는 주요한 요인임이 밝혀졌다.

TV 시청 규칙

TV 시청은 부모들이 통제하기 어려운 영역 중 하나이다. 1970년대나 80년대에 어린 시절을 보낸 세대는 자연스럽게 TV 시청을 제한받았다. 토요일까지는 아침에 TV를 볼 생각조차 하지 않았다(아이가 굳이 뉴스를 시청하려고 하지 않는 한). 아동 대상의 프로그램은 대개 주말 저녁에나 방영되곤 했다.

고등학생 시절 우리들 대부분은 일주일에 1시간 30분 정도 TV를 봤다. 「베버리힐즈 아이들」과 「프렌즈」(1990년대 미국에서 인기리에 방영된 청춘 드라마들_옮긴이)를 포함해서. 그러니까 당시 TV에 대한 규칙이 없었던 이유는, 굳이 필요가 없었기 때문이었다.

TV에 관한 한, 과거의 방법들은 이제 더 이상 효과가 없다. 아이들이 쉽게 접할 수 있는 프로그램이 너무나 많은 데다가 대부분은 아이들이 보기에 부적합하기 때문에, 부모의 감독과 TV 시청에 관한 규칙이 분명히 필요하다.

새로운 TV 시청 규칙

- ✓ 숙제, 독서, 기타 심부름들을 반드시 모두 마친 다음, 저녁 시간에 30~60분만 본다.
- ✓ 아이들 침실에는 미니어 기기를 두지 않는다.
- ✓ 주중에는 아침에 TV를 보지 않는다.

매켄지 가족의 미디어 소비

"매켄지를 낳았을 당시만 해도 절대로 아이에게 TV를 보게 하지 않겠다고 맹세했어요. 전 제가 이런 부모가 되리라곤 결코 생각하지 못했거든요." 안드레아가 단호하게 말했다. 사실 안드레아와 남편은 미디어 사용이 빈번한 편은 아니었다.

안드레아가 둘째 제이콥을 임신하기 전까지는 첫째 딸 매켄지에게 TV를 보지 않게 했다. 그런데 입덧 때문에 화장실에서 보내는 시간이 많아지자 매켄지의 주의를 돌리기 위해 어쩔 수 없이 TV를 켜 두게 되었다.

제이콥을 낳은 후, 아이에게 젖을 먹일 동안 매켄지는 주기적으로 TV를 보게 되었다. 'TV를 보면서 시리얼을 먹는 풍경'은 매일 아침의 일상이 되어 버렸다.

아이 하나를 돌보는 것도 고된 일인데, 둘을 동시에 보는 건 불가능했다. 슈퍼마켓에서 장을 볼 때면 아이들을 얌전하게 있게 하려고 카트에 앉힌 채 안드레아의 핸드폰을 가지고 놀게 했다. 그렇지 않으면 아이들은 카트 밖으로 나오려 하거나 서로 싸우고 난리법석을 떨었다.

새로 장만한 차에는 아이들을 위한 내장 TV를 달았는데, 그녀 생각에는 오랜 여행길에 더없이 적합한 장치였다. "하지만 솔직히 긴 여행을 떠날 일은 별로 없었고, 슈퍼마켓에 가는 길에 아이들이 항상 싸워서 결국 DVD를 틀어 주고 말았죠."

식당에서 음식이 나오길 기다리는 동안에도 아이들은 그녀의 핸드폰을 가지고 게임을 했다. 아예 아이들이 갖고 놀 모비고MobiGo(휴대용 스크린 터치 장난감_옮긴이)를 챙길 때도 있었다. 안드레아의 남편은 퇴근이 늦는 경우가 잦아서 온 가족이 모이는 저녁식사는 드물었다.

당신이 아래에 설명하는 미디어 추적을 한번 시도해 본다면 아이들의 미디어 사용 시간이 놀랍도록 많다는 사실을 금방 알게 될 텐데, 안드레아 역시 그랬다. 아이들을 TV 앞에 7시간 내내 둔 적은 없었지만, 그럼에도 불구하고 그 작은 시간들이 쌓여 결국 하루 7시간이 되어 버렸다.

> **미디어 추적**
>
> 미디어 소비는 다만 TV 시청에만 국한되는 것이 아니다. 핸드폰과 태블릿 PC를 가지고 아이들은 얼마든지 어디서나 게임을 하고 동영상을 볼 수 있다. 미디어 추적은 이럴 때 효과적인 방법이다.
> 우선 당신과 아이들이 가진 미디어 기기의 목록을 작성하라. 각 기기별로 아이들의 미디어 사용 시간을 체크해 둬라. 사용 시간이 얼마나 많은지 보면 놀랄 것이다.

    매켄지가 학교에 입학하게 되자, 안드레아는 딸이 친구를 사귀는 데 어려움을 겪는다는 걸 알아차렸다. 아이가 유치원에서 부끄러움을 많이 타는 편이긴 했지만 대개의 아이들이 그러지 않은가.

    매켄시를 체조와 축구 교실에 등록시키기도 봤지만, 아이는 울면서 하기 싫다고 소리칠 뿐이었다. 수업 중 도망 나오거나 "오줌 마려워", "발목이 아파" 등 변명거리를 찾기 바빴다. 안드레아는 진이 빠졌다. 딸이 싫어하는 수업에 억지로 집어넣고는 다른 부모들에게 매켄지의 당황스러운 행동들을 설명하는 일에 넌더리가 났다.

    매켄지는 아예 만성적으로 불행해 보일 정도였다. TV 광고에서 본 장난감을 사달라고 항상 떼를 썼다. 엄마가 투정을 받아줄수록 점점 더 상태가 심각해지는 것 같았다.

매켄지의 정서 불안, 조울증과 숫기 없는 성격이 걱정된 부모는 결국 소아과 의사를 찾았다. 의사는 해결책은 복잡하지 않다고 조언했다. '아이의 미디어 소비 시간을 줄이면 된다. 미디어 사용 시간을 추적하고 가장 자주 쓰는 미디어부터 줄여 나가라'는 것이었다.

조사해 보니 안드레아의 핸드폰과 학습용 태블릿에 깔린 게임 애플리케이션(앱)이 가장 악질 주범으로 하루에 무려 네 시간이나 잡아먹고 있었고, 그다음이 TV였다.

안드레아는 매켄지가 좋아하는 활동을 억지로 못 하게 해서 아이가 지금 벌을 받고 있다고 생각하길 원치 않았다. 그래서 소위 '바꿔치기'라는 방법을 고안해 냈다. 한 주에 하나씩 미디어 소비 활동을 미디어 사용을 하지 않는 활동으로 대체해 나가는 방법이었다. 우선 식사부터 시작했다. 모든 식사는 반드시 부엌 식탁에서 함께 먹기로 했다. 매일 저녁식사를 같이 할 수 없는 남편은, 퇴근 후 30분 동안 TV 보는 시간을 가족과 함께 하는 보드게임으로 대체했다.

즉각적으로 매켄지의 행동에서 긍정적인 변화가 나타나기 시작했다. 가족과의 저녁식사와 보드게임은 다른 일에서도 연쇄적으로 파급 효과를 일으켰다. 이후 몇 달에 걸쳐 안드레아는 가족의 일상에 새로운 변화를 시도했고 매켄지의 오후 일과에 집안일 돕기도 추가했다. 딸이 버럭 화를 내거나 떼를 쓰는 일도 줄어들었다. 안드레아는 더 이상 매켄지의 조울증을 걱정하지 않는다. 또한 아이가 타인과 눈을 맞추는 능력도 개선되면서 또래들과도 잘 어울리게 됐다고 안드레아는 말했다.

다음은 안드레아가 추천하는 바꿔치기 방법이다.

- ✓ 오랜 시간 이동할 때(운전에만 한 시간 이상 소요되는 경우)만 차에서 미디어 사용을 허락한다 — "이렇게만 해도 당장 아이들의 미디어 소비 중 5분의 1은 줄일 수 있더라고요."
- ✓ 핸드폰은 무조건 사용 금지 — "절대 제 품에서 꺼내지 않아요."
- ✓ 평일 저녁식사는 미디어 없이 식탁에서만 — "집안에 있는 사람은 모두 참석하고요."
- ✓ 미디어를 사용하지 않는 가족 놀이 30분. 보드게임, 단어 맞추기 게임, 퍼즐 놀이 등의 비(非) 미디어 게임들 — "어떤 게임을 하느냐보다는 방해받지 않고 가족 간의 교류가 이어지는 것이 훨씬 중요해요."
- ✓ 정기적으로 집안일 돕기 — "집안일을 하면서부터 매켄지는 더 차분하고 행복해하고 자신감 있는 아이가 되었어요. 침대 정리, 빨래 바구니에 입은 옷 넣기, 식탁 차리는 일을 돕는 건 이제 매일 딸의 몫이죠."

:: 저자의 한마디

프레스먼 박사는 아이들의 미디어 사용과 사회성 발달 간에는 반비례 관계가 성립한다고 말했다. 미디어 없는 가족 식사와 핸드폰을 꺼내 두지 않는 안드레아의 전략은 의도한 것보다 훨씬 효과적이었다. 부모와 함께 저녁을 먹는 아이들은 그러지 않는 아이들에 비해 미디어 게임 시간이 50퍼센트나 적었다.

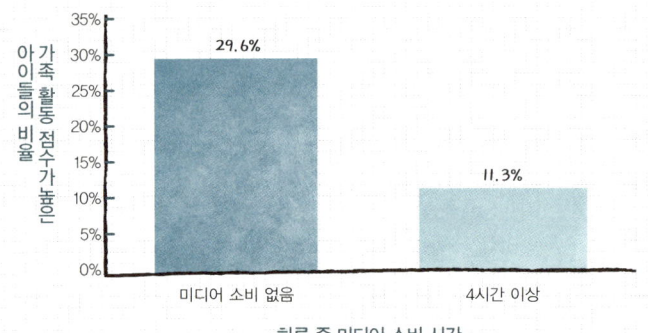

하루 중 미디어 소비 시간에 따른 중학생의 가족 참여 활동 점수

게임 개발자의 아이들

로드 아일랜드 디자인 스쿨 졸업생인 패트릭은 요즘 가장 인기 있는 비디오 게임을 개발하고 있다. 매사추세츠 주의 캠브리지 외곽에 있는 그의 사무실에는 지금까지 만들어진 거의 모든 비디오 게임들이 소장되어 있다.

이 회사 직원들은 쿨함을 추구하는 30~40대들처럼, 스니커즈와 청바지에 만화가 프린트된 티셔츠 차림에, 며칠이고 면도도 안 하곤 한다. 그렇다고 꾀죄죄한 겉모습에 속으면 안 된다. 그들은 각자가 모두 몇백만 달러씩을 벌어들이는 사람들이니까.

그들은 엑스박스와 닌텐도 게임기가 가득한 시험실에 정기적으로 아이들을 초대해 게임을 하도록 하고 반응을 살핀다. 이들 기업가들에게 자녀가 있는지 물으니, 고개를 끄덕이며 그렇다고 했다.

패트릭은 다섯 자녀의 아빠인데 대놓고 자신의 아이들에게는 비디오 게임을 허용하지 않는다고 인정했다. "아이들에게 컴퓨터를 하게 하지만, 그게 전부죠."

그는 게이머를 키우는 게 아니라고 말했다. "전 어린 시절에 디자인 작업에 푹 빠졌죠. 온종일 미술 수업을 듣곤 했어요."

나는 패트릭에게 비디오 게임과 아이들의 사회성 간의 관련성에 대한 통계를 잘 알고 있지 않느냐고 물었다. 그랬더니 웃으며 "제가 제 아이들에게 비디오 게임을 못 하게 한 이유가 뭐겠어요?"라고 반문했다.

또 비디오 게임이 얼마나 중독성이 강한지를 알고 있는지 묻자, 나를 물끄러미 바라보더니, "지금 농담하세요?"라고 미소를 지으며 말했다.

"제가 여기까지 올 수 있었던 게 다 그 중독성 덕분이죠. 개발자들의 목표는 할 수 있는 한 가장 복잡하고, 가장 매혹적이고, 가장 중독성 있는 게임을 만드는 겁니다! 바로 그 이유로 제 아이들에게 게임을 금지하고 있는 것이고요. 내 아이들이 스포츠나 독서를 즐겨야 할 때에 게임을 하느라 시간을 보내길 원치 않아요. 이런 게 위선적이라고 한다면, 뭐 그러라죠. 전 도전을 사랑하기에 게임을 디자인하는 겁니다. 만약 부모들이 제가 만든 게임을 아무런 사용 규칙 없이 아이들에게 쥐어 준다면, 그건 잘못이죠."

:: 저자의 한마디

학습 습관 연구에 의하면, 하루 90분 이상 게임을 하는 아이들은 사회성에 장애가 있을 가능성이 두 배나 높다. 예를 들어, 친구를 사귀는 데 어려움을 겪거나, 다른 아이들과의 놀이에 잘 참여하지 못하고, 새로운 일에 도전하기 두려워한다. 또 자신의 감정과 요구를 효과적으로 전달하지 못하는 등의 문제가 발생하기 쉽다. 게임에 몰두하는 아이는 영어와 수학에서 낙제할 확률이 아홉 배나 더 높다.

프레스먼 박사는 이렇게 말했다. "비디오 게임을 개발한 사람이 자신의 아이들에게 그 게임을 하지 못하도록 한다는 건 아주 중대한 메시지를 던져 준다. 내가 부모라면 분명히 이 점을 심각히 받아들일 것이다."

학습 습관 연구 결과, 다음의 방법이 비디오 게임 시간을 50퍼센트 줄여 준 것으로 나타났다.

- ✓ 아이와 저녁식사를 같이 하라. 전자 제품을 곁에 두지 않은 상태로 — 가족과 같이 저녁을 먹는 아이들은 그렇지 않은 아이들보다 비디오 게임을 50퍼센트 더 적게 한다.
- ✓ 밤에 가족이 함께 참여하는 활동을 하라 — 부모와 함께 보드 게임을 정기적으로 즐기는 아이들은 비디오 게임을 할 확률이 절반가량 적다.

게임 중독자, 사이먼

사이먼(13세)은 게임을 달고 사는 아이다. 게임에 너무나 빠져 있는 터라, 사이먼의 부모는 아이와 함께 치료실을 찾았다. 막내인 사이먼의 손위 형제들은 그와는 달리 모두 자기 몫을 했다. 둘은 대학원에 진학했고, 다른 둘도 좋은 성적으로 졸업해 자신의 분야에서 경력을 쌓고 있는 중이었다.

사이먼의 아빠 안토니오는 서글픈 표정으로 털어놨다. "어쩌면, 우리 역시도 10대 아이를 키우는 일에 지쳐 있었나 봅니다. 아내 로리와 저는 생계를 위해 힘들게 일해요. 퇴근할 무렵이면 완전히 진이 빠져 있죠. 사이먼을 저 '동굴'에서 빼내려 애를 써 봤지만…… 지금은 포기했습니다." 로리는 휴지를 손에 꼭 쥔 채 의자 끝에 간신히 기대어 있었다.

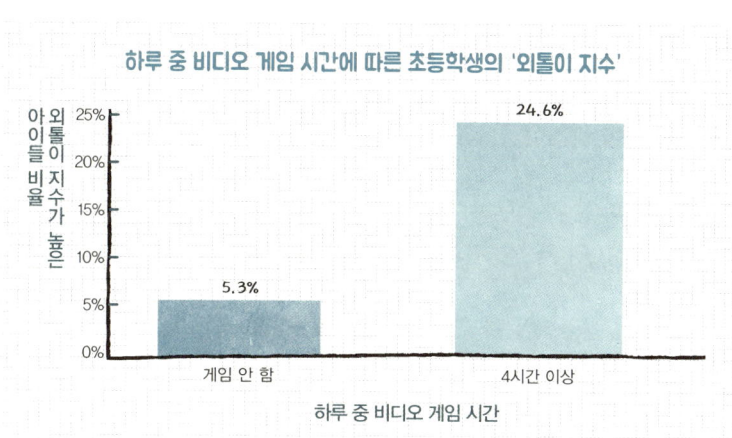

한편 우리가 처음 방문했을 때, 사이먼은 검은 후드티에 끈 풀린 농구화를 신고, 두 사이즈는 커 보이는 얼룩투성이 청바지 차림이었다. 허리를 구부리고 팔뚝을 허벅지에 턱 올린 채 후드로 얼굴을 가리고 앉아 있었다. 때문에 아이가 내 말을 듣고 있는 건지 아니면 졸고 있는 건지를 알 수 없었다.

아빠의 말에 따르면, 학교에 가서 출석만 부르고는 곧장 집으로 돌아와 종일 게임을 한 날이 벌써 여러 번이라고 했다. 이미 학교에서 몇 차례 전화가 왔지만, 지난주에 생활지도 교사에게 전화를 받을 때까지 부모는 일이 얼마나 심각한지 제대로 알지 못했다. 선생님은 사이먼의 무단 결석 일수가 허용치를 넘어서 모든 과목에서 낙제할 것이란 소식을 전했다.

부모들은 의사에게 전화를 걸었고, 의사는 우선 사이먼의 신체검사를 실시했다. 사이먼은 몸무게가 심각히 준 것(이미 마른 체격인데 4.5킬로그램이 더 줄었다)이 드러났다. 사이먼 나이대의 아이들은 대개 체중이 늘거나 최소한 유지되어야 했다. 하지만 다행히도 사이먼의 건강 상태는 양호한 편이었다. 그러자 의사가 심리 치료를 권했다.

사이먼은 자기 노트북 컴퓨터로 게임을 하고 있었다. 1인칭 슈팅 게임과 패솔로직Pathologic(미국에서 인기 있는 러시아산 비디오 게임_옮긴이) 같은 폭력적인 롤플레잉 호러 게임을 주로 즐겼다.

아빠가 설명했다. "자기가 원하는 노트북 컴퓨터를 사 달라고 얼마나 졸라 대고, 빌고, 성가시게 굴었는지 모릅니다. 학교에서 고급 그래픽 디자인 수업을 듣는 데 써야 한다고 하더군요. 그런데 사실을 알고 보니 단지 자기가 즐기는 게임이 잘 돌아가는 좋은 컴퓨터를 바란 것뿐이더라고요."

요컨대, 사이먼은 게임 중독에 빠져 있었다. 외톨이가 되어 점차 가족들과의 소통, 학교 수업, 친구들과의 관계마저도 끊어 버리게 되었다.

"주말에 대학에 다니는 사이먼의 누나가 집에 오면, 우리는 같이 볼링을 치러 가거나 교외에 음식을 싸 가지고 가서 나눠 먹기도 했죠. 또 저녁에는 가족끼리 스크래블 또는 모노폴리 같은 보드게임을 하거나, 고전 영화를 보려고도 해 봤죠. 이전에는 사이먼이 즐겨 하던 것들이었는데 이제는 그저 콧방귀를 뀌지만요. 사이먼은 아마 학교에서도 유급되고 말겠죠. 이젠 정말 어째야 할지 모르겠습니다. 쟤가 내 아들이었던 그 애가 맞는지조차 모르겠어요."

사이먼은 중독자다. 우리는 사이먼을 위한 계획을 짰다. 소위 '미디어 중재'라는 것이다. 어떤 계획도 마뜩찮아 했지만, 어쨌거나 구명밧줄을 던져 줘야 했다. 그렇지 않으면 익사하고 말 것이다.

우리는 부모와의 면담을 통해 사이먼을 위한 계획을 설계할 수 있도록 도왔다. 그의 형제들이 되도록 많이 참석한 가족회의(2장 참고)를 통해서 그에게 이 계획에 대해 알려 주라고 조언했다.

1단계 사이먼의 생활 환경을 정상화한다. 아빠와 함께 사이먼은 자신의 물건을 지하실에서 자기 방으로 옮겼다. 마지못해 자기 방을 치우고, 침대 시트를 갈고, 빨랫거리들을 정리했다. 아빠는 지하실 문에 자물쇠를 걸어 잠갔다. 사이먼이 고립되어 있는 한, 결코 소속감을 느끼지 못할 것이기에 내린 조치다.

2단계 부모와 사이먼도 참여하는 학교의 팀 미팅을 마련한다. 사이먼은 학교 성적보다 게임을 우선순위에 두었다. 지금은 낙제하지 않고 진급할 수 있을 만큼의 성적을 올릴 수 있는 자신감을 잃어버린 상태였다. 그래서 성적이 좋지 않은 것은 능력 때문이 아니라 자신의 선택 탓이라는 점을 아이에게 인식시켜 주었다. 사이먼도 유급되어 친구들과 같이 진급하지 못하는 건 정말 창피한 일이라는 걸 인정했다. 성적에 대한 목표를 세웠다. 올해 안으로 합격점을 받는 것.

학교 미팅을 하는 이유 중에는 선생님들을 끌어들이기 위한 것도 있다. 생활 지도 교사는 만약 문제가 생기면 바로 부모에게 전화해 주기로 했다. 교사들은 기꺼이 도울 준비가 되어 있었다. 이제 사이먼이 노력하는 모습을 보여 줄 차례였다.

3단계 계약서를 쓴다. 하루 한 시간 컴퓨터를 이용하기 위해 사이먼은 매일 해야 할 과제가 있었다. 물론 사이먼은 내켜 하지 않았다. 하지만 선택지는 단 둘, 부모는 하루 한 시간이 아니면 아예 컴퓨터 사용을 금지시킬 것이라고 맞섰다. 결국 사이먼은 한 시간을 선택했다.

계약서에는 다음 조항들이 담겼다.

- ✓ **자신과 방을 매일 정리정돈하기** 매일 샤워하고, 침대를 정리하고, 빨래를 내놓고, 식사를 빼먹지 말고, 저녁 식탁에는 부모와 같이 앉는다.

- ✓ **숙제 일과 정하기** 숙제는 응접실 식탁에서 한다. 미디어 기기는 일체 금지. 정해진 시간에 숙제를 끝낼 수 있도록 노력한다.

- ✓ **미디어 기기 압수** 핸드폰, 컴퓨터, TV 사용 금지. 전화는 부엌에 놓인 집 전화기로만 할 수 있다. 소셜 미디어로 다른 게이머와 연락하는 것 금지.

- ✓ **저녁 일과** 저녁식사 후 30분 동안은 부모들과 함께, 형이나 누나가 집에 왔을 때도 함께 시간을 보내야 한다. 처음에 사이먼은 아무것도 안 하고 그냥 앉아만 있었다. 부모들은 각자 책을 읽었다. 그런 침묵의 밤이 며칠 지난 후, 사이먼도 학교 도서관에서 가져온 책을 읽기 시작했다.

또 며칠이 지나자, 보드게임 찬장을 뒤져 옛날 보드게임기 몇 가지를 꺼냈다. 사이먼은 그중 두어 개를 해 봤지만 며칠 지니지 않아 금세 지루해했다. 그러다가 아빠가 쓰던 백개먼 backgammon(일종의 서양식 주사위 놀이_옮긴이) 세트를 찾아내, 게임 방법을 알려 달라고 청했다. 이젠 저녁 후 자주 보드게임을 즐긴다.

- ✓ **일요일에는 교회 가기** 일요일 아침에는 9시 반까지 일어나 옷을 입고 식사를 한 후 10시까지 예배를 보러 교회에 간다. 꼭 적극적으로 참여하지는 않아도 된다. 첫 주일을 '능동적으로

비참여적'으로 보낸 사이먼은 지루한 하루를 보냈다. 그다음부터는 예배에 참석했다.

- ✓ **치료** 토요일 오후에는 그룹 심리 치료를 받는다. 부모들은 부모 그룹에 참여한다. 처음에 사이먼은 상당히 힘겨워했다. 자존감이 형편없이 낮아진 데다가, 대인 관계에 대한 자신감도 잃은 상태였기 때문이다. 몇 주가 지나서야 비로소 안정감을 찾게 되었다. 마침내는 그룹에 잘 적응해 중요한 멤버가 되었다.

- ✓ **컴퓨터 사용** 사이먼은 매일 이 계약 조건들을 잘 지키면, 한 시간 동안 컴퓨터를 쓸 수 있다. 토요일 아침, 가족회의에서 한 주간의 문제들을 함께 논의하게 된다.

사이먼에게는 문제점과 걸림돌이 있었다. 우선 쉽게 좌절했다. 학업 진도는 느렸고, 대인 관계에 서툴렀고 고립되었다. 그룹 치료는 또래 간의 관계에 편안함을 느끼도록 하는 데 도움이 됐다. 가끔 사이먼은 발작하듯 울면서 하루만, 또는 주말 한 번만 컴퓨터를 돌려 달라고 애원하기도 했다. 아들의 절망을 지켜보는 건 안토니오와 로리에겐 정말 힘든 일이었지만, 그래도 포기하지 않았다.

사이먼의 상황은 점차 나아졌다. 생각했던 것보다 자신의 의지가 더 강하다는 걸 깨닫게 됐다. 새로 사귄 친구 중 한 명은 태권도를 배우고 있었는데, 사이먼을 그 수업에 초대했다. 스스로도 놀랍게 사이먼은 이 운동에 매료되었다. 같이 수업에 등록했고, 규율과 자기 통제, 신체 능력에 대한 자부심이 자존감을 한껏 올려 주었다.

그해 학년 말이 되자, 사이먼은 모든 수업에서 C와 B학점을 받고 통과했다. 사이먼은 자신의 노력과 성취를 자랑스러워하며, 부모에게 이렇게 말했다. "이렇게 돼서 정말 기쁘지만, 더 잘할 수 있었다는 걸 알아요. 그리고 그럴 거고요." 아들의 말은 엄마의 귀에 마치 달콤한 음악 같았다!

> **:: 저자의 한마디**
>
> 학년 구분에 상관없이 미디어 노출 시간과 학교 성적, 사회성, 감정의 상관관계는 매우 유사한 궤적을 보였다. 우리가 발표한 다른 연구 결과들과 마찬가지로, 아이가 미디어 기기에 노출되는 시간이 하루 31~60분 영역에 들어서면 통계적으로 평균 성적이 눈에 띄게 감소하는 것으로 나타났다. 그리고 다섯 시간이 넘으면, 아이가 낙제할 위험도는 미디어 소비 시간이 15분인 아이에 비해 두 배나 높아진다.
> 결국 이 표에 의하면 아이에게 미디어를 접할 시간을 더 허락하는 부모들은 성적 하락이라는 위험을 감수해야 한다는 말이 된다.

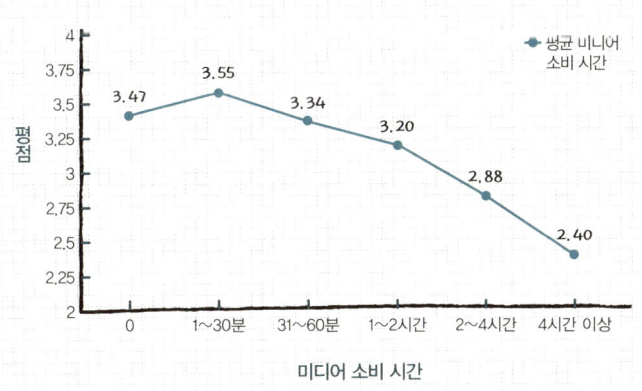

게임 중독자는
어떻게 탄생하는가

특정한 종류의 비디오 게임과 아이들의 폭력적 성향 간의 관계에 대해 말들이 많았다. *학습 습관 연구*는 미디어 소비에 관한 새로운 관계를 밝혀냈다. 아이들이 누구와 게임을 하는지가 게임을 하는 시간만큼이나 중요하다는 점이다.

혼자서 비디오 게임을 하는 아이들은 혼자 하지 않는 아이들에 비해 성적, 사회성, 감정의 건전성이 낮을 경향이 더 높은 것으로 나타났다. 1인칭 슈팅 게임 같은 폭력적인 그래픽 비디오 게임은 아이들의 사회성, 친구를 사귀는 능력, 자신감과 분노 조절에 나쁜 영향을 준다. 이런 게임을 홀로 즐기는 아이들은 더 오랜 시간 게임을 하게 되고, 고립감에 빠지기 쉽고, 사회성이 낮다. 본질적으로, 외톨이가 되는 것이다.

외톨이의 특성에 대해서는 연구가 더 필요하긴 하지만, 적어도 부모와 친구와 함께 비디오 게임을 공유하는 경우엔 홀로 게임할 때에 비해 악영향이 덜하다. 매우 폭력적인 비디오 게임일지라도, 부모와 함께하는 경우엔 아이에게 부정적 충격이 거의 측정되지 않았다.

이에 대해 아이들이 타인과 게임을 할 때는 게임의 가상성과 현실감 부족이 크게 문제되지 않는다는 분석이 있다. 타인과의 상호 작용 일환으로 게임을 즐길 때는 인격에 대한 혼동을 겪지 않는다는 것이다. 친구나 부모와 한 그룹으로 게임을 할 때는 인간관계에서의 경쟁 같은 다른 사회성에도 주의를 하게 되기 때문에, 교류의 단절로 인해 겪을 수 있는 부정적 경향을 줄일 수 있다.

비록 보다 깊은 연구가 있어야 하겠지만, 우리는 다음의 결과를 부모들이 신중히 받아들일 것을 권고한다. *학습 습관 연구*는 아이들의 적정한 TV 시청 시간이 45분이라는 결론을 도출했다. 이를 경과할 경우 아이들의 성적, 사회성, 정서에 있어 문제점을 보였다.

실제로 컴퓨터와 태블릿 PC를 적정하게 쓰는 아이들의 경우는 아예 쓰지 않는 대조군에 대해 상당히 높은 점수를 받았다. 하지만 사용 시간이 45분을 넘자, 성적이 느리지만 점진적으로 하락하는 경향을 보인다. 그리고 3시간을 기점으로 급격히 하락하는 모습을 보인다. 5시간이 넘게 되면 수학이나 영어에서 A를 받는 학생들은 매우 소수에 불과했다. TV 시청 시간이 1시간 30분만 넘어도 아이들은 성적이 눈에 띄게 떨어지기 시작한다. TV 시청이 4시간을 넘는 아이들은 제대로 된 학교 성적을 받을 가능성이 제로에 가깝게 된다.

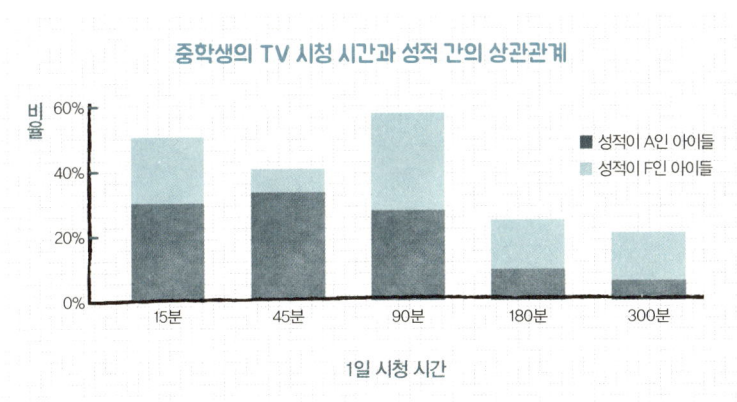

조디의 소중한 친구, 아바타 조라

조디(9세)는 수줍음이 많은 4학년 여자아이로 새로 전학을 왔다. 아이의 가족은 서로가 모두 잘 알고 지내는 시골 동네에서, 아이 엄마의 말마따나 '대도시'로 이사를 오게 됐다.

아이는 이사 오기 일주일 전에 무대예술을 전공하러 기숙학교에 입학한 오빠를 그리워했다. 오빠 리처드는 조디에겐 영웅과도 같았다. 리처드는 사람 흉내를 기막히게 내서 항상 동생을 웃겨 줬는데, 특히 아빠 흉내를 우스꽝스럽게 잘 냈다. 리처드가 심각한 목소리로 "어흠, 그럼 우리 얘기해 볼까, 아들" 하는 대목에서는 심지어 아빠조차도 웃음을 터뜨릴 정도였다.

리처드는 기숙학교로 떠나기 전 동생에게 앱이 잔뜩 들어 있는 아이패드를 건네주었다. 이사하느라 짐을 싸고 또 풀 동안 조디는 아이패드를 갖고 놀 시간이 충분했다. 도시에서 살게 된 뒤, 조디는 아이패드를 가지고 놀 시간이 더 많아졌다.

이사 온 곳에서는 모든 아이들이 달리거나, 공을 차고 던지고 받았다. 소리를 지르고 이러저리 방방 뛰며 서로 하이파이브를 주고받았다. 적어도 조디의 눈엔 그렇게 보였다. 모두가 운동에 미친 애들 같았다.

처음 몇 주 동안엔 몇몇 여자애들이 같이 공을 차고 놀자면서 다가왔다. 조디도 친구를 사귀고 싶었지만, 같이 운동을 하는 게 너무 쑥쓰러웠다. 생각만 해도 얼굴이 화끈거릴 정도였다. 선생님도 조디가 태블릿을 가지고 도서관에 가는 걸 신경 쓰지 않는 듯했다. 학교에서 태블릿이 허용되었기에 많은 아이들이 가지고 있었다. 다만 조디의 경우는 새로운 앱들이 많이 깔려 있다는 점이 달랐다.

그 앱들 중에는 슈퍼영웅이자 수학의 달인인 '아바타 조라'가 있었는데, 조디의 가장 친한 친구였다. 조라는 시원스러운 성격에 조디가 하지 못하는 걸 척척 해냈다. 이 앱을 가지고 노는 시간이 늘수록 조디는 더욱 조라에게 빠져들었다.

그러다가 마침내 '악몽의 그날'이 왔다. 체육 교사인 핸슨 선생은 모두가 학교 운동회에 참여해야 한다고 말했다. 조디는 가능한 뒤로 빠지려 했지만, 같은 반의 통통하지만 꽤 잘 달리는 페리가 파트너가 되자고 말을 걸었다. 조디는 어쩔 줄 몰랐다. 페리가 다시 한 번 청해 왔지만 조디는 눈조차 마주치지 못했다. 페리는 가 버렸고, 조디는 라커룸에 숨었다!

점심시간이 되자 페리가 말을 걸었던 게 기억났다. 학교 식당에 앉아 있던 페리는 화가 난 것 같진 않았다. 그저 마음에 상처를 입은 듯했다. '리처드 오빠라면 어떻게 했을까?' 조디는 생각했다. 아마 페리를 웃겨 줬을 거다! 조디는 식판을 들고 페리가 앉은 테이블로 가서 그 앞에 섰다. 웃겨 줘야지! 조디는 자신의 우유곽을 열고 "폭탄이다!"라고 외치며 우유를 자신의 머리에 들이부었다.

페리는 웃지 않았다. 그 누구도 웃지 않았다. "아유! 더러워!" 하며 자리를 떠나 버렸다. 조디 옆의 아이는 피하려고 펄쩍 뛰다가 그만 우유에 미끄러져 케첩이 옷에 잔뜩 묻었다. 그 아이는 "너 재수없어"라고 말하며 옷에 묻은 케첩을 닦아 냈다. 금방이라도 울 것 같은 표정이었다. "이상한 애야!", "대체 무슨 생각으로 그런 거니?" 온갖 험담과 못마땅한 말들이 식당을 가득 메웠다.

체육 교사인 윌슨 선생이 달려왔다. 모든 광경을 본 그는 "이리 오렴, 작은 아가씨. 그런 짓으로는 인기를 끌 수 없단다" 하며 조디를 식당 밖으로 데리고 나갔다.

조디는 심장이 하도 쿵쾅거리는 통에 가슴 밖으로 튀어나오는 줄 알았다. 식은땀이 나고 어지러워서 숨쉬기조차 어려웠다. 어서 아이패드를 켜서 조라를 불러내고 싶을 뿐이었다. 식당에 두고 나왔는데!

조디는 윌슨 선생의 손을 뿌리치고 다시 식당으로 달려갔다. 아이들 누구의 눈도 바라보지 못하고 그저 가방을 챙겨서는 다시 나가려 했다. 윌슨 선생이 뒤따라와서, 조디의 팔을 잡고 교무실로 끌고 갔다.

결국 엄마가 학교로 불려 왔다. 조디는 교무실 옆의 작은 방에 홀로 남겨졌다. 사실 온전히 혼자는 아니었다. 악당을 해치우면서 수학 문제도 동시에 풀 줄 아는 조라와 함께였으니까.

문밖에서 윌슨 선생, 교장, 조디의 담임 교사, 엄마의 말소리가 들렸다. 담임 교사가 말했다. "조디는 눈을 안 마주쳐요", "다른 아이들에게 말을 못해요", "아주 까다로운 아이예요", "어머니께 전화드리려 했어요." 그리고 최악의 말들이 들려왔다. "태블릿에 너무 빠져 있어요. 다른 아이들과 놀기보다 거기에 열중하죠. 저를 쳐다보거나 말을 하지도 않고요. 그냥 웅얼거리기만 해요." 엄마가 뭐라고 대꾸하는 소리는 잘 들리지 않았다.

> **:: 저자의 한마디**
>
> 미디어에 너무 많은 시간을 보내는 것은 사회성을 익히는 데 큰 장애물이다. 불안감은 이렇게 미디어에 심하게 빠져 있는 아이들이 보이는 대표적 증상이다. 교사들과의 인터뷰에 따르면, 학생들의 불안감이 교사의 최대 걱정거리라고 했다.

가정 내에서 책임질 일 맡기기

아이들이 스스로 자립하길 원한다면, 아이들에게 책임질 일을 시키세요.

_ 애비게일 밴 뷰렌(Abigail Van Buren), 인생 상담 신문 '디어 애비'의 칼럼니스트

이 장에서 제시되는 표들을 보면, 당신은 위의 '디어 애비'가 전하는 지혜에 동의할 수밖에 없을 것이다. 성장을 위한 기회가 되는 활동이 주어질 때, 아이들은 보다 성공적으로 자란다. 예를 들어 이런 활동들이다.

✓ 가족 활동

- ✓ 정기적인 집안일
- ✓ 교회나 자원봉사 같은 커뮤니티 활동
- ✓ 스포츠와 게임
- ✓ 친구와의 놀이
- ✓ 취미 관련 수업 듣기(미술, 춤, 태권도)

책임질 일이 있는 아이는 밤이 되면 너무 피곤해서 오히려 수동적인 미디어 소비에 노출되지 않는다. 보다 생산적이고 즐거운 학습 습관을 기르게 된다.

미디어 창조란 무엇일까

모든 미디어 기기 사용이 아이들에게 해가 되는 것은 아니다. 미디어 기기를 갖고 노는 것은, 아이가 테크놀로지를 활용하는 법을 익히는 길이다. 그 놀이를 통해 아이들은 필요한 기술과 유익한 콘텐츠를 얻기도 한다.[주4]

부모들은 우리 아이들이 21세기에 맞는 기술을 익히고 준비해 미디어 창조 활동을 할 수 있도록 도와야 한다. 아이가 단지 미디어 기기를 사용하고 평가하는 데 그치지 않고 미디어와 테크놀로지를 생산하고 배급하는 데 필요한 기술을 갖게 된다면 그 자체가 아이의 차별화된 능력이 될 것이다.

블로그 운영, 파워포인트 프레젠테이션, 영상 제작, 애니메이션 제작, 코드 습득, 디지털 스크랩북 제작 등은 수많은 미디어 창조의 사례 중 일부이다. 아이가 미디어를 창조하고 사용하는 법을 배울 필요가 있다는 말을 들으면, 부모들은 곧잘 대화형 미디어(문자, 웹 서핑, 소셜 미디어)를 통해 이런 능력을 갖추게 될 것이라고 잘못 믿곤 한다. 하지만 이들은 완전히 다른 형태의 미디어들이다.

어찌 보면 미디어 창조는 어려운 과제이고 한동안은 지루하기 짝이 없다. 밤을 새워 HTML, 자바, 키보드 타자치기를 익히는 아이는 아직 본 적이 없다! 그래서 이런 기술을 가르치고, 학생들이 협력해서 결과물을 공유하도록 만드는 학교의 프로그램들이 점점 더 중요해진다. 아이들이 미디어 창조에 적극적으로 관여할 때, 자신들의 목적에 도움이 될 소중한 기술들을 배우게 된다.

아이들이 미디어 창조를 익히는 데 성공적이라고 판명된 방법으로 온라인 수학 게임과 재미있는 참여형 플래시 카드 게임이 있다. 이 게임들은 시각적으로 아이들의 관심을 유도하면서 자연스레 학습 효과를 낸다.

무엇보다 좋은 점은 교육용 앱이나 교육용 게임은 보통 15분 정도면 검색할 수 있다는 것이다. 게임이 어려워지면 아이들은 자연스레 스스로 플레이를 멈추고, 해결책을 찾을 때까지 적정한 시간을 보내게 된다. 노래와 율동을 통한 학습도 교육과 미디어가 적절히 결합한 예이다.

저학년 아이들에게는 재미있는 영상을 통해 단어를 배울 수 있는 앱과 웹사이트가 좋다. 비록 어려운 과제라 할지라도, 아이가 충분히 빠져들어야 배울 수 있다.

제이든의 미디어 소비

브롱크스의 한 중학교를 방문한 나는 아이들과 이야기를 나눌 기회가 있었는데, 그중 비디오 게임을 즐기는 5학년생 제이든(10세)을 만나게 되었다.

제이든의 담임 교사는 이 학교 학생들의 열악한 경제적 상황에 대해 고충을 토로했다(학생들이 매번 교사의 핸드폰과 지갑을 훔쳐 간다고 한다). 그러다가 나는 제이든에게서 자신의 집은 가난하지만, 엑스박스와 세 대의 TV 그리고 노트북 컴퓨터가 있다는 말을 들었을 때 어안이 벙벙했다.

제이든 역시 스마트폰이 있어서 문자와 게임, 유튜브, 페이스북 등을 이용하고 있었다. 제이든은 방과 후 오후 4시경, 집에 가자마자 바로 비디오 게임을 시작해서 보통 11시쯤에 잠자리에 들 때까지 계속한다고 했다.

아이의 성적은 C, D 또는 F학점으로 형편없었다. 제이든에게 장래희망을 물으니, "의사가 되고 싶어요"라고 답했다. 제이든의 생각으로는, 학교 성적이란 장래희망과 별 관련이 없는 것이었나 보다.

> 새로운 정보 격차는 누가 어떤 도구를 가졌느냐가 아니라, 그 도구를 어떻게 사용하느냐에 따라 발생하는 것이다.

미래의 앱 디자이너, 샘슨

뉴욕시의 한 중학교 학생들을 인터뷰하던 도중 샘슨(11세)을 만나게 되었다. 이 학교에는 로보트 제작 클럽이 유명했는데, 샘슨과 열두 명의 부원들은 로보트 경진 대회를 준비하는 중이었다. 원래는 샘슨을 인터뷰하려던 참이었는데, 정작 진행하다 보니 인터뷰를 당하고 있는 건 오히려 나였다!

샘슨은 내가 쓰려는 책에 대한 계획을 듣고 나자, 바로 웹사이트가 있느냐고 물었다. 내가 아직 안 만들었다고 하자, 아이는 웹 사이트를 만들어 주겠다고 하면서, 바로 전에 자신이 만들었던 웹사이트 두 곳의 이름을 적었다.

샘슨에게 꽤 감명을 받은 나는 진짜 프로그래밍 코드를 다룰 줄 아는지 물었다. 물론이었다. 처음에 샘슨은 MIT의 웹사이트에서 게임을 하면서 기본적인 명령어들과 기초 HTML을 배웠다. 여덟 살이 되자 '마인크래프트'라는 게임을 플레이하면서 초기 수준의 코딩을 익히기 시작했다. 이후 온라인에 접속해 게임을 입맛에 맞게 바꾸기 위해 코드를 변경하는 방법을 검색했다.

아이의 학습 습관에 불을 붙이고자 한 샘슨의 부모는, 샘슨과 친구들을 10대의 눈높이에 맞게 자바 프로그래밍을 가르치는 수업에 등록시켰다. 아이는 그 경험을 맛있는 캔디를 먹듯이 자연스레 흡수했다. 그다음에 부모가 샘슨에게 벤처 사업을 시작해 보라고 권유하자 아이는 웹디자인을 선택했다.

컴퓨터 앞에서 하루 얼마만큼의 시간을 보내는지 묻자, 샘슨은 답했다. "하루에 딱 한 시간만 컴퓨터 앞에 앉을 수 있도록 허락받았어요." 샘슨은 성적도 좋아 평균 A학점을 유지하고 있었다. 장래희망을 묻자 "사업가요. 꼭 앱 디자인 사업을 하고 싶어요"라고 답했다.

샘슨이 테크놀로지를 이용하고 있는 방식과 장래희망 사이엔 어떤 단절도 없이 딱 들어맞았다.

> **:: 저자의 한마디**
>
> 샘슨의 부모는 모범이 될 만한 자율 양육의 기술들을 선보였다. 미디어 소비에 시간제한 규칙을 두었고 재미있는 방법으로 미디어 사용을 하는 법을 아들에게 보여주었다. 그렇게 '소비'를 '창조'로 대체시켰다.
> 미디어 창조를 경험할 수 있는 방법들로는 블로그, 디지털 스토리보드, 비디오 프레젠테이션, 팟캐스트, 게임 코드 변형, 페이스북(개인 계정이 아닌 기관이나 사업체의 것), 비디오 게임, 앱, 웹사이트, 위키미디어, 디지털 비디오나 뮤직 리믹스 등이 있다. 많은 일선 학교들이 미디어 창조에 관련된 수업을 커리큘럼에 포함시키는 추세다.

디지털 신문

오케인 선생이 학교 신문 부서를 담당하게 되자, 그녀는 미디어 창조를 구현할 수 있는 훌륭한 기회가 주어졌다고 직감했다. 오케인 선생이 신문을 친환경화하고 디지털화하겠다고 발표하자 학생들은 일제히 환영했다. 신문은 블로그 형태로 구성되어, 초등학생들은 학교 신문에 참여함으로써 워드프레스WordPress(홈페이지 제작 프로그램의 일종_옮긴이) 플랫폼의 기본을 배울 수 있다.

3학년인 아멜리아는 코너를 추가해서 아이들이 동영상을 통해 새로운 것을 배우거나 솜씨를 뽐낼 수 있도록 하자고 제안했다. 한 학생은 바이올린 연주법을 가르치는 영상을 올려놓았다. 다른 학생이 그것을 녹화해 유튜브에 올렸다.

:: 저자의 한마디

아이들은 뭔가 새로운 것을 배우게 되면, 그에 대한 보상이나 강화가 주어지는 한, 꾸준히 배워 나간다. 어떤 습관이나 기술이 일단 만들어지면 자체적으로 강화되는 성질을 가지며, 이렇게 학습 습관이 형성된다. 그 학습 습관 형성 과정은 바로 오케인 선생이 시도했던 바와 정확히 같다.

아이들은 워드프레스, 타이핑과 새로운 스타일의 작문을 배워야 하는 과제를 받았다. 서로 간의 협력 관계 속에서 벌어진 일이기에 아이들은 자신들의 생각을 또래들에게 표현하는 걸 주저하지 않았다. 덕분에 사회적 상호작용, 대화의 기술, 그리고 그 강화가 동시에 발생했다. 그리하여 자신의 작품이 진화하여 학교 전체로 퍼져 나가는 걸 보게 되었다. 신문을 통한 이런 경험이야말로 생산적인 습관 형성의 완벽한 본보기라고 할 수 있다.

미디어 창조 자료

✓ **사무용 프로그램** 학생들이 학교의 과제를 위해 워드 프로세서와 프레젠테이션 기술을 익히는 것은 대학 진학을 준비하는

데도 중요하다. 아이들이 컴퓨터로 감사 카드를 디자인하고 타이핑해 보도록 권하라.

✓ **드로잉 프로그램** 유치원 때부터 아이들은 컴퓨터로 멋진 이미지를 그려낼 수 있으며, 키보드와 마우스에 대한 친근감을 얻을 수 있다.

✓ **USB 현미경** 아이들은 이 놀라운 현미경으로 컴퓨터 모니터를 통해 현미경 속 세상을 관찰할 수 있으며, 또 그에 대해 조사하게 될 것이다.

✓ **레고** 마룻바닥에 돌아다니는 이 작은 장난감들을 만드는 회사에서도 아이들을 위한 훌륭한 디지털 학습 프로그램을 갖고 있다.

✓ **팟캐스팅** 애니메이션, 동화, 동영상에 내레이션을 입혀 보라.

✓ **아이패드 교육장** 애플사(社)는 아이패드를 교육 관련 기술의 보고(寶庫)로 삼아, 미디어 창조를 위한 다음의 프로그램들을 학생, 부모, 교사들에게 제공하고 있다.

- 아이패드 애니메이션 교육장
- 아이패드 영화제작 교육장
- 아이패드 예술가·사진가 교육장
- 아이패드 락스타 교육장

저런!
미디어에 대한 망언들

텔레비전은 처음 여섯 달 이후엔 어떤 시장에서도 성공하지 못할 것이다. 사람들은 매일 밤 합판 박스를 들여다보는 것에 곧 싫증을 낼 테니까.
_ 대릴 자눅(Darryl F. Zanuck), 영화사 20세기 폭스 사장, 1946년

전화기는 커뮤니케이션의 실현 수단이 되기에는 너무나 많은 단점들이 있다. 이 기계는 본질적으로 우리에게 아무런 가치가 없다.
_ 웨스턴 유니언, 내부 문건, 1878년

각 개인이 자신의 집에 컴퓨터를 가지고 있을 이유가 없다.
_ 켄 올슨(Ken Olsen), 디지털 고피레이션 회장, 1977년

나는 전 세계에서 필요한 컴퓨터는 다섯 대 정도라고 생각한다.
_ 토머스 왓슨(Thomas J. Watson Sr.), IBM 회장, 1943년.

맙소사. 이 유명한 분들은 아마도 너무 일찍 태어났거나 아니면 미디어 학자 마셜 맥루언Marshall McLuhan이 미디어에 대해 쓴 글을 읽어 보지 못했음에 틀림없다. 전자 통신이 이제 막 발달하기 시작하던 시

대였음에도 맥루언은 미디어의 잠재력을 내다볼 수 있었다.

미디어와 그 중요성에 대한 맥루언 주장의 핵심은 점점 더 현실이 되어 가고 있다. 부모로서 우리가 미디어를 강력한 학습 습관 형성의 도구로 설정하지 못한다면, 우리 아이들이 미디어를 이해하고 사용하는 방식을 형성할 결정적 기회를 영영 놓치고 말 것이다.

미디어 커뮤니케이션이란 무엇일까

> 우리는 어느 한 순간을 같이 보내고 있는 사람보다 핸드폰으로 그 순간을 담아 두는 것이 더 중요한 시대에 살고 있다.
>
> _ 블라썸(Blossom)이 포스팅한 글(인용 미상)

핸드폰의 막강한 힘

스마트폰만큼 우리 가족의 체계와 내 아들과의 관계를 바꿔 놓을 수 있는 기계를 나는 상상할 수 없다. 우리 가족의 핸드폰에 대한 규칙과 경험은 계속 변하고 있다. 아주 기초적인 것부터 그렇다. 비밀번호(우리는 항상 이 비밀번호가 필요하게 됐다), 자녀 보호 기능(아들의 핸드폰에 설치되어 있다), 그리고 시간제한까지.

아들이 자신의 핸드폰을 갖게 된 이후부터 나는 훨씬 더 주의를 기울여 핸드폰을 사용한다. 아들과 함께 있을 때는 오로지 아들에게만 신경을 쓰려고 노력하는데, 그런 태도를 아이에게 심어 주고 싶기 때문이다. 핸드폰을 집에다 두고 나오는 건, 내가 그렇게 할 수 있다는 것을 보여 주기 위해서이지만, 또 한편으로는 그럴 때 기분이 더 낫기 때문인 것도 있다.

이런 과정을 통해서 나는 여러 가지를 배웠다.

- ✓ 내 아들은 열네 살이 되어서야 자신의 스마트폰을 가지게 됐다. 나는 사실 더 오래 기다려야 한다고 생각한다.
- ✓ 이제 핸드폰은 당신 자녀의 삶에서 가장 중요한 물건이 될 것이다. 그 상황에 대비해야 한다.
- ✓ 당신의 아이는 핸드폰을 보면서 걷고, 주위에 핸드폰이 없으면 불안하고 신경질적이 될 것이다.
- ✓ 아이는 이제 자신의 친구들, 좋아하는 사람들, 좋아하지 않는 사람들, 그리고 당신과 대화하는 또 다른 방법을 갖게 되었다. 당신과 직접 나누는 대화가 끊어지는 순간을 대비하라.
- ✓ 아이는 전화를 걸기보다는 문자를 보내는 쪽을 더 선호할 것이다. 전화하기에 대한 규칙을 세워 둬라. 전화하는 법을 잊지 않는 게 중요하니까!
- ✓ 당신 자녀와의 '귀중한 시간'은 이제 절대 그전 같지 않을 것이다. 핸드폰이 쥐어진 순간부터 아이들은 멀티태스킹을 하게 된다. 비록 함께 있다 해도 당신의 아이를 지속적으로 무엇과

공유하고 있다는, 새롭고도 이상한 느낌이 들 것이다.

- ✓ 아이가 세상을 경험하는 방법은 영원히 변하게 된다. 함께 콘서트를 보는데 아이가 콘서트 모습을 핸드폰으로 녹화하며 액정을 들여다보는 모습을 보는 순간, 이게 무슨 말인지 당신도 이해하게 될 것이다. 아이의 삶에 항상 함께하는 일의 중요성을 잊지 마라.

- ✓ 아무리 애를 쓴다 해도 아이의 디지털 커뮤니케이션에 제한을 두기란 어려운 일이다. 스냅챗snap chat(미국의 메신저 서비스로 수신인이 내용을 확인하면 메시지가 바로 사라진다_옮긴이)과 트위터 메시지는 문자를 못 보내게 하는 부모의 간섭을 피해 가는 수많은 방법 중 일부일 뿐이다. 아이를 감시하는 일은 찜찜한 기분이 들게 할 것이다. 당신과 아이 모두는 결국, 그 감시에 익숙해지겠지만 아이와의 관계는 더 이상 전과 같지 않을 것이다.

- ✓ 당신은 아이와 함께 있을 때, 아이가 핸드폰을 사용하는 법에 대해 명확한 규칙을 정해 조정할 수 있다. 그 권한을 포기하지 마라.

- ✓ 또한 집 안에서 아이가 핸드폰을 언제 어디서 사용할 수 있는지에 대한 명확한 규칙도 세울 수 있다. 그 권한을 포기하지 마라.

- ✓ 아이가 자러 갈 때 침대에 핸드폰을 들고 갈 수 있게 하면 다음 날 아침, 당신의 아이는 녹초가 되어 일어날 것이다. 그러

니 침대에 핸드폰은 금지하라.
- ✓ 숙제하는 시간에 핸드폰을 꺼 두지 않으면 아이의 성적은 떨어지게 될 것이다.
- ✓ 아이에게 디지털의 흔적은 영원히 지속된다는 점을 설명해 줘라. 자신의 신체와 다른 사람들의 신체를 존중하는 법에 대해 말해 줘라. 아이가 만약 핸드폰으로 섹스팅, 사이버 폭력, 음란한 사진 주고받기, 악플 올리기 등을 한다면 어떻게 대처할지 명확히 정해 둬라. 또 그 대처 계획에 대해 아이가 알게 하고, 그런 일이 일어나는 순간 바로 당신이 그 절차를 밟을 것임을 주지시켜라. 확고하게.
- ✓ 아이에게 선물로 핸드폰을 사 주지 마라. 핸드폰은 선물이 아니라 책임져야 할 대상이다. 정 갖고 싶다면 자신의 용돈으로 사야 한다(내 아들은 핸드폰을 떨어뜨려 두 번이나 부숴 먹었는데, 그때마다 자신의 돈으로 교체했다).

많다고 무조건 좋은 것은 아니다

좋은 것들이 많아진다고 반드시 더 좋은 것은 아니다. *학습 습관 연구* 결과, 상당수의 아이들에게 문자 메시지, 컴퓨터, 핸드폰, 태블릿의 사용 한계치가 45분인 것으로 나타났다.

미디어 사용 시간이 45분을 넘어서면 성적은 천천히, 그러나 점진적으로 하락했다. 세 시간을 넘자 성적은 급격히 하락했다. 사용 시간이 네 시간을 경과하는 경우, 평균 90점을 넘는 학생의 비율은 10퍼센트에도 미치지 못했다.

학습 습관 연구가 밝혀낸 또 다른 경향은, 아이들이 최소한의 집안일이나 허드렛일도 책임지지 않고 미디어 기기를 사용하고 있다는 점이었다. 연구 결과에 의하면 더 많은 초등학생 아이들이 자기 침대를 정리할 줄 알기도 전에 자신의 핸드폰을 갖게 되고 있다. 이 통계에 대해 살펴보기로 하자.

코디의 미디어 멀티태스킹[주5]

코디(11세)는 파란색 후드티를 입고 시리얼 그릇 앞에 구부정하게 앉아 있다. 아이는 아침마다 투덜거린다. 부모는 등교 전에 아이와 대화하는 일을 포기해 버렸다.

코디의 엄마인 베스가 설명했다. "아이의 불평이 온 가족을 망치고 있어요. 코디가 학교에 갈 때쯤이면, 저도 짜증이 확 치밀어 올라요. 결국 기분이 엉망인 채로 출근하게 되죠."

아이가 아침에 불평하는 건, 특히 10대의 자녀를 둔 부모에게는 흔한 고민거리다. 하지만 당신의 자녀가 종일 기분이 엉망인 채로, 계속 성질을 부리면 어떤 일이 벌어질까? 하루 이틀로 끝나는 게 아니라 몇 주 혹은 몇 달이고 계속 이어진다면?

"하루는 아침에 일어나서 남편 케빈에게 '나 정말 코디가 걱정돼'라고 말했더니, 남편도 돌아누우며 말하더군요. '알아, 나도 그래.'"

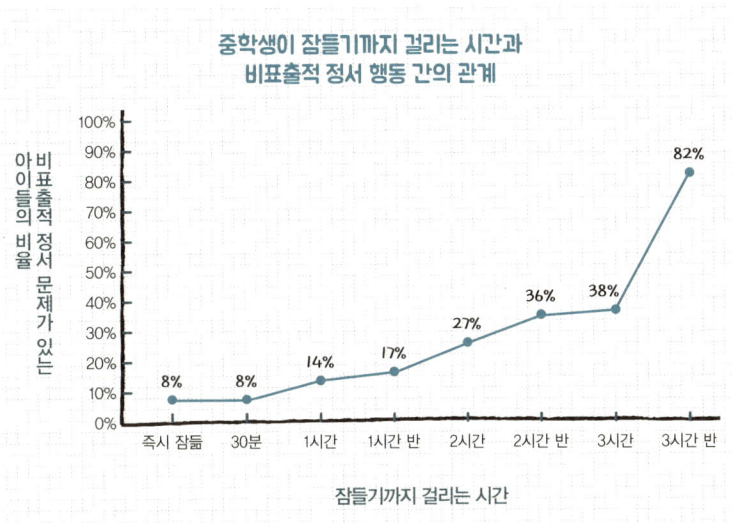

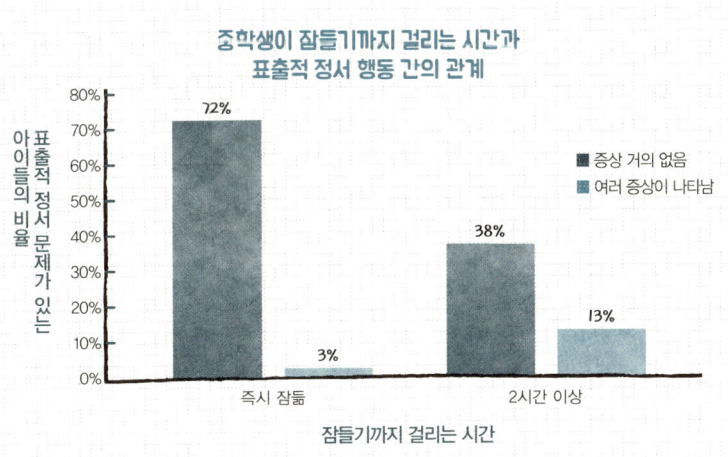

베스와 케빈은 가족 심리 치료사와 약속을 잡았다. 심리 치료사는 아이에게 하루 중 기분이 좋고 나쁠 때를 비롯하여 기분, 운동, 잠, 그리고 미디어 사용에 대한 내용을 일기로 기록해 보라고 했다.

코디의 일기를 보니 밤늦게까지 친구들과 문자를 끊임없이 주고받으며, 헤드폰을 끼고 음악을 들으면서 컴퓨터를 하는 생활 패턴이 드러났다. 채팅을 일찍 끝낸 밤에도 아이는 핸드폰이나 아이패드의 알림음 때문에 제대로 잠을 자지 못하고 깨어 있는 상태였다.

성장기의 아이가 문자 메시지에 답하고픈 충동을 참거나, 페이스북, 트위터, 텀블러, 인스타그램, 유튜브 같은 소셜 미디어 사이트에 접속하지 않게 자신을 조절하기란 거의 불가능에 가깝다.

베스가 당시를 떠올리며 말했다. "치료사와 몇 번 상담을 나눈 뒤, 코디가 집에 와서 '나 페이스북 끊을 거예요'라고 하더군요. 다음 날 아침에 코디는 마치 다른 아이가 된 듯했어요. 조용히 일어나 기꺼이 우리한테 말을 걸었죠. 그로부터 며칠 뒤에 아이가 집에 와선 자기 방에서 컴퓨터를 치워 달라고 했어요. 케빈과 저는 서로 바라보며 생각했죠. '정말 우리 아이 맞아?' 전에는 아무리 노력해도 아이를 컴퓨터에서 떼어 놓을 수 없었거든요."

코디의 부모에 따르면, 코디가 전날 밤 미디어에 접촉하지 않은 날에는 아이의 기분도 나아지고 불평도 사라졌다고 한다. 코디는 아직 노트북 컴퓨터와 핸드폰을 쓰고 있지만, 침실 밖에서만 사용한다. 8개월째 페이스북을 하지 않고 있으며, 코디의 친구들 중 여럿도 코디를 따라 페이스북 사용을 중지했다.

:: 저자의 한마디

아이들은 미디어 중독과 그로 인한 수면 박탈에 대단히 민감하다. 캘리포니아 주립 대학 교수이자 연구 심리학자인 래리 로젠(Larry Rosen) 박사는 학술지 《인간 행태 속의 컴퓨터》 5월호에 학습 중 미디어 멀티태스킹에 관한 연구 결과를 발표했다. 이 연구는 부모들에게 "자녀들이 학습하는 동안 정보와 오락의 다중 스트리밍에 노출되는 위험 현상이 증가하고 있다"고 경고한다.

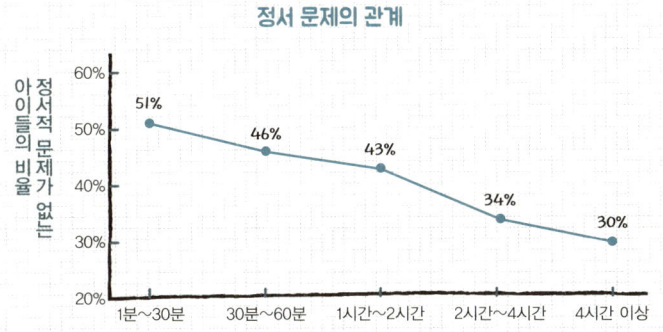

 부모로서 우리가 아이들에게 핸드폰, 컴퓨터, 태블릿이나 TV 리모컨을 준다는 건, 아이들의 손에 강력한 무기를 쥐여 주는 것이나 마찬가지이다.

 우리가 고민해야 할 문제는 이것이다. '우리 아이들에게 책임감을 길러 주려면 이 문명의 이기들을 어떻게 사용해야 할 것인가?'

 1964년, 마셜 맥루언은 지역적 경계를 없애고 세계를 하나의 지구촌으로 만드는 데 있어 전자 미디어가 어떤 영향을 미칠지에 대해 썼다.주6 맥루언의 사상 중 소셜 미디어와 관련된 부분을 요약해 보자면 이렇다.

> TV의 '친구'는 앞으로 우리에게 '실제 삶'에서의 친구만큼이나 중요해질 것이다. 우리가 인터넷을 통해 인스턴트 메시지를 보내는 사람은 마치 디너 파티에서 만난 사람만큼이나 중요해질 것이다.주7

시애라의 SNS 친구

시애라(12세)의 엄마 엘리스는 수요일 새벽 3시 30분에 어디선가 들려오는 울음 소리에 잠이 깼다. 일어나 보니 딸아이가 침대에 걸터앉아 아이패드를 무릎에 올려놓은 채로 훌쩍이고 있었다.

엘리스는 왜 딸이 새벽에 깨어 태블릿을 앞에 두고 울고 있는지 대체 알 수 없었다. "처음엔 딸애가 사이버 폭력을 당하고 있는 게 아닌지 의심했어요. 시애라는 춤을 워낙 좋아해서 춤 연습을 마치고 나면 녹초가 되어 아침 9시 반까지는 죽은 듯이 자는 애였거든요."

엘리스가 당시를 떠올렸다. 시애라가 사이버 폭력에 노출된 것은 아니었다. 적어도 전통적인 의미에서는.

시애라는 온라인상에서 '절친'을 사귀었다. 채팅방에서 만나 페이스북, 트위터, 텀블러 상에서 서로를 팔로우했다. 시애라는 엄마에게 "티파니는 마치 내 가족 같아. 그 애를 위해서라면 뭐든지 할 거야!"라고 말한 적도 있었다.

알고 보니 그 절친은 자신이 성적 학대를 당하고 있고 거식증과 관련된 웹사이트에 주기적으로 방문하고 있다는 충격적인 메시지를 시애라에게 보냈다. 티파니는 먹지 않으면 자신의 외양을 완전히 바꿀 수 있다고 믿고, 아예 먹는 걸 중지하기로 결심했다. 그날 밤, 티파니는 시애라에게 자신의 자살 계획을 털어놓았다.

엘리스는 말했다. "티파니는 제 딸에게 만약 자기와 계속 SNS를 하지 않으면 자기 엄마의 수면제를 들이붓고 욕조에 들어가서 손목을 그어 버리겠다고 했어요. 시애라는 한 번 만나 본 적도 없는 아이를 살려야 한다는 책임감에 어쩔 줄 몰라 했어요."

분명한 문제(밤에 컴퓨터를 사용한 것)와 해결책(시애라의 침실에서 미디어 기기를 없애는 것)보다 엘리스에게 충격적이었던 점은 이런 것들이었다.

- ✓ 딸애가 알지도 못하는 사람과 온라인상에서 관계를 맺었고,
- ✓ 그 사람이 말하는 내용을 진실로 받아들였고,
- ✓ 그 아이를 살리는 게 자신의 책임이라고 믿었고,
- ✓ 만약 자살한다면 자신의 잘못이라고 생각했고,
- ✓ 엄마에게 얘기할 수 없다고 생각했다.

:: 저자의 한마디

시애라의 사례는 종종 볼 수 있다. 소셜 미디어를 통해 타인과 '관계'를 맺는 아이들은 실제 인간관계를 맺는 것이라는 환상에 빠지게 된다. 교사들과 우리의 연구 결과가 알려 준, 절대 예외 없이 적용되는 규칙은 이렇다. '미디어 소비가 과하게 늘어나면(우리의 연구에 의하면 하루 여덟 시간 이상), 소통 능력이 떨어진다'는 것이다.

아이들이 소셜 미디어에 더 깊게 빠져들수록, 소통 능력에 대한 필요도 덜 느끼게 되고 사회 활동에 투자하는 시간도 줄어든다. 자신의 감정과 욕구를 표현할 줄 모르는 아이들은 자신을 더욱 패자처럼 여기며 불안과 분노를 느낀다.

누구도 내 말을 듣고 싶어 하지 않고, 나와 있고 싶어 하지 않고, 내게 신경조차 쓰지 않는다는 감정을 억눌러 두는 것은 마치 한 무리의 개들을 지하실에 가둬 놓고 먹이를 주지 않는 것과 같다. 언젠가는 개들이 풀려나 당신을 먹어 치우고 말 것이다.

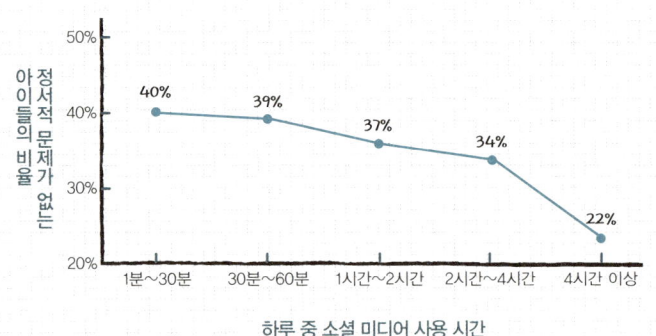

알림음과 단기 기억[주8]

나는 지금 내 15세 아들과 대화 중이고, 아이는 내게 오늘 일어났던 일들에 대해 말해 주고 있다. 프랑스어 수업에서는 각자 프랑스식 별명을 붙인다고 한다. 우리 아이의 프랑스 이름은? 브루노Bruno란다. 나는 '브루노'는 프랑스가 아닌 이탈리아식 이름이라고 말해 주지만, 아이는 별 개의치 않는다. "그것 참 재밌네요"라고 말할 뿐.

그때 아이의 호주머니 속 아이폰에서 흐릿하지만 '딩동' 하는 알림음이 들려왔다. 그러자 아이는 순간적으로 어딘가 다른 곳으로 이동한다. 나와 계속 말은 하고 있지만, 아이의 턱선에는 긴장이 역력하고, 눈길은 공허하다. 핸드폰을 들여다보고픈 욕구를 억누르고 있지만, 생각을 떨쳐 버릴 수는 없다. 나를 바라보고 내 말에 대꾸하지만, 정작 아이는 여기 없다. 이미 나는 내 아이를 잃었다.

아들에게 오늘밤 수영 연습이 끝나면 데리러 가겠다고 말한다. 다음 주에 있을 사촌의 생일 파티에 대해 말한다. 아이는 걸어 나가면서 다섯 걸음 만에 주머니에서 핸드폰을 꺼낸다. 아이는 내가 말한 어떤 것도 기억하지 못한다는 걸 나는 안다.

자, 알림음이 들린 이후, 우리 대화의 마지막 2분 동안 내 아이의 기억에는 대체 무슨 일이 벌이진 것일까?

> **명심하라!**
> 아이들의 손에 핸드폰을 쥐어 주는 순간은 당신이 지금껏 아이에게 그 어떤 교훈을 가르칠 때보다 중요한 시간이다. 명확하고 구체적인 규칙을 정해서 아이들이 미디어를 관리하는 습관을 들일 수 있도록 도와주어야 한다.

Learning
Habit

02

숙제 습관

규칙적인 숙제 습관을 어떻게 기를 것인가

> "내 삶은 따분함과 절망의 블랙홀이야."
> "그래, 너는 내내 숙제를 해 왔지."
> "말했잖아, 블랙홀이라고."
> _ 커스텐 화이트(Kiersten White), 『수퍼내추럴리』 Supernaturally,
> 영어덜트 판타지 소설 『Paranormalcy』의 제2권) 중

루시 홉킨스 선생은 한 손에 인형을 들고 유치원생들 앞에 선다. 이 인형은 교육용 도구고, 홉킨스 선생은 이를 이용해 모음과 자음 소리를 가르친다. 학생들은 홉킨스 선생의 동작을 따라서 작은 손가락으로 허공에 글자를 쓴다. 홉킨스 선생은 그다음 노트북 컴퓨터의 버튼을 눌러 교실 스크린에 영상을 띄운다. 2분간의 영상은 아이들이 방금 배운 단어를 기억하도록 돕는 노래를 가르친다. 스무 명의 아이들이 두 개의 새로운 단어를 발음하고, 읽고, 쓰는 법을 막 배웠다!

제시카(7세)는 1학년이다. 주의력결핍장애 치료를 받는 중이며 선생님이 항상 자기에게 천천히, 집중하라고만 이야기한다고 생각한다. 자신의 글씨가 '엉망'이지만, 오히려 고민할수록 글씨를 똑바로 쓰기가 너무 어렵기만 하다고 말한다. 숙제를 받을 때마다 절망감을 느끼고, 자신을 책상에 너무 오래 앉혀 두는 엄마가 밉다.

리즈(14세)와 모브(14세)는 사촌지간이자 아주 가까운 친구 사이다. 이 둘은 각자 이번 가을에 고등학교에 입학하게 되었다. 지금까지 둘에게 숙제는 별 문제가 아니었고 둘 다 중간 정도의 성적이었다. 하지만 앞으로 듣게 될 어려운 수업이 좀 걱정스럽다.

벤 월러스 선생이 근무하는 학교는 디지털 수학 프로그램을 구입하여 모든 숙제가 온라인으로 진행되도록 했다. 작년에 월러스 선생의 반은 그 프로그램의 시험용 버전을 테스트하는 데 참여했다. 학생들의 수학 점수는 획기적으로 개선되었고, 월러스는 이 온라인 숙제 시스템을 반겼다.

하지만 정작 학교가 구입한 실제 프로그램은 월러스가 테스트한 모델과는 매우 달랐다. 학생들은 그 프로그램에 흥미를 붙이지 못했다. 오히려 학생들과 부모들은 이 숙제 프로그램이 꽤나 성가시다고 불평했다. 그럼에도 월러스 선생은 학교가 구입한 프로그램을 이용해 디지털 수학 숙제를 내줘야 했다.

규칙적인 숙제 습관을 어떻게 기를 수 있을까?

숙제 습관은 자립심을 길러 준다

학습 습관 연구는 '숙제 습관'이라는 기술을 발견해 냈다. 이는 부모와 아이들의 삶의 질을 개선시키는 데 매우 중요한 발견이었다. 왜 그럴까? 숙제 습관은 전 학년의 아이들이 자립심과 목적의식을 기르도록 하는 핵심적 기술과 관련된 유일한 습관이기 때문이다.

앞서 2장에서 우리는 자기 강화가 실현되려면 규칙을 정하는 것이 최선이라는 점을 알 수 있었다. 부모의 간섭 없이 일정한 패턴이 지속적으로 반복되면 습관은 자연스럽게 형성된다.

학교 숙제의 습관도 그와 같다. 가족끼리 합의한 시스템이 정해지면, 아이들은 합리적인 시간 내에 효율적으로 숙제를 하는 것이다. 학교의 커리큘럼은 바뀔 수 있지만, 숙제 습관은 반드시 꾸준하게 유지되어야 한다. 평정을 유지할 수 있는 유일한 방식이기 때문이다.

배움이란 최고가 되기 위해 질주하는 경주가 아니라, 하루하루 점진적으로 쌓여 가는 과정이다. 문제 해결(특히 수학의 경우)을 위한 다양한 전략과 모델을 개발하는 방법을 배우게 될 때, 아이들의 마음속에서는 저마다의 새롭고 독특한 길이 열린다.

부모들은 아이들이 학교 생활과 숙제에 피곤해하고, 당황해하고, 혹은 흥미를 잃었다고 말하곤 한다. 아이들의 자존감은 학업 성취도와 밀접한 관련이 있다. 그래서 부모들은 아이들의 숙제 습관을 짤 때, 아이들이 흥미를 느낄 수 있도록 놀이 시간, 스포츠나 클럽 활동 시간, 수업 받는 시간을 포함해서 명확히 짜는 것이 중요하다.

듀크대 심리학과 해리스 쿠퍼 Harris Cooper 교수는 '아이들이 숙제를 하는 데 얼마의 시간이 적합한지'에 대해 결과를 얻기 위해 60건이 넘는 연구를 검토했다. 2006년 발표한 논문에서 그는 학년이 올라갈 때마다 10~20분 정도의 시간을 더할 것을 제안했다. 즉 2학년은 집중해서 20분간 앉아서 하면 되고, 6학년은 약 60분간 숙제에 집중하면 된다.

- ✓ 1학년 10~20분
- ✓ 2학년 20분
- ✓ 4학년 40분
- ✓ 6학년 60분
- ✓ 고등학생 90~120분

전국부모교사협회와 전국교육협회의 권장 시간도 학년당 10분씩으로, 1학년의 숙제 시간이 10~20분이라는 점만 제외하면 쿠퍼 교수의 지침과 일치한다. 때로 고등학생들은 더 많은 시간이 필요할 수도 있겠지만, 시간과 일정 관리를 잘하면 이 시간 내에 끝마칠 수 있다.

> 숙제 습관은 아이들에게 자기 조절력, 자율성, 내재적 동기화, 자기효능감을 기르게 한다.

10분 규칙

숙제 습관은 연구 결과뿐 아니라, 미국 전역에 걸쳐 각자의 학교에서 새로운 커리큘럼의 개발과 시행에 관여하고 있는 100여 명의 초중등 교사들과의 인터뷰에 근거를 두고 있다. 대체적으로 교사들은 아이들이 학년당 10분씩만 숙제에 투자해야 한다는 데 동의했다.

그렇다고 이 교사들이 10분이면 해결할 수 있는 숙제를 내준다는 건 아니다. 한 3학년 교사는 이렇게 말했다. "아이들의 처리 속도는 각기 다릅니다. 저는 보통 시험지 숙제를 내주죠. 학생들이 그걸 풀려고 노력한다는 점, 그 자체가 중요합니다. 반드시 끝까지 다 푸는 게 목표가 되어선 안 됩니다. 특히 새롭게 접하는 문제일 때는 더 그렇고요."

숙제 습관을 기르는 첫 번째 단계는 언제 어디서 숙제를 할 것이냐를 결정하는 것이고, 그다음이 '10분 규칙'을 적용하는 것이다. 즉 아이들이 각 학년에 10분을 곱한 시간만큼 앉아서 학교 숙제를 한다는 의미다. 다 끝내지 못해도 괜찮다. 만약 일찍 마쳤다면, 남는 시간에는 독서를 하면 된다. 아이들이 볼 수 있는 책을 충분히 준비하라. 특히 초등학교 숙제는 정기적이지 않을 수 있다. 숙제가 없는 날이 여러 날이 될 수도 있는 것이다. 그런 날에도 독서를 하면 된다.

어떤 날엔 숙제가 넘칠 수 있다. 그럼 부모들은 아이들에게 정해진 시간을 초과해서 숙제를 시키고픈 충동이 들 수 있다. 그래서는 안 된다. 아이들이 습관을 형성하는 것이 우선이므로, 목표를 향해 점진적으로 나아가야 한다. 아이들이 숙제를 하는 데 시작과 끝이 명확히 있다는 걸 알아야 비로소 긴장을 풀고 집중할 수 있다.

숙제 습관을 들이는 일이 주는 가장 큰 보상은 아이들이 숙제가 있는지, 숙제를 했는지 더 이상 거짓말을 하지 않아도 된다는 점일 것이다. 분량이 많건 적건, 딱 정해진 시간만큼만 앉아서 숙제를 하면 되기 때문이다. 비디오 게임을 하고 싶어서 대충 숙제만 끝내 놓을 필요가 없는 것이다. 또한 불평하면서 숙제하는 걸 질질 끌 필요도 없다. 대신 다음 날 학교에 가서 자신들이 선택한 바에 대한 결과를 얻으면 그만이다.

이때 초등학생 아이들이 매일 20~30분 정도씩 하도록 되어 있는 독서 시간을 숙제 습관이 대체하지는 않는다. 독서 시간은 계속되어야 하며, 오히려 이전보다 더 강화되어야 한다. 이론에 대한 교육과 실험적인 커리큘럼의 변화가 급격히 일어나고 있는 만큼, 부모는 아이들이 독서할 수 있도록 권장해야 한다.

숙제는 집, 학교, 사회 간의 긴밀한 협력이 필요한 일이다. 부모와 학생의 입장에서는 정교한 균형과 완벽한 헌신이 요구된다. 또 부모가 자녀의 교사를 지원하는 것이 중요하다.

대부분의 교사들은 아이들이 성공할 수 있도록 최선을 다한다. 교사들은 새로운 과제를 처리해야 하지만, 정작 지침이 부족한 상황에서 상당한 압박을 받고 있다. 각 지역마다 평가 기준이 달라지면서 교실의 풍경은 상당히 쫓기는 듯한 모습이 되고 있다. 이는 종종 학교 숙제가 증가하는 결과를 낳는데, 바로 그렇기 때문에 부모들이 꾸준한 숙제 습관을 만들어 줘야 한다.

아이들이 과다한 숙제에 허우적거리게 되면 결국 배움과 학교를 싫어하게 될 것이고, 불만과 분노만이 쌓이고 만다. 자신의 학년에 맞는 시간 동안 집중하게 만들고 그 노력과 고생에 대해 보상해 주는 것이 훨씬 좋은 시스템이다.

우리는 숙제 습관이 학교 성적 외에도 좋은 결과를 이끌어낸다는 점을 발견했다. 이 결과는 중국 상하이의 학생들에게는 별로 놀라운 뉴스거리도 아니다. 상하이는 수년간 일정한 방식을 습관적으로 반복하여 세계 정상급의 성적을 내면서 정서적으로나 신체적으로나 건강한 학생들을 배출해 오고 있다.[주1]

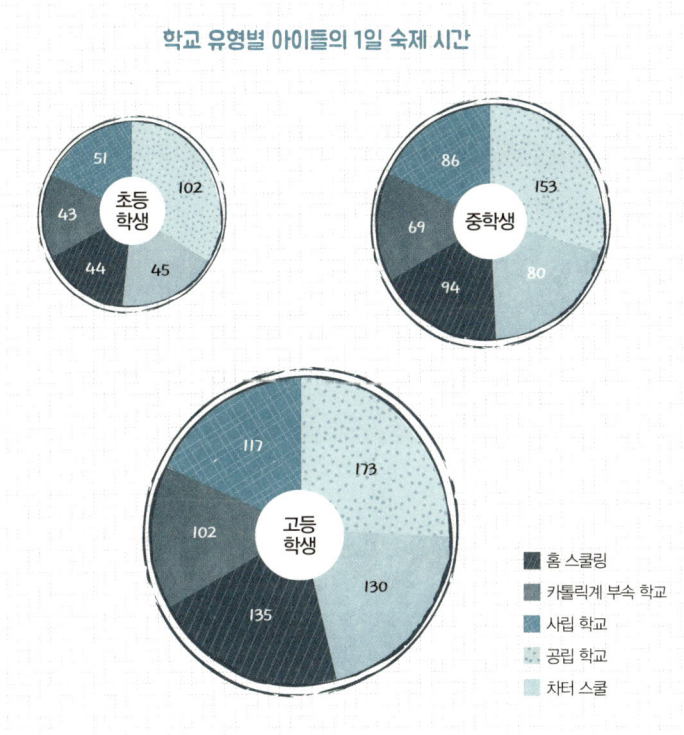

학교 숙제를 잘하게 하겠다는 의도로 스포츠, 가족 여가, 사교 모임, 춤 연습 시간을 없애 버리려는 건 나쁜 생각이다. 습관이 균형을 잃게 되면, 학교 성적도 사교성도 떨어지고 아이는 정서적 문제로 고통받게 된다.

스스로를 믿어라

우리가 숙제에 대해 한 5학년 학생을 인터뷰하려고 하자, 그 소년은 한참을 빤히 바라보다가 퉁명스레 뱉었다. "숙제요? 지금 저랑 하고 싶다는 얘기가, 숙제인 거예요? 온종일 기분 잡치게 하고 싶은 거예요? 욕하지 않으면서 숙제에 대해 할 수 있는 말은 없어요!"

조사에 응한 대부분의 부모들은, 자녀에게 숙제를 시킬 때 발생하는 문제점을 드러내지 않으려 했다. 숙제로 인해 가족 내에서 생기는 스트레스, 논쟁과 불안을 말하기를 꺼려 했다.

아이들의 학업 성적이 최고를 자랑하는 문화권에서는 아이들이 어린 나이부터 학교 숙제에 대한 가치를 배우고, 아이들은 숙제를 완전히 자기 것으로 생각한다. 그들은 목표와 수치를 분명하게 정한다. 무엇보다도, 자신이 특별한 재능이나 높은 아이큐를 가지고 태어났다고 믿지 않는다. 아이들은 자신에게 충분한 학습 능력과 잠재력이 있음을 안다. 새로운 것을 배울 능력을 믿는다. 언제나 핵심은 공부하는 습관을 기르는 것이다. 우리 학교의 커리큘럼을 바꾸고 단순히 평가 기준을 높이는 것만으로는 아이들의 성공 방정식을 맞출 수 없다.

숙제를 하는 데 가장 중요한 부분은, 아이들 스스로가 숙제를 해낼 능력이 있다고 믿어야 한다는 것이다. 자율 양육법을 사용하지 않고 무조건 아이들에게 더 어려운 숙제를 시키는 것은 파국으로 치닫는 길이다.

주의력결핍장애를 앓고 있는 제시카

제시카(7세)는 여러 달 동안 가족 치료를 받아 왔다. 1학년을 시작한 지 얼마 안 되어 주의력결핍장애 판정을 받았기 때문이다. 제시카는 항상 바빠 보인다. 항상 몸과 마음이 둥둥 떠다니는 것 같다.

흥미롭게도 제시카는 같은 장애를 겪고 있는 다른 7세 아이들에 비해, 상대적으로 오랜 시간 동안 앉아 있을 수 있었다. 하지만 하나의 특정한 일에 잠시도 집중하지 못했다. 집중력이나 시간 관리 기술에 장애를 겪는 아이들은 학교 숙제에도 어려움을 겪게 된다.

제시카의 엄마 캐시는 숙제를 하면서 딸과 자주 말싸움을 한다고 했다. 얼굴을 붉히며 소리를 지르는 정도는 아니라도, 집 안에 긴장감이 감돌게 된다는 것이다.

상담사 제시카가 숙제를 할 때, 어떤 일이 생기나요?
캐시 가능한 한 서둘러 끝내 버리려 해요. 지난밤에는 손글씨 숙제를 받아 왔는데 시도조차 못 했어요. 선생님이 종이에 다섯 개 주의 이름을 적어 오라고 했거든요. 각 주 밑에 밑줄이 쳐져 있고 거기에 주 이름을 베껴 쓴 후 지도에서 찾아서 색을 칠하는 거예요. 어쨌거나 제시카는 서둘러 답을 적어 내려갔죠. 일부러 그런 것처럼 첫 글자를 대문자로 쓰지도 않았고, 어떤 철자는 아예 거꾸로 적었다니까요.

상담사 미시시피 주가 그중에 없었으면 좋으련만!(Mississippi는 철자가 길고 혼동하기 쉽기 때문이다_옮긴이)

캐시 제 생각도 바로 그랬어요! 고맙게도 가멘 선생님은 유타Utah나 오하이오Ohio처럼 짧은 곳들만 내줬어요.

상담사 일곱 살짜리에게는 드문 일도 아니에요, 캐시.

캐시 저도 그렇게 생각하긴 하지만, 우리 아이 경우는 너무 서두르느라 그렇게 되는 거예요. 그래서 애한테 글자를 다시 쓰라고, 대문자로 쓰라고 시켰지만 여전히 엉망으로 쓰는 거예요. 결국은 아이에게 "제대로 앉아서 최선을 다하지 않으면 숙제를 마치지 못한다!"고 해 버렸어요.

:: **저자의 한마디**

일곱 살이란 나이에 제시카는 이미 비효율적인 숙제 습관을 보이고 있으며, 학교 숙제에 대해 심각할 정도로 부정적으로 생각하고 있다. 이는 흔한 일인데, 두 가지 사항이 결합되면서 일어난다.

첫 번째는 부모의 직접적인 도움인데, 앞의 경우에는 엄마인 캐시가 개입했다. 두 번째는 캐시가 숙제를 "다시 해"라고 한 것처럼, 칭찬이나 명령의 형태로 부모가 자녀에게 부정적인 피드백을 주는 것이다.

이것이 계속되면, 아래와 같은 비생산적인 학습 습관이 형성된다.

- 자기 스스로 동기부여를 못하게 된다.
- 자율성을 개발할 수 없게 된다.
- 주인의식이 부족하게 된다.
- 자신감을 잃게 된다.

원래 엄마 캐시가 의도했던 목표는 잔소리를 하거나 싸우지 않고 제시카가 스스로 긍정적인 숙제 루틴을 기르도록 하는 것이었다. 학교 숙제를 그렇게나 싫어하는 딸에게 미안한 감정도 들었지만, 동시에 아이의 행동에 적잖이 당황하기도 했다. 의도는 좋았지만 허락 양육적 방법을 사용하는 바람에, 캐시는 딸이 비효율적인 학습 습관을 들이도록 만든 셈이 됐다.

캐시와 상담사는 제시카에게 적당한 시간만큼만 숙제를 시키기로 했다. 10분 규칙을 적용하여, 1학년에게는 10분이 적정 시간이라는 점에 동의했다.

상담사는 캐시에게 제시카가 측정 가능한 장기적인 목표를 스스로 정할 수 있도록 도우라고 요청했다. 아이와 엄마가 모두 기분 좋고 집중할 수 있는 것으로 말이다. 엄마와 딸은 20분간 앉아서 한 가지 일에 집중하는 것을 장기적인 목표로 삼았다.

그다음 과제는 캐시가 자율 양육적 마음가짐을 갖도록 하는 것이었다. 캐시는 결과가 아닌 오로지 노력으로만 아이를 칭찬하기로 했다. "계속 집중하고 있다니 참 잘하는구나" 또는 "제시카, 네가 정말 열심히 하는 게 보이는구나"라고. 딸아이가 실수를 해도 캐시는 아무 말도 하지 않아야 한다. 정해진 시간 안에 숙제를 다 하지 못해도, 10분이 지나면 제시카는 숙제를 멈추고 과제물을 정리하게 될 것이다.

캐시는 이것들을 선뜻 받아들이기 어려웠다. 단지 제시카가 숙제를 설렁설렁 하는 모습을 떠올리는 것만으로도 피가 거꾸로 솟는 듯한데, 숙제를 다 하지도 않는다고? 말도 안 되지!

캐시가 물었다. "제가 그렇게 별스러운 엄마인 건가요?"

숙제 습관을 정하라

캐시만이 이렇게 자녀의 숙제 습관과 힘겹게 씨름하고 있는 부모가 아니다. 학생들이 본질적으로 동기 의식을 가지려면 두 가지가 필요하다.

- ✓ <u>스스로 과제를 해결할 만한 능력을 갖고 있다고 믿어야 한다.</u>
- ✓ <u>그 과제에 자신을 연결해야 한다.</u>

만약 부모가 아이를 위해 과제를 대신 해 주거나 책임을 진다면,

아이는 그 순간 과제에 대한 연결점을 잃고, 동기와 자율성이 사라지게 된다. 아이가 스스로 과제를 해결하는 도중에 발생할 수 있는 실수를 부모가 용납해야, 비로소 아이가 실수로부터 배울 수 있다.

부모가 직접 자녀의 과제를 교정해 주거나 실수를 지적하면 당장은 실수를 고칠 수 있겠지만, 자녀는 결국 아무것도 배우지 못하고 만다. 그건 마치 아이를 기계로 만드는 것과 같다. 그래서 당신이 매일 밤 아이에게 똑같은 말을 반복하게 되는 것이다.

하지만 아이가 수용할 수 있고 시간제한이 있는 적당한 숙제 습관을 설정해 두면, 아이는 자기 조절, 일정 조정, 시간 관리, 그리고 목표를 설정하는 능력을 키울 수 있다. 거기에 노력에 대한 독려가 더해지면, 아이들은 성공적으로 숙제 습관을 기르고 극기(克己)와 자존감을 얻는다.

부모를 포함해 많은 사람들은 자신이 남을 가르칠 만한 충분한 능력이 있다고 생각한다. 하지만 가르친다는 것은 일종의 기술이다. 효과적으로 남을, 특히 아이들을 가르칠 수 있는 사람이 되는 건 어려운 일이다. 당신에게 교사 자격증이 있거나 혹은 실제 학교에서 가르치고 있는 중이라고 해도, 섣불리 당신의 자녀를 가르치려 들지 말라. 그건 다른 직종이다. 지금 당신의 직업은 엄마, 아빠이다. 오직 당신만이 가장 본질적이고도 중요한 기술인 '숙제하는 법'을 익히도록 아이를 도울 수 있다. 아이가 스스로 학교 숙제를 하도록 두어야 긍정적인 학습 습관을 길러 줄 수 있다.

또한 만약 당신의 자녀가 숙제를 이해하거나 끝마치는 데 정말 문제가 있는 것이라면, 당신이 도와주지 않아야 아이들은 비로소 문제가 있다는 걸 알 수 있다. 그럼으로써 학습 문제를 다루도록 훈련받은 교사나 다른 학교의 전문가들이 개입할 수 있다.

7주 동안 부모들이 숙제 습관을 향상시키기 위해 자율 양육과 숙제 습관을 결합해 도출한 양육법을 배우는 과정이 있다.[주2]

부모들이 배우는 양육법

- ✓ **내재적 동기화** 아이들에게 왜 학습이 중요한지를 설명한다. 숙제란 더 좋은 세상을 만들고 자신의 꿈을 실현시키는 준비 과정이라는 점을 알려 준다.
- ✓ **자율성** 자신에게 해결 능력이 있다는 걸 아이들이 깨닫게 한다. 고생하더라도 아이가 직접 해낼 수 있다. 옆으로 물러서서 대신 해 주지 않고 인내심을 잃지 않는다.
- ✓ **자기 관리** 숙제의 재미있는 부분을 부각하고 공부가 인지 발달에 도움이 될 수 있음을 강조한다. 아이들이 받게 될 점수가 학습과 노력의 대가라는 점을 이해시킨다.

이 7주의 교육 과정이 끝나자 부모들은 자녀들이 학교 숙제를 대하는 태도가 보다 적극적으로 변했다고 했다. 또 아이들은 숙제에 대해 보다 긍정적인 마음을 갖게 됐다고 말했다. 결국 부모와 자녀 모두 숙제를 하는 동안 스트레스와 말다툼이 줄었다고 보고되었다.[주3]

숙제 습관은
어떤 효능이 있을까

숙제 습관 기르기의 다음 단계는, 제시카가 매일 방과 후 똑같은 일을 반복하게 해서 습관으로 정착시키는 것이다. 앞으로 제시카는 숙제가 많더라도, 또는 학교에서 요구한 다른 과제가 있더라도, 매일 10분 동안 앉아 있게 된다. 학교 숙제가 없는 날에는 책을 읽는다(제시카와 엄마는 이전부터 자기 전에 항상 20분 동안 책을 읽어 왔다. 숙제 대신 책을 읽는 시간이 취침 전 독서를 대체하는 건 아니다).

캐시는 제시카가 읽을 만한 책을 여러 권 준비했다. 모두 쉽게 읽을 수 있거나 레벨이 낮은 책들이다. 또 탁자 위에 타이머 시계를 올려 뒀다. 캐시는 숙제를 시작하기 전, 제시카가 방과 후에 바로 놀거나 운동할 수 있는 시간을 두는 게 좋겠다고 판단했다.

제시카의 숙제 규칙은 간단하다. "4시~4시 10분까지, 나는 부엌 식탁에 앉아서 숙제를 한다. 그 시간이 지나면 숙제를 책가방에 넣는다. 그러고 나면 하고 싶은 걸 할 수 있다."

첫날, 제시카는 서둘러 숙제에 덤볐고 무려 1분 36초 만에 끝내는 기록을 세웠다! 물론 도대체 알아볼 수 없는 글씨로 휘갈겨 쓴 상태였다. 제시카는 아무 말 없는 캐시를 쳐다봤지만, 엄마는 어깨를 으쓱하며 책더미 쪽을 가리킬 뿐이었다. 아이는 책에 대한 불평을 뭐라고 웅얼거리더니 이내 엄마에게 TV를 봐도 되냐고 물었다.

엄마가 물었다. "우리 규칙이 뭐지?"

"몰라요." 제시카가 답했다.

엄마가 대신 규칙을 읊어 주었다. "숙제는 4시~4시 10분까지야."

제시카는 결국 책을 한 권 집어 들고 두어 페이지를 넘겼다. 이내 타이머 시계가 숙제 시간이 지났음을 알렸고 아이는 어리둥절한 표정으로 엄마를 바라봤다.

"이제 네가 하고 싶은 걸 하렴."

이러한 패턴이 며칠간 반복되자, 제시카가 숙제하는 속도가 점차 느려지기 시작했다. 서둘러 숙제를 마쳐야 할 이유가 없었다. 아무리 빨리 끝내도 앉아 있는 시간은 똑같으니까. 아이는 숙제에 대한 자신감을 갖기 시작하고 점점 열심히 하게 되었다.

시간 정해 두기, 부모가 간섭하지 않기, 지속적으로 하기, 노력에 대해 칭찬하기, 이것들이 한데 모이니 흐뭇한 결과를 일궈 냈다.

좋은 소식은 이전에 보고되었던 것보다는 훨씬 숙제가 줄어들고 있다는 점이다. 하지만 여전히 많은 아이들이 하루 5~6시간 넘게 숙제에 매달리고 있다.

또한 우리는 *학습 습관 연구*를 통해 아이들이 적당한 시간(학년당 10분씩) 동안 숙제를 하는 것과 영어와 수학에서의 성적 향상(A 또는 B 평점) 간에는 상당히 긴밀한 상관관계가 있다는 점을 발견했다. 더불어 숙제 시간이 늘어나는 것과 높은 성적 간에는 상관관계가 아주 미미하다는 점도 밝혀 냈다. 사실, 다른 연구진들이 발견했듯이, 어느 정도 선을 넘으면 숙제 시간이 늘어도 성적은 동일하거나 오히려 하락했다. 뿐만 아니라 과도한 숙제 시간을 부여하는 것은 학업만큼이나 중요한 활동(스포츠나 수면 등)을 침해한다는 것을 의미한다.

아이들에게는 숙제에 관한 한 일종의 최대 한계치가 있는 것으로 보인다. 일단 그 한계치에 다다르면, 아이들의 성적과 자기 관리 능력은 하락하는 것이다.

> **숙제 습관의 효능**
> - 숙제가 없다는 아이들의 거짓말이 없어진다. 숙제가 없어도 책상에 앉아야 하니까.
> - 서둘러 숙제를 해치우려 들지 않게 된다. 아무리 빨리 해도 게임기를 갖고 놀 시간이 빨리 오는 게 아니니까.
> - 아이들이 보다 효율적으로 숙제를 하게 된다. 투덜대고 불평하며 칭얼거리지 않는다. 정해진 시간이 끝나면 아이들도 해방이다.
> - 숙제를 하느라 잘 시간을 넘기는 일이 없어진다.
> - 결국 보다 균형 잡힌 일상이 가능해진다.

교육 과정의 변화는 어떤 영향을 미칠까

미국의 공통학습기준에 따르면, 향후 새로운 커리큘럼을 정하는 데 중요한 기준이 되는 것은 다음과 같다.

> 학생들은 대학에 진학하고, 직업 훈련과 기술 사회에 대비하기 위해서 정보와 아이디어를 모으고, 이해하고, 평가하고, 종합하

고, 정리할 수 있는 능력, 문제에 답하고 해결하기 위한 기본 조사를 수행할 수 있는 능력, 그리고 신구新舊 미디어의 형태 모두에서 광범위한 자료를 분석하고 창조할 줄 아는 능력이 필요하다. 최근 들어 커리큘럼은 각 과정마다 조사 수행 및 미디어의 생산·소비를 요구하고 있다.[주4]

그럼 대체 이런 변화가 가정에서 숙제 습관을 운영하는 데 어떤 영향을 끼칠까? 한마디로 얘기하자면, 달라지는 건 없다. 전달 시스템은 바뀌겠지만(교과서에서 온라인 콘텐츠로, 종이 시험에서 컴퓨터 시험으로), 원칙은 그대로다. 물론 당분간 적응기가 필요하겠지만, 분별 있고 자율적인 부모가 제공하는, 균형 잡힌 건강한 삶이 아이들에게 필요하다는 점은 변하지 않는다.

벤 월러스 선생을 비롯한 교사들은 청각, 시각, 공감각 등을 이용한 다양한 교구들을 시험해 보고 있다. 어떤 학생들에겐 수학에 대한 새로운 접근이나 온라인 평가 등이 도움이 될 수 있지만, 배우기에 따라서 혼란을 겪는 아이들도 있다. 교사와 학생이 새로운 학습 도구에 보다 익숙해지면 개별적으로 자기에게 맞는 학습 계획을 세워 사용할 수 있다. 부모 입장에서 이런 도구들을 이해하는 데 가장 중요한 부분은, 아무리 도구가 변한다고 해도 숙제 습관은 동일하게 유지되어야 한다는 점이다.

부모가 자녀들이 온라인 숙제와 새로운 미디어 형식에 보다 익숙해지도록 도울 수 있는 방법 중 하나가 바로, 인터넷 보안에 관하여 가르쳐 주는 것이다.

요즘 학생들은 정보에 무제한적으로 접근할 수 있는 세상에 살고 있기에, 옳은 것과 아닌 것을 구분할 줄 알아야 한다. 부모로부터 인터넷 보안, 온라인 상술, 근거 확인의 중요성에 대해 배운 아이들은 보다 안전하게 조사를 수행하고 문제 해결법을 찾아낼 수 있다. 부모가 자녀의 숙제를 대할 때 가장 중요한 점은, 자녀들을 미디어 소비로부터 벗어나 미디어 창조로 이끌어 주는 일이다.

온라인이나 앱으로 이용 가능한 쌍방향 수학, 어학 학습용 게임이 넘쳐 난다. 만약 아이가 새로운 온라인 과제에 애를 먹고 있다면, 교사에게 과제의 보조 도구로 아이가 재미있게 즐길 수 있을 만한 참여형 학습 게임에 대한 조언을 구하는 것이 필요하다.

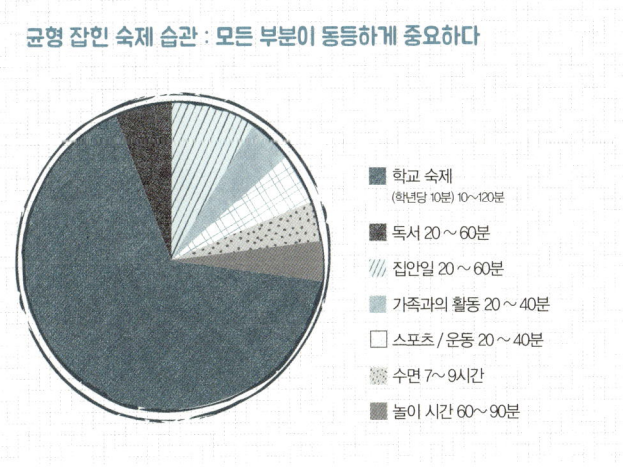

균형 잡힌 숙제 습관 : 모든 부분이 동등하게 중요하다

- 학교 숙제 (학년당 10분) 10~120분
- 독서 20~60분
- 집안일 20~60분
- 가족과의 활동 20~40분
- 스포츠/운동 20~40분
- 수면 7~9시간
- 놀이 시간 60~90분

운동 후에 뇌는
더 잘 작동한다

샌프란시스코 대학의 크리스틴 앤더슨Christin Anderson은 이렇게 말한다. "운동을 하면, 더 명확하게 생각할 수 있고, 일도 더 잘할 수 있고, 의욕도 증진됩니다. 이건 과학으로 입증된 바, 신경계를 자극하면 더 나은 기능을 발휘하게 되는 겁니다."주5

신체 단련과 직업적 성공 간의 상관관계를 알게 되면 많은 부모들이 놀랄 것이다. 이는 단지 남자뿐 아니라 여자에게도 적용된다. 2011년 《포브스》의 한 기사는 여러 영향력 있는 여성 인사들(기업 CEO들과 글로벌 기업의 임원들)과 인터뷰를 수록하면서, 그들 모두가 팀 스포츠를 통해 얻은 기술 덕분에 그 치열한 직업 세계의 경쟁에서도 성공할 수 있었음을 확인했다.주6 이 기사는 아래와 같이 투자 회사 오펜하이머가 진행한 한 연구를 인용했다.

> 놀랍게도 임원급의 여성 중 82퍼센트는 중학교, 고등학교 또는 대학 재학 중에 단체 스포츠 팀에서 활동한 적이 있었다. 더구나 연봉이 7만 5,000달러(한화 약 8,300만 원) 이상 받는 여성 중 거의 절반이 스스로를 '운동선수'라고 생각하고 있었다.주7

체육이나 자신이 즐기는 특별 과외 활동에 참여하는 것은 단지 아이에게 신체적, 심리적 이득을 안겨 줄 뿐 아니라, 교실에서 온라인으로는 찾을 수 없는 사회적 교류의 기회를 제공한다.

그런 활동으로 인해 아이들은 자신의 능력을 발휘하고, 팀의 일원으로 뛰고, 스스로 합리적인 목표를 정하고 달성하는 색다른 기회를 얻을 수 있다.[주8] 또 운동에 참여할 때, 아이들은 좌절감을 관리하는 법, 고도의 압박 속에서도 집중력을 잃지 않는 법, 계속 게임에 매진하는 법을 배우게 된다. 결국 스스로의 감정을 다루는 법을 익히는 것으로, 포기하지 않을 줄 알게 된다(이에 대해서는 10장에서 다룰 것이다). 이런 아이들은 성적도 좋고 성인이 되어 재정적으로도 성공할 가능성이 높아진다.

리즈와 모브의 선택

리즈(14세)와 모브(14세)는 사촌 간이자 가장 가까운 친구로, 사립 카톨릭 중학교를 졸업했다. 2012년 봄과 여름 사이에 이들은 매우 중요한 결정을 내려야 했다. '어떤 고등학교로 진학할 것인가?'였다.

그 지역에는 유명한 사립 고등학교가 세 군데 있었다. 리즈와 모브는 각자 선택했다. 리즈는 테일러 고등학교를, 모브는 체이스 고등학교를 골랐다. 특히 체이스 고교는 과거엔 남고였지만 근래 남녀 공학으로 바뀌었다. 여학생의 수가 눈에 띄게 적은 터라, 모든 여학생들은 하키, 농구, 축구, 이 세 가지 학교 스포츠에 꼭 참여해야 했다. 반면에 테일러 고교는 워낙 체육으로 잘 알려진 학교라 학교 스포츠 팀에 들어가기가 어려웠다.

체이스 고등학교에 다니는 모브는 스스로를 '운동엔 젬병'이라고 여겼다. 모브는 "학교가 나에게 스포츠를 강요해요. 여긴 자유의 나라 미국이라고요!"라며 엄마에게 불평하곤 했다. 그럼에도 모브는 꽤 즐겁게 임하는 듯 보였다. 테일러 고등학교에 다니는 사촌 리즈는 어떤 스포츠 활동도 강요받지 않았다. 대신 학교는 매 분기마다 학생이 가정에서 체육 활동을 해야 한다는 간단한 안내장을 보내 부모님의 서명을 받아오게 했다. 그것이 체육 수업의 전부였다.

2012~2013년 학기에 모브는 눈에 띄게 얼굴이 피기 시작했다. 스포츠 활동을 하면서 새로운 친구들을 사귀게 되었고, 그동안 단련한 건강한 신체에 자부심을 느끼면서 14세 소녀에게 어울리는 행복감을 느꼈다. 스포츠와 공부를 오가야 하는 학교의 커리큘럼이 빡빡해서 주중에는 여유 시간이 없었지만, 모브의 성적은 최고로 좋아졌다.

반면에, 리즈는 힘겨운 시간을 보내고 있었다. 새로운 학교의 패거리 문화에 끼지 못했다. 체중이 늘고 우울해 보이기 시작했다. 어려운 교과를 따라잡느라 밤에 몇 시간이고 공부했지만, 성적은 그 어느 때보다 낮았다.

여기서 특기할 만한 사항은 두 소녀 모두 각자 학교에 우수한 성적으로 입학했다는 점이다. 둘 다 입학시험에서 평점 B를 받았다. 다만, 테일러 고교와 체이스 고교는 다른 교과의 커리큘럼은 유사했으나, 체육 수업만은 확연한 차이를 보였던 것이다.

:: 저자의 한마디

수많은 가정을 인터뷰하면서 어떤 종류든 운동이 숙제 습관의 일부가 된 가정은 아이와 부모 모두가 더욱 행복하고 더욱 나은 집중력을 보였다. 스포츠에 참여하는 것은 시간 관리, 우선순위 정하기, 팀을 우선으로 생각하는 마음 등을 길러 준다. 이런 자질들은 결국 인격과 자존감을 형성해 준다. 체육 활동을 통해 고양된 학습 습관은 대부분 긍정적인 경향을 보인다.

신경과학 학술지 《프런티어스 인 휴먼 뉴로사이언스》는 2013년 12월 호에 다음과 같이 발표했다.

> 당신이 운동선수라면, 연습이나 경기 전에 최고의 성과를 내기 위해 준비 운동을 할 것이다. 하지만 숙제 등 힘든 정신 활동을 하기 전에는 어떤가? 아마 당신은 페이스북을 하다가 곧바로 눈도 한 번 끔쩍하지 않고 물리학 숙제를 풀 것이다. 이런 방식은 재고할 때가 되었다.[주9]

열심히 공부하고, 열심히 놀아라

알렉스 선생은 2013년에 자신의 수업에 수학 공통학습기준을 도입하기 시작했다. "올해처럼 아이들이 수학 커리큘럼에 정서적으로 피로해하는 걸 본 적이 없어요. 이 과제를 이해할 능력이 충분히 있더라도 꽤나 부담스러운 일이에요."

그녀는 부모들에게 독특한 조언을 남겼다. "아이들은 이전과는 비교할 수 없을 정도로 낮 동안에 고된 일을 하는 겁니다. 아이들이 집에 돌아가면 운동을 시키세요. 아이들에게 공부의 수준을 높인다면, 운동도 역시 그만큼 늘려 주어야 해요. 운동과 학습은 긴밀한 관계에 있으니까요."

공통학습기준이 놓치고 있는 것

미국의 연구자들이 온라인 연구를 통해 학습 결과를 측정하고 있는 동안, 영국의 연구진들은 땀투성이 아이들을 진단하고 있었다. 그들은 5,000명의 학생들을 대상으로 신체 활동이 뇌 발달과 학교에서의 성취에 끼치는 영향에 대한 결과를 제공했다.

영국 연구진은 아이들의 벨트에 부착된 기기를 이용해 3~7일 동안 11세 학생들의 1일 신체 활동의 지속성과 강도를 측정했다. 남학생과 여학생 모두 1일 권장 운동량인 60분을 채우지 못하고 있었다. 평균적으로 남학생은 29분, 여학생의 경우는 18분이었다.

운동을 많이 하는 학생일수록 국가시험에서 더 나은 성적을 거뒀다. 11세 아이들 중 운동을 가장 많이 한 학생들은 수학, 과학, 영어 세 과목에서 상대적으로 우수한 성적을 보였다. 13세, 15세, 16세에서도 운동량과 성적 사이의 연관성이 유지되었다.[주10]

부모들에게 보내는 메시지

높은 강도의 활동은 학습 성적을 높이도록 뇌에 생물학적인 영향을 끼친다(친구들과 함께했을 때, 걷기나 가벼운 놀이도 부가적인 이익, 특히 사회성 증진에 도움이 되지만 학습 성적에 영향을 주지는 않는다). 영향을 주는 요소는 신체 활동의 강도와 지속도인데, 이런 유형의 운동은 보통 체육 수업이나 달리기를 할 때 나타난다.

영국의 연구진에 따르면, 이 발견은 교실에서의 성적 향상을 원한다면 학교가 신체 활동에 좀 더 우선적 가치를 두어야 한다는, 교육

정책적으로 중요한 내용을 제시하고 있다.[주11]

우리 센터에서는 특히 주의력결핍장애를 가진 아이나 학업 성적에 어려움을 겪는 아이들의 경우, 운동에 최우선 가치를 두도록 하고 있다.

당신의 자녀들이 학교에 자전거를 타고 등교하게 하거나, 가능하다면 숙제의 일환으로 하루 30분간 활발한 운동을 하도록 독려하라. 그룹 스포츠를 꺼리는 아이들은 수영, 태권도, 스키, 댄스 교습, 펜싱 등 개인적 요소가 있는 팀 스포츠나 활동을 하면 훨씬 적응이 쉽다. 술래잡기 같은 격렬한 게임을 포함해, 이를 숙제 습관의 필수 요소로 받아들인 아이들은 엄청난 이득을 얻게 될 것이다.

수면을 통한 뇌 기능 향상

*학습 습관 연구*에 따르면, 수면이 부족한 아이들이 너무나 많다. 주요 원인은 침실에서의 미디어 사용 탓이다. 그다음 원인은 정확한 숙제 습관의 부재다. 특히 고학년의 경우, 숙제 습관이 없는 아이들은 학교 숙제를 저녁 늦게까지 미루다가 결국 밤이 늦어서야 잠자리에 들게 된다. 그로 인해 인지와 정서 발달에 문제가 생기고, 이는 성적 하락과 사회성 감소로 이어진다. 심술을 부리고 화 잘 내는 아이와는 누구도 어울리고 싶어 하지 않을 테니까!

숙제 습관은 다음과 같은 사항들과 긍정적인 상호 관계를 가진다.

- 자율 양육.
- 곧바로 잠들기.
- 침실에 미디어 기기 두지 않기 — 다른 시간에도 미디어 사용 제한하기.
- 숙제 시간 동안 미디어나 다른 방해 받지 않기.
- 10분 규칙 — 학년당 10분씩의 숙제 시간 주기.
- 정기적인 운동.
- 사교성과 사교의 기회들.
- 30분간 미디어 기기 없는 가족 활동을 포함한 매일의 가족 시간 — 식사, 게임, 대화나 독서 등을 함께하기.
- 정기적 집안일.
- 숙제, 집안일, 취침 시간에 대한 규칙들.
- 보상으로서의 미디어 이용 허락하기 — 다른 모든 일들이 완료된 후에 주어진다.
- 효과적인 대화 기술.

독서 습관이 답이다

우리가 어린아이였을 때는 취침 시간이 몇 시였든지, 책을 읽고 있으면 한 30분 정도는 더 깨어 있을 수 있었어요. 부모님은 제가 스티븐 킹Stephen King이나 더글라스 애덤스Douglas Adams, (소설가, 대표작 『은하수를 여행하는 히치하이커를 위한 안내서』_옮긴이)를 오래 읽고 있어도 신경 쓰지 않으셨지요. 이제 전 침대에

서 책을 읽어요. 일하면서도 읽고요. 줄 서서 기다리는 중에
도 읽습니다. 그건 마치, "안녕 내 이름은 나단이고, 나는 독
자야" 하는 것 같지요.

_ 나단 필리언(Nathan Fillion), 영화배우

자기 관리 부족, 나쁜 공부법, 독서 습관 결여가 대학에서 성적이 낮은 학생들의 세 가지 주요 원인이라고 한다.[주12] 필수적으로 해야 하는 독서를 마친 학생들은 리포트 제출, 공부, 실험과 수업 참여에 시간을 할애해야 한다. 거기에 주당 약 50~60시간이 든다. 산만하고 좌절감을 느끼는 학생, 자신의 장기적 목표를 세우고 성취하지 못하는 학생의 경우에는 힘겨울 수밖에 없다.

> 일반적인 대학의 3학점짜리 강의는 일주일에 2~3시간의 독서를 요구한다. 당신의 자녀가 4년 안에 졸업하기 위해 학기당 강의 다섯 개를 들어야 한다면, 결국 1주일에 10~15시간의 독서가 필요하다.

독서가 공통학습기준에 미치는 영향

우리가 인터뷰한 교사들 모두가 공통학습기준이 요구하는 가장 중요한 점은 수학 문제를 빠르게 읽고 이해할 줄 아는 능력이라는 사실에 동의했다. 또한 그 문제를 수학적 도식으로 환원시키고 제한시간 내에 실제 문제를 푸는 능력이 있어야 한다는 것이다.

공통학습기준에서 수학은 이론적 측면이 부각되고 계산 부분은 중요성이 덜해졌다. 일반적으로 예전의 수학에서는 필요하지 않던 두 가지 부가적 기능을 요구하고 있다. 그래서 아이들의 독서 능력은 더욱 중요하다.

1. 빠르게 읽기
2. 주의깊게 읽기

안나 선생님의 조언

안나 슬로박 선생은 로드 아일랜드 초등학교에서 3학년생의 새로운 수학 커리큘럼의 실행을 지원하는 업무를 맡고 있다.

"전 항상 수학 숙제로 문제지 한 장을 내줬어요. 그건 새로운 커리큘럼에서도 똑같습니다. 학생들은 올해 불평이 더 심해졌고 혼란스러워했어요. 아이들을 진정시키는 건 수학이 아니에요. 바로 독서라고요. 작년엔 수학은 수월하게 풀었지만 영어 과목에 애먹는 학생들이 몇몇 있었어요. 올해는 애들이 단어를 이해하지 못해서 문제를 못 풀더라고요."

안나 선생은 부모들에게 아이들이 더 많이 읽도록 해 주라고 했다. "저는 항상 아이들이 부모님의 도움을 받아 숙제를 해 오는 것보다는 차라리 숙제를 못 했다고 얘기해 주는 쪽을 더 원해요. 디지털 수학 숙제에 너무 오랜 시간을 쓰는 걸 보기는 정말 싫습니다. 어느 정도 시간이 지나면 그냥 멈추고 책을 읽는 편이 좋습니다. 독서는 이

핵심 교육 과정에 적응하는 열쇠예요. 아이들은 더 주의 깊게, 더 빨리 읽는 법을 배워야 해요. 만약 학생이 한 시간 동안 책을 읽었다면 숙제를 해 오지 못하더라도 전 절대 실망하지 않을 겁니다."

> **:: 저자의 한마디**
>
> 부모가 독서하면, 아이들도 읽게 된다. 종이책, 전자책, 만화책 등 그 무엇이든 상관이 없다. 그냥 독서가 독서를 낳는 것이다. 자율적 부모들은 아이에게 책을 읽어 주고, 아이가 자신들에게 책을 읽어 주거나 스스로 읽도록 한다.
> 미디어 기기의 전원을 끄고 책을 꺼내라. 그건 곧 아이들이 대학에 입학해 학위를 갖고 졸업할 때까지 필요한 기술을 습득하도록 돕는 일이다.

독서는 시험 불안을 낮춘다

학습 습관에 관해 인터뷰한 많은 교사들은 시험과 학생의 정서적 행복에 대해 우려를 표했다. 한 교사는 자신의 첫 시험 날 경험을 이렇게 묘사했다.

"온 학교에 긴장감이 역력했어요. 전 그날이 시험일인 줄 그만 잊고 있었어요. 제가 당시 학교에 발을 들이며 느낀 감정은 뭐라 형언하기 어려우면서도 찰나에 스쳐 갔죠. 혹시라도 무슨 끔찍한 일이 학생에게 벌어진 게 아닌가 하는 생각에 재빨리 교무실로 향했어요. 그러다가 교실문에 '쉿! 시험 중이니 정숙히 하시오'란 안내문을 보고 시험일이 바로 그날인 걸 기억해 냈죠."

시험이 얼마나 아이들의 정서에 해로운지에 대해 우리끼리 논쟁하거나 경고를 던질 수 있겠지만, 그런다고 우리 아이들의 시험장 풍경이 즉각 변하지는 않을 것이다. 실제로 시험의 영향력은 엄청나다. 대학 입학을 위해 필요하며, 종종 학교 커리큘럼과 학교 재정을 결정하기도 하니 말이다.

시험으로 학생들만 고통받는 건 아니다. 시험 전후로 아이들에게 정보를 '우겨넣어야' 하고, 아이들의 학력 수준을 일정하게 유지해야 하는 교사들도 진이 빠진다. 낮은 성적은 학생을 우울하게 만들고, 교사를 불안하게 만들고, 교육의 효율성을 저하한다.

학생에게 있어 가장 힘든 부분은 개별 시험마다 시간제한이 있다는 점이다. 특정한 시간 동안 앉아서 집중해 본 경험이 충분하지 못한 아이들은 극심한 어려움을 겪는다. 그건 이해도를 평가하는 게 아니라 집중력을 시험해 보는 것과 마찬가지다.

충분한 시간을 두고 숙제를 해 왔거나, 시간제한 없이 작문 숙제를 하는 데 익숙한 아이들은 시험을 치르며 금방 시간이 모자란 걸 알게 되거나 얼어붙어 버리기 일쑤이다.

숙제 습관은 시간 관리법과 독서법의 결합을 요한다. 이 능력들은 이 책의 전반에 걸쳐 계속 언급될 텐데, 바로 장기적 학습 습관을 키우기 때문이다. 이들 습관은 아이들의 숙제에 도움이 될 뿐 아니라, 아이들이 느끼게 될 시험 불안의 정도를 크게 낮춰 준다.

아래와 같은 아이들은 스트레스가 훨씬 덜할 수 있다.

- ✓ 정기적인 학교 숙제 습관의 일환으로, 특정한 시간 동안 앉아 있는 데 익숙한 아이
- ✓ 정해진 시간 내에서 공부해 본 아이

> **독서를 해야 하는 이유**
> 54명 아이들의 독서와 작문을 조사한 종단적 연구(장기간에 걸쳐 한 무리의 개인들을 탐구하는 조사 기법)가 행해진 적이 있다. 이 연구의 결론은 책을 잘 읽는 아이는 그렇지 못한 아이에 비해 학교 안팎에서 상대적으로 더 많이 읽으며, 이는 독서와 작문 능력의 성장에 기여한다는 것이었다. 독서가 부진한 아이는 결국 작문도 부진한 경향을 보였다. 초기의 작문 실력이 나중의 작문 실력으로 이어지지 않았던 반면, 초기의 독서 능력은 나중의 독서 능력을 예측하는 지표가 되었다.[주13]

교육 정책이 바뀌어도 숙제 습관은 불변한다

교육의 궁극적 목표는 평생 동안 공부하는 사람을 길러 내는 것이다. 평가 기준과 국가 주도의 커리큘럼은 계속해서 변해 가겠지만, 본질은 변하지 않는다.

교육자들과 부모들은 우리의 아이들이 대학에 진학하고 글로벌 사회에 참여하는 데 도움이 될 기술을 익히길 원한다. 부모들이 기뻐할 만한 커리큘럼의 우수한 변화도 있을 것이다. 반면에 앞서 기술했

듯이, 부모들이 걱정하게 될 만한 점들도 많이 있다.

이 장에서 다룬 숙제 방법론이야말로, 이러저리 휩쓸려 다니는 걸 멈출 수 있는 유일하게 검증된 방식이다. 내게는 유치원생 자녀가 있다. 이 아이가 고등학교에 입학하게 될 즈음엔 지금과는 다른 커리큘럼, 새롭게 명칭이 바뀐 시험이 있을 것이다(벌써 한숨이 나온다).

지금 내 목표는 우리 아이를 위해 일련의 상황을 지속적이고, 차분하고, 행복하게 유지해 가는 것이다. 그리고 나는 그렇게 할 수 있다. 바로 내가 아이의 인생에서 가장 중요한 두 가지의 학습 영역, 숙제와 독서를 완벽하게 통제하고 있기 때문이다.

숙제 습관을 확립하라

노련한 교사와 부모는 배움이란 시험에 열중하는 것이 아니라는 점을 이해하고 있다. 맞춤법 시험이나 중간고사를 망쳤다고 해서 아이의 인생에 돌이킬 수 없는 비운이 깃들지는 않는다.

새로운 평가 시험과 커리큘럼과 관련해 부모들과 교사들이 과하게 흥분하며 반응하는 건 잘못이다. 이 모든 시험과 커리큘럼의 궁극적인 목표는 우리 아이들이 매일의 삶에서 점진적으로 최상의 성과를 내도록 해서, 성공의 필수 요소들에 보다 친근해지도록 하는 것이다. 우리 아이들이 스스로 숙제 습관을 확립하도록 하기 위해서 우리가 바라는 바는 다음과 같다.

✓ 숙제와 독서를 함에 있어서, 아이들이 평소에 좋아하는 보상

을 얻는 것이 보장되어야 한다. 좋든 싫든, 미디어 소비는 아이들에게 강력한 보상이다. 주중에 당신의 자녀가 미디어를 사용하는 걸 허락하려 한다면, 아이들에게 그 전에 합당한 활동이 필요함을 확실히 가르쳐라. 우선 숙제와 독서를 마쳐야 TV 시청이나 게임을 할 시간이 주어진다는 것을.

✓ 아이들의 노력에 대해 칭찬하라. 아이들의 노력을 당신이 인정해 주는 것은 또 다른 강력한 보상이 된다. 노력에 대한 칭찬은 소중하다.

✓ 아이들이 스스로를 위안하는 휴식의 기술을 익히도록 도와라. 아이들은 숙제, 수업, 시험이라는 스트레스를 앞에 두고 스스로 위안하며 휴식을 취할 줄 알아야 한다.

현재 우리 센터를 찾는 소아과 진료 원인 1위는 불안과 공포다(지난 몇 년간은 주의력결핍장애가 1위였다). 휴식 활동은 불안에 시달리는 아이들에게 특히 유용하다(이에 관해서는 9장에서 다룰 것이니다). 5세 이상의 아이들은 심호흡과 긍정적인 자기 진술을 통해 '나를 차분하게 한다'는 개념을 받아들일 수 있다. 그리고 그 방법은 평생에 걸쳐 아이들에게 도움이 될 것이다.

✓ 숙제 습관을 들이는 동안에는 미디어로부터 차단되어야 한다. 미디어 소비는 아이들로 하여금 집중하기 어렵게 만든다. 이것이 학교 숙제와 독서가 완료된 후에야 미디어를 허락해야 하는 이유다. 숙제를 시작하기 전에 핸드폰을 반납하도록 하고, 공부하는 동안에는 TV를 보거나 음악을 듣는 등 다른 방

해되는 일을 절대 허락하지 마라.
- ✓ 숙제 규칙을 수정하거나 깨뜨리는, 아이들의 '이번 한 번만' 식의 간절한 애원을 경계하라. 아이들도 결국 후에는 — 훨씬 후가 되겠지만 — 그런 당신에게 감사하게 될 것이다. 하지만, 학교 숙제와 독서는 결국 큰 그림의 일부일 뿐이다. 숙제는 사실상 당신 자녀의 일상적 습관과 활동 전반의 영향을 받는다. 건강한 숙제 습관을 위해서는 다음의 규칙들을 명심해라.

권장 숙제 규칙

- ✓ 매일 학년당 10분씩 숙제하기 — 만약 학교 숙제가 없는 날에는 그 시간만큼 앉아서 책 읽기.
- ✓ 30~40분간 활발한 놀이나 운동하기 — 팀 스포츠나 그룹 운동하기.
- ✓ 적어도 8시간 이상 잠들 수 있도록, 미디어 기기 없이 잠자기.
- ✓ 매일 집안일 하기.
- ✓ 미디어 기기 없이 매일 30분간 가족 활동하기.
- ✓ 부모는 자녀를 도와주지 않고, 노력과 끈기에 대해 칭찬하기.
- ✓ 가정 내 숙제 습관에 심호흡을 포함하기.

Learning
Habit

03

시간 관리 습관

시간을
어떻게 효율적으로
관리할 것인가

> "당신 미래의 비밀은 바로
> 당신 일상의 습관 속에 숨어 있다.
> 당신의 시간을 현명하게 사용하기 위해서는
> 자기 수양이 필요하다."
> _ 미셸 무어(Michelle Moore), 리더십 코치

바비(12세)는 하키 연습에 항상 늦는다. 어디에 장비를 뒀는지 기억하지 못해서 제대로 챙기지 못하고 있다. 연습 시간이 임박해서야 항상 허둥지둥 갈 준비를 한다. 바비는 기량도 좋고 인기 많은 선수지만, 바비의 코치에게는 규칙이 있다. 연습 시간에 늦으면 후보인 것이다. 바비는 화도 나고 싱쳐 빋고 슬픈 채로 벤치에 앉아 있다.

릴리(9세)는 일요일에는 정오까지 자기 방을 치우고 침대를 정리해 놓아야 한다. 어느 일요일 아침, 릴리는 TV를 보고, 마인크래프트 게임을 하고, 사촌과 전화하고, 헤어스타일을 바꾸는 쪽을 택했다. 정오가 되자 미친 듯이 옷을 바구니에 담으면서 방을 치우기 시작했다.

결국 릴리는 그날 외출금지를 당해서 친구들과 영화를 보러 가지 못했다. 부모에게 화가 난 채로, 친구들에게 같이 영화관에 가지 못한다고 말해야 했다. 가장 친한 친구인 마리는 있는 대로 화가 나서

릴리의 해명을 제대로 들으려고도 하지 않았다.

재레드(10세)는 영어 과목을 싫어한다. 시 쓰기 수업을 하고 있는데, 6~8행으로 된 자유시와 2연 8행으로 된 자장가를 지어야 한다. 이 과제는 중간고사를 대체하는 것으로, 3주 내에 제출해야 했다. 재레드는 제출일 전날 밤에야 비로소 시 쓰기를 시작했는데, 마침 사회 과목 과제 제출일과 겹치는 통에 결국 완성하지 못했다.

재레드의 선생님은 아이와 논쟁하는 대신, 방과 후 나머지 공부를 시켰다. 반 전체가 현장 학습을 나가 있는 동안에 말이다. 친구들 모두 시내에 나가 연극을 보는 동안, 패배자 같은 기분으로 홀로 시 쓰기 과제를 끝내야 했다.

평소 B$^+$나 A$^-$를 받는 학생인 소피(13세)는 우등생이란 이미지 덕분에(또 매력적인 외모 덕에) 때로는 태만해지는 경우도 있다. 영어와 역사 과목을 가르치는 베넷 선생님이 절대 그냥 넘어가지 않는 한 가지는 '공책'이다. 학생들은 필기, 퀴즈와 시험, 숙제, 또 매주마다 해야 하는 뉴스 기사 스크랩을 하기 위해서 항상 공책을 들고 다녀야 한다. 공책을 제출하는 건 아니지만 모든 수업에 공책을 갖고 임해야 하고, 베넷 선생님은 불시에 점검을 하곤 한다. 만약 공책이 제대로 갖춰지지 않았을 경우, 학생은 당장 F학점을 받게 되는데, 그건 두 번의 퀴즈를 아예 보지 못하는 것과 같은 결과다.

뉴스 기사 스크랩을 하려고 온라인에 접속하면 소피는 곧잘 본래 목적을 잊어버린다. 이제 그만 공책 숙제를 하지 않으면 안 되는 시간이 되었다는 찜찜한 기분이 들 때도 있지만, 곧잘 무시해 버리곤 한다.

오늘 아침, 막 학교로 떠나려 할 때, 친구 리사로부터 문자가 도착했다. "오늘 공책 검사래!" 소피는 믿을 수가 없었다. 선생님이 얼마나 화를 낼지가 뻔히 보이는 듯했다. 공황 상태에 빠져서 울음을 터뜨렸고, 엄마에게 학교에 가지 않겠다고 했다. 다시는 그러지 않겠다고 약속하면서 말이다. 엄마는 아이를 진정시키고 집에 있게 했지만, 온종일 자기 방에서 공책을 쓰게 했다. 엄마는 이렇게 정리했다. "이번 한 번만"이라고.

클로이(10세)는 다음 날까지 내기로 되어 있는 독후감 숙제에 대해 잊어버렸다. 이미 학교에서 2주 전에 내준 숙제였는데 말이다. 겨우 30쪽을 읽었을 뿐인데 아직 200쪽이나 더 남아 있어 질겁했다.

클로이는 학교 갈 시간이 되자 결국 히스테리를 부리기 시작했다. 부모는 어쨌건 아이를 학교에 보냈으나 클로이는 속이 메스껍고 머리가 아프다며 곧장 양호실로 가 버렸다. 양호 교사는 클로이의 엄마에게 전화를 걸어 무슨 일이 일어났는지를 확인하고, 클로이에게 엄마가 다시 교실로 보내라고 했다는 말을 전했다. 클로이는 완전히 혼란에 빠져 버렸다.

제러미(9세)는 중요한 과학 숙제에 매달렸다. 그런데 학교에 가기 전 누나와 테니스 게임을 하다가, 스쿨버스가 도착하자 허둥대는 바람에 그만 가방에 숙제를 챙겨 넣는 걸 깜빡해 버렸다. 그 숙제는 중간고사의 25퍼센트를 차지하는 것이었다.

린지(11세)는 친구 에이미에게 영어 숙제를 위한 모임에 참여하라고 권하지 않기로 했다. 에이미는 눈물을 흘렸다. 에이미와 린지의 엄마들은 서로 친구 사이였다. 린지의 엄마는 이 이야기를 전해 듣고 딸에게 이유를 물었다. 린지는 엄마에게 말했다.

"에이미는 제 친한 친구지만, 믿음직하지가 않아요. 전 항상 모든 걸 설명해 주지만, 에이미는 자기 역할을 제대로 못하고 시간에 맞춰 해 오지도 못해요. 너무 엉망이라서 제가 신경이 쓰인다고요. 저는 팀의 리더로서 우리 일정대로 일을 믿고 맡길 수 있는 아이들을 고른 거예요."

이 아이들은 저마다 각각 다른 스트레스 요인을 갖고 있다. 하지만, *학습 습관 연구*가 밝혀낸 바에 의하면 이 아이들이 가진 문제는 본질적으로 모두 같다. 바로 '스스로의 일정을 짜고 효율적으로 관리하는 데' 심각한 어려움을 겪고 있다.

이번 장에서는 잘못된 시간 관리 습관 때문에 고통받는 아이들의 이야기를 들을 수 있을 것이다.

내 안의 '생체 시계'

내가 어린 소녀였을 때, 엄마는 종종 이렇게 말씀하셨다. "꼭 맡길 일이 있으면, 되도록 바쁜 사람에게 일을 맡겨라." 나는 이상하다고 생각했다. 이미 바쁜 사람인데, 어떻게 다른 일을 더 할 수 있다는 말인가?

시간이 흐르고 여러 경험이 쌓이고 난 뒤에야, 나는 당시 엄마의 말씀이 옳았다는 걸 알게 되었다. 바쁜 사람들은 보통 자기 관리를 잘 하는 사람이다. 미리 계획하고, 일이 얼마나 걸릴지 대략 알고, 스마트폰이나 다이어리의 달력과 계획표를 사용하고, 시계를 착용해서 자신의 시간을 가장 효율적으로 사용한다. 약속을 앞두고 미리 출발해서, 버스 때문에 막히거나 우회해야 하는 등 예기치 못한 상황이 발생할 경우를 대비해 약속 시간을 엄수하는 그런 사람들이다.

대부분의 성인들은 우리가 종종 '생체 시계'라고 부르는 걸 갖고 있다. 그 덕분에 우리는 일이 대략 얼마나 걸릴지 예측할 수 있다. 또 너무 오랜 시간이 걸릴 일에 대해 미리 경고해 주기도 한다. 하지만 너무 일에 몰두하다 보면, 우리 내부의 시계가 그만 꺼져 버릴 수도 있다. 많은 부모들이 "맙소사!"를 외치며 시계를 보고 나서야 아이를 데리러 갈 시간에 늦어 버렸다는 걸 깨닫게 되는 순간을 경험한 적이 있을 것이다.

내가 "맙소사"를 외친 순간은 아이를 등교시킨 지 3주째에 벌어졌는데, 일에 너무 몰두한 나머지 버스 정류장으로 다섯 살 딸애를 마중하러 나가는 걸 깜빡하고 만 것이다. 이제 나는 핸드폰에 그 시간이면 울리는 알람을 두 개나 설정해 두고 있다.

아이들의 가장 놀라운 점은 받아들이는 전부를 경험으로 축적하는 데 활짝 열려 있다는 것이다. 아이들이 노는 모습, 영화 보는 모습,

춤추는 모습, 낮잠 자는 모습을 지켜보라. 다른 어딘가로 이동해 있는 듯하다. 아이들은 무언가에 자신을 빠져들게 하는 마술 같은 능력이 있으며, 이 때문에 시간 관리가 어렵게 된다. 아이들은 부모들을 화나게 하고 싶어서 늦는 게 아니다. 다만 아이들에게는 매일 "맙소사!" 하는 순간이 오는 것뿐이다.

시간 관리는 생체 시계와 관련이 있다. 생체 시계가 발달하면 아이들은 일정 시간이 흐른 뒤엔 몸으로 그걸 느끼게 된다. 6세 아이는 과거, 현재, 미래가 무엇인지를 알지만, 과거가 얼마나 오래 전인지에 대한 개념(1주 전일 수도 있고 1년 전일 수도 있는)에 대해서는 확립되어 있지 않다. 8세가 되면 일주일은 7일로 이뤄져 있다는 걸 이해하게 되지만, 보통 영화가 몇 분인지는 알기 어려울 것이다. 시간의 개념과 측정이란 생각보다 복잡한 일이다.

아이들에게 시간 관리법을 가르치는 첫 번째 단계는 어떤 일에 얼마의 시간이 걸리는지를 알게 하는 것이다. 아이들이 시간의 개념을 이해할 수 있게 해야 한다. 다음의 사례를 보자.

> 아이들은 시간을 완전히 이해하지 못한다. 훨씬 더 나이가 든 후에야 가능한 일이다. 아이들을 위해서는 시간을 눈으로 확인할 수 있는 달력, 그림 등을 사용해야 한다. 아이들에게 시계를 착용하게 하라. 하지만 아이들이 특정한 시간의 길이에 대해 개념을 잡고 있다 해도(한 시간이 어느 정도인지, 5분이 얼마만큼인지 알더라도), 시간은 사실상 아이들에게 별 의미가 없다는 점을 이해하라.

세스의 잃어버린 시간

세스(5세)는 매일 아침 학교에 가기 전, 자신의 방에서 레고 장난감을 가지고 노느라 '자신을 잃어버리고' 만다. 아빠 토니가 세스에게 옷을 입고 식당에 내려와서 아침을 먹으라고 말해 줘야 한다. 그 소리에 정신을 차린 세스는 옷을 입고 양말과 신을 신은 뒤, 시리얼을 우유에 타 먹고 이를 닦으러 간다. 그리고 마지막으로 자신의 개 스파키에게 사료와 물을 주고 잠시 놀아 주는 것도 잊지 않는다. 세스는 매일 아침 자신이 너무 서두르는 것 같다. 또 아빠가 왜 짜증을 내면서 자신을 버스 정류장에 데려다 주는지 이해가 안 된다.

어느 오후, 아빠가 세스를 방과 후 프로그램에서 태워 오면서 '매우 중요한 실험'을 할 거라고 말했다. 그러고는 트렁크에서 재미있게 생긴 가방 하나를 꺼냈다. 우와! 그건 세스가 즐겨 가는 장난감 가게에서 사 온 것이었다.

일찍 저녁을 먹은 후, 아빠는 부엌 식탁 위에 작업대를 차렸다. 반짝이는 기다란 흰 종이, 형형색색의 마커 펜 한 묶음, 더 큰 검은색 마커 펜 하나, 포장 테이프, 큰 유리그릇 하나와 작은 유리그릇 하나, 그리고 다양한 색깔의 구슬 크기, 골프 공 크기, 테니스 공 크기의 폼 볼 각각 세 박스였다.

세스는 그 공들이 제법 멋지다고 생각했다. 아빠는 종이 위에 세 가지 공 모양을 그렸다. 가장 작은 것엔 노란색을 칠했고, 중간 것에는 녹색을, 가장 큰 것에는 파란색을 칠한 다음, 각각의 공에 5, 10, 20이란 숫자를 검은 마커 펜으로 썼다. 그다음 폼볼 박스를 열었다. 구슬 크기 공은 노란색, 중간 크기의 골프 공만 한 것은 녹색, 큰 테니스 공은 파란색이었다. 세스는 그 공들에 매료되었다. 아빠가 설명을 시작했다.

아빠 우리 아침마다 힘들잖아. 어떤 일에 얼마의 시간이 걸리는지를 알기 어려워. 그래서, 아침마다 일어나는 이 일이 실제로 얼마나 걸리는지를 알게 해 주려고 해. 우선 우리는 실험을 해 볼 거야. 그다음에 네 침실 문에 붙일 포스터를 만들 거야.

세스 멋져요! 그럼 공을 가지고 놀면 돼요?

아빠 그럼. 이 공들을 가지고 실험을 할 거야.

세스 와! 그럼 이 공들을 저 그릇 속에 던져 넣나요?

아빠 그런 셈이지. 우선 이 그릇에 라벨을 붙여야 해. [아빠는 작은 그릇에 포장 테이프를 붙인 후 그 위에다 '1시간 = 60분'이라고 썼다.] 이 그릇은 네가 가진 시간의 양을 뜻하는데, 아침 알람 시계가 울린 후부터 네가 학교에 가야 할 시간까지, 한 시간 또는 60분인 거야.

세스 60분! 와, 되게 많네요!

아빠 그렇지? 좋아, 여기에 이 폼볼들을 넣는 거다. 아빠가 종이에 뭐라고 썼는지 보이지?

세스 숫자가 쓰여 있어요. 작은 노란 공에는 5, 녹색 공은 10, 하지만 파란 공은 뭔지 모르겠어요.

아빠 잘 읽었다. 파란 공에는 20이라고 썼어. 이 숫자들은 '분'을 의미해. 어떤 일을 하는 데 몇 분이 걸리는지를 쓴 거야. 예를 들면, 네가 레고를 갖고 노는 시간을 20분이라고 하자.

세스 그렇게 오래 걸려요?

아빠 그렇지. 20분은 네가 저녁에 책을 읽는 시간이야. 자, 이제 파란 20분짜리 공을 작은 그릇에 넣자. [세스는 그렇게 했다.] 다음, 네가 옷 입는 데 얼마나 시간이 걸릴까?

세스 잘 모르는데, 아마 작은 공, 5분이요.

아빠 좋아. 그럼 작은 공을 그릇에 넣어. [세스는 노란 공을 넣는다.] 이 닦는 데는 얼마나 걸리지? [세스는 또 5분짜리 노란 공 하나를 더 넣는다.] 아침 먹는 데는?

세스 [생각한다.] 음, 이번엔 큰 파란 공이요. [그릇에 20분을 추가한다.]

아빠 그럼 세수하는 데는 얼마나 걸릴까? [세스는 노란 공, 5분을 더 추가한다.] 자! 이제 중요한 게 남았구나. 스파키한테 밥 주고 물 주는 시간!

세스 스파키한테는 큰 파란 공을 주기로 해요! [20분짜리 공을 그릇에 넣으려 하지만, 이미 그릇이 꽉 차서, 도로 굴러 나온다.]

아빠 오, 이런! 스파키의 공이 들어가지 않는구나!

세스 이게 무슨 뜻이죠, 아빠?

아빠 글쎄, 이건 아마 왜 아침이 그렇게 난장판인지 우리가 알아야 한다는 뜻 같구나. 네가 너무 많은 걸 하려 하거나, 아니면 너무 많은 시간을 들이고 있다는 뜻일 거야. 레고 놀이나 옷 입기, 식사와 세수 등으로 이미 60분을 다 써 버려서 스파키한테 쓸 시간이 없는 거지! 저 큰 파란 공은 한 시간짜리 그릇에 들어가지 않는구나. 매일 아침 시간에 모든 걸 다 할 수 있는 방법을 생각해 보겠니?

세스 [고민하는 듯하더니 어깨를 으쓱한다.]

아빠 아빠에게 생각이 있어. 내일 아침엔 아빠 핸드폰에 있는 타이머를 써서 네가 하는 일마다 시간을 재 보는 거야. 그러면 우리가 계획을 세워 볼 수 있지! 방과 후에 포스터를 만들어서 매일 아침마다 어떤 순서로 일을 해야 하고, 그 일들마다 얼마의 시간이 걸리는지 네가 알 수 있게 하는 거다. 공들에 숫자를 써 넣을 수도 있고. 그다음엔 아침에 한 가지 일을 끝낼 때마다 빈 그릇에 해당하는 공을 넣는 거야. 알았지?

세스 네! 공에다 검은 펜으로 써도 돼요?

아빠 [웃으며] 물론이지!

당신이 예상할 수 있듯이, 세스가 실제 쓰는 시간은 애초에 생각한 것과는 많이 달랐다. 세스는 학교 가기 전에 레고를 갖고 놀 시간이 없다는 걸 알게 되었다. 방과 후에, 스파키와 놀고 숙제를 다 한 다음에야 장난감 놀이를 할 수 있는 것이다.

세스와 아빠는 세스가 서두르지 않고 자기 일을 할 수 있는 합리적인 일정표를 만들었다. 그런 다음 일의 순서에 맞춰 세스가 그림을 그린 포스터를 침실 문에 붙였다. 또 원그래프로 시간표를 만들어서 각 활동에 걸리는 시간을 세스가 비교해 볼 수 있게 했다. 세스가 직접 공에다 숫자를 써 넣었다. 검은 펜으로 쓰니 꽤 지저분해졌지만, 다행인지 각 박스에 든 공들은 그리 많지 않았다!

첫 주에 세스는 자기 시계의 디지털 타이머를 썼다. 덕분에 할당된 시간에 맞게 일을 마쳤는지를 측정할 수 있었다. 한 주 뒤부터는 세스의 생체 시계가 그 역할을 대신했다.

아이들에게 시간과 시간 관리에 대해 가르칠 때는, 반드시 생체 시계를 개발하도록 해야 한다. 그것만이 아이들이 부모의 독촉 때문이 아니라 자율적으로 스스로를 규제하는 법을 배울 수 있는 방법이다. 각각의 일마다, 당신은 반드시 아래의 사항을 유의해야 한다.

- ✓ 시간을 정확히 정하라.
- ✓ 타이머, 표나 다른 신호(당신의 독촉은 빼고)로 아이가 주어진 일을 완수하는 데 정확히 얼마의 시간이 걸리는지 알 수 있게 해야 한다. 습관이 형성될 때까지는 그것들을 이용하라.
- ✓ 시간에 대해 말하라. 예를 들면, "이건 30분짜리 프로그램이야" 또는 "이걸 10분 안에 할 수 있는지 보자. 오븐 타이머를 이렇게 맞추면, 팝콘이 만들어지는 거야!"
- ✓ 아이들에게 아날로그 시계를 채우는 일을 고려해 보라. 그러면 아이들이 5분, 15분, 30분 등 시간의 흐름을 파악할 수 있다(세스와 아빠는 값싼 아날로그 시계를 골랐다. 세스는 손목 끈에 있는 얼룩 무늬가 마음에 들었고, 아빠는 창이 투명하고 크며, 1~12까지

모두 쓰여 있어 시간을 읽기 쉽다는 점이 좋았다).
- ✓ 언제나 아이의 노력을 칭찬해 줘라! 아이가 신발을 잃어버리거나 무언가 깜빡해 버리는 일이 생길 수 있다. 그럴 때는 말로 하지 않고 신호를 보내어(표나 시계를 가리키는 등) 아이가 다시 집중할 수 있게 도와줘라.

토니는 아들 세스에게 효과적인 전략을 사용했다. 아주 어린 아이들은 눈에 보이는 표를 좋아한다. 초등학생 아이가 아침의 습관을 이해하도록 하기 위해서는 아침의 일상을 그림으로 그려 주는 것이 좋다. 세수, 옷 입기, 침대 정리(꼭 잘하지 않더라도, 단지 시도하는 정도라 해도), 아침 식사, 양치질 등을 포함하면 된다.

그 뒤, 그 표를 침실 문에 붙여 두어라. 당신의 자녀들이 매일 아침 그 표를 참고하게 될 것이다. 원그래프로 된 시간표를 사용해 아이들에게 각각의 활동에 상대적으로 얼마만큼의 시간이 소요되는지 보여 줄 수도 있다(이제, 세스는 5분짜리 일인 침대 정리와 씨름하고 있다!).

자율 양육은 시간 관리 습관을 길러 준다

학습 습관 연구에 따르면, 자율 양육을 하는 부모의 아이들이 시간 관리의 학습 습관을 가장 잘 발달시키는 것으로 나타났다. 이런 아이들은 다음과 같이 일정을 관리하고 실행한다.

- ✓ 정해진 시간에 잠자리에 든다.
- ✓ 달력, 표, 스마트폰을 이용해 스스로의 일정을 체크한다.
- ✓ 꾸준한 숙제 습관을 유지한다.
- ✓ 운동, 클럽 활동, 독서에 참여한다.
- ✓ 정기적으로 집안일을 한다.
- ✓ 제시간에 침대를 정리한다.
- ✓ 어린이용 아날로그 시계를 착용한다.
- ✓ 자기 물건들을 정돈한다.
- ✓ 취침 시간 이후 방에서 미디어 기기를 사용하지 않는다.
- ✓ 곧바로 잠이 든다.

이런 아이들은 허락 양육을 하는 부모들의 아이들에 비해 영어와 수학 성적이 더 높았다. 허락 양육을 하는 부모들은 이런 특징이 있다.

- ✓ 집안일에 대한 규칙을 정해 두지 않는다.
- ✓ 정기적인 취침 습관을 실행하지 않는다.
- ✓ 자녀의 침대를 대신 정리해 준다.
- ✓ 미디어 사용 시간을 더 길게 허락하고 공부(독서)와 신체 활동

(운동, 놀이)에 더 적은 시간을 쓰게 한다.

*학습 습관 연구*에 따르면, 시계를 차고 달력이나 계획표, 스마트폰으로 자신의 일정을 관리하는 아이들은 친구들과 사교 활동이 활발한 것으로 나타났다.

어떻게 이 세 가지가 서로 관련이 있다는 걸까? 사실, 조금만 생각해 보면 알 수 있다. 특히 중고등학생 때는 아이들이 사교 활동을 계획하고 기록하게 된다. 순서대로 잘 정리하지 않는 아이들은 팀 동료나 친구로서 사귀기 어려울 수 있다. 항상 약속에 늦는 친구를 좋아하기는 어려운 법이다.

시간 관리의 개념을 습득시키고, 정리를 잘하는 아이로 키우는 가정을 만드는 방법이 있다. 로지의 엄마가 로지를 위해 한 일을 살펴보기로 하자.

> **학습 습관 연구**는 일정을 관리하지 않는 아이, 집안일을 하지 않는 아이, 물건을 잘 정리하지 않는 아이, 정기적으로 과외 활동을 하지 않는 아이, 그리고 생산적인 습관이 확립되지 않은 아이는 대체적으로 시간 관리의 습관을 익히지 못한다는 점을 보여 준다.

로지의 하루

로지(12세)는 뉴잉글랜드의 교회부속학교에 다니는 6학년 우등생이다. 로지는 스스로를 '매우 바쁜 아이'라고 칭한다. 교회 성가대에서 노래를 하고, 축구와 농구를 즐기며, 봄에는 테니스를 친다. 일주일에 두 번 장애 아동을 돕는 방과 후 활동에서 자원봉사를 하고, 정기적으로 집안일을 돕는다. 주말마다 가장 친한 친구들과 어울린다.

인터뷰어 공부하고 숙제하는 일과 그 외의 과외 활동 사이에서 균형을 맞추기 위해 시간 관리하는 법을 어떻게 배우게 됐니?

로지 [웃으며] 우리 엄마는, 말하자면 지구상에서 가장 정리를 잘하는 사람이에요. 냉장고에 달력을 붙여 놓고 우리의 약속이나 해야 할 일들을 모두 적어 놓죠.

제가 학교 끝나고 집에 오면, 우리는 둘러앉아 과자를 먹으면서 제 계획표에서 어떤 학교 숙제가 있는지 살펴봐요. 독후감 같은 장기 과제가 있으면 핸드폰의 달력에 알람을 설정해 놓죠. 만약 특별한 준비물이 있는 숙제가 있으면, 엄마가 큰 달력에나 써 놓아요.

전 그래서 보통 제 숙제가 얼마나 걸릴지를 알고, 그 시간 내에 완성하려고 최선을 다하게 되죠. 남은 일은 방과 후에 집에 와서 그 일을 하는 거예요. 과자를 먹은 다음에요.

인터뷰어 저녁 시간 동안 가족의 일정에 대해 좀 더 얘기해 주겠니? 저녁식사나 취침 시간 같은 것 말이야.

로지 우리는 아빠가 퇴근하는 시간인 5시 30분에 저녁을 먹어요. 목요일은 예외인데, 엄마가 7시까지 일하기 때문에 아빠가 식

173

사를 준비하거나 외식을 하죠. 전 8시 30분에 침대로 가서 9시까지 책을 읽어요. 그 시간이 되면 침실 불을 끄죠. 때로 연습이나 리허설이 늦게 끝날 때는 집에 와서 저녁을 먹고 숙제를 해요. 엄마는 7시 반이 넘어서까지 숙제를 하는 걸 바라지 않아서, 전 그 시간 이후엔 가족과 함께할 수 있어요. 때로 같이 텔레비전 드라마를 보기도 해요. 아니면 샤워를 하기 전, 한 시간 이내로 친구들과 문자를 하거나 컴퓨터를 써요. 하지만 보통은 그렇게 하지 않아요. 금요일은 집에서 피자를 만들고 영화를 보는 날이고요.

인터뷰어 너희 가족은 네가 몇 살 때부터 이것을 습관으로 만들게 되었니?

로지 다섯 살 때부터였어요. 유치원에 다닐 때 저만 시계를 찼고 시간을 볼 줄 알았죠. 분홍색에 팅커벨이 새겨진 그 시계가 참 자랑스러웠어요. 다른 아이들이 저에게 몇 시인지 물을 때면 무슨 중요한 사람 같은 기분이 들었죠.

그리고 방과 후에 매일, 우리는 지금까지 똑같이 하고 있어요. 먼저, 대화하면서 색칠하기나 단어 배우기 같은 제 숙제를 살펴보고, 엄마와 30분 정도 같이 책을 읽어요. 전 '숙제'를 중요하게 생각하는데, 엄마는 제가 숙제를 끝낸 후에는 스티커를 줘요. 그런 다음엔 숙제를 챙겨서 제 팅커벨 가방에 넣고 문에 걸어 둬요. 이후엔 저녁 먹을 때까지 놀고요. 아침엔 엄마가 제 가방에 점심 도시락이나 점심 사 먹을 돈을 넣어 줘요.

인터뷰어 네가 킨들(아마존이 만든 전자책 리더기)을 갖고 있는 걸 봤어. 책 읽는 걸 좋아하니?

로지 전 독서가 너무 좋아요. 아주 어릴 땐 엄마가 제 방에 들어와서 같이 누워 『괴물들이 사는 나라』를 읽어 줬어요. 한 1,000번은 계속해서 읽어 달라고 했을 거예요! 엄마는 항상 제가 잠들 때까지 읽어 줬죠.

5학년 생일 선물로 이 킨들을 받았어요. 보통은 종이책을 읽는 걸 좋아해서 이건 그냥 놔둘 때가 많아요. 하지만 급할 땐 엄마의 아마존 계정으로 책을 살 수 있어요.

인터뷰어 정기적으로 하는 집안일이 있니?

로지 엄마가 자주 하는 말씀이, "우선 일부터 하고, 다른 것들은 그다음에!"거든요. 저는 침대 정리를 하고 아침식사 전에는 빨랫감을 빨래통에 넣어야 해요. 그러고 나면 엄마가 스티커를 주죠. 샤워한 후엔 젖은 수건도 빨래통에 넣고요. 우리 엄마가 얼마나 기기에 까다로운지 몰라요! 지금도 여전히 아침에 제 방과 침대 정리하는 걸 신경 써요. 전 그냥 하는 거예요. 별일도 아닌걸요.

인터뷰어 이제 너도 꽤 컸는데, 그럼 네가 정기적으로 하는 다른 집안일도 있니?

로지 비슷한 시기에 식탁을 차리는 일도 시작했던 것 같아요. 지금도 그렇게 하는데, 이젠 접시를 닦고 세척기에 넣는 일도 하죠.

인터뷰어 또 다른 건?

로지 제 방은 매주 토요일마다 깨끗하게 청소해야 하는데, 이젠 방을 꼭 청소한 후에 외출할 수 있다는 게 규칙으로 정해졌어요. 작년엔가, 그 규칙을 정하기 전의 일인데, 제가 그만 깜빡하고 속옷과 양말을 빨래통에 넣지 않고 그냥 옷장에 두었죠. 엄마가 그걸 보곤 화가 난 거예요! 3일 동안 TV 시청이 금지됐어요. 제가 좋아하는 프로그램을 보지 못했죠. 다시는 그러지 않을 거예요!

로지는 정리정돈과 시간 관리를 잘하는 법을 익힌 좋은 사례다. 로지의 엄마는 현명하게도 딸이 어린 나이부터 시간 관리 습관을 배우게 했으며, 덕분에 로지는 공부도 잘하고 활발한 사회성을 가진 성공적인 아이로 성장하고 있었다.

로지는 가정 내 규칙에 따라 집에서 책임감(집안일)을 갖게 되었다. 취침 시간이 정해져 있고, 불을 끄면 몇 분 내에 잠들었다. 방 안에 두는 게 허락된 미디어 기기는 킨들 한 대였다.

> :: **저자의 한마디**
> 우리는 집안일을 하는 아이들이 학교 성적도 좋고 시간 관리에서도 높은 점수를 얻는다는 점을 발견했다. 집안일을 하는(또는 하지 않는) 습관은 아주 어린 나이부터 시작되어 유년기 내내 지속적으로 유지된다.

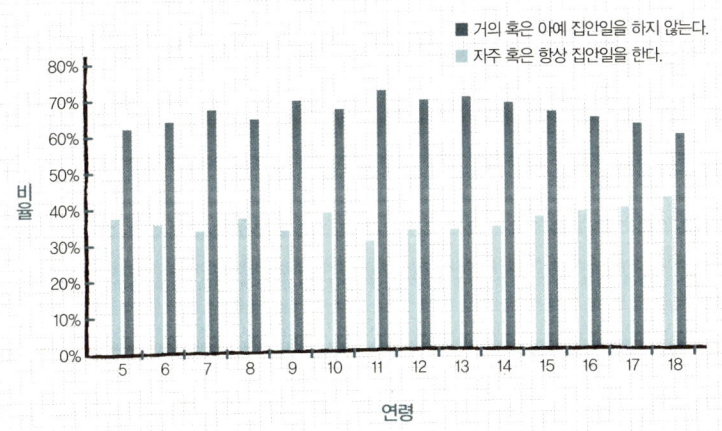

아이는 부모를 보고 배운다

아이들이 부모의 효율적인 시간 관리를 보고 배운다는 점에서, 부모의 존재는 매우 중요하다. 부모들이 시간 관리의 모범을 보이고 아이들의 상담자 역할을 해 주면, 아이들은 다음과 같이 할 수 있다.

- ✓ 일을 완료하는 데 충분한 시간을 정한다.
- ✓ 오랜 시간이 걸리는 숙제나 과제에는 알람을 설정해 두어, 아이들이 소화할 수 있는 수준으로 과제를 나누는 법을 배운다.
- ✓ 취침 시간, 미디어 사용, 집안일과 일정을 정하는 규칙을 만들기 위한(또는 설명하기 위한) 가족회의에 참여한다.
- ✓ 학교 숙제나 과외 활동을 관리하는 데 자신의 스마트폰에 있

- ✓ 는 일정표나 달력을 사용할 줄 알게 된다.
- ✓ 시계를 차고 활용할 줄 알게 된다.
- ✓ 자기 물건들을 정리정돈한다. 아이들의 가방이나 사물함이 잘 정돈되면, 학교 갈 때 숙제를 잊거나, 집에 올 때 숙제를 하는 데 필요한 물건들을 잊지 않게 된다.

'이번 한 번만'은 틀렸다

"이번 한 번만이야"주1라는 말을 쓰는 부모들은 아이들이 책임져야 할 일을 대신 해 주면—예를 들어 아이가 깜빡한 준비물을 대신 사러 가거나, TV 프로그램을 '이번 한 번만' 꼭 보고 싶어 하는 아이를 위해 숙제 규칙을 느슨하게 하는 것—아이가 그 상황을 이해하고 있으며 자신의 행동이 특정 상황에 도움이 될 거라고 순진하게 믿어 버린다. 아이들이 그 경험으로부터 배우게 될 것이고 다시는 그런 상황에 처하지 않으려 할 거라고 생각한다. 하지만 틀렸다!

'이번 한 번만'과 관련하여 웃을 수만은 없는 결과를 다음의 표, '아이의 연령에 따라 부모가 얼마나 자주 아이의 숙제를 대신 해 주는가'가 보여 준다. '자주 혹은 항상' 자녀의 숙제를 대신해 준다고 설문에 답한 부모는 평균적으로 5퍼센트 미만이었다. 주목할 점은 이 비율이 연령이 높아져도 꾸준히 유지된다는 사실이다.

즉 일단 아이의 숙제를 대신 해 주기 시작하면, 아이가 학교에 다니는 내내 그렇게 한다는 의미로 보인다. 이런 결과에 대해, *학습 습관* 연구에 참여한 한 연구자는 '어른이 자녀에게 얼마나 잘 훈련받는지를 보여 주는 예'라는 촌평을 남겼다.

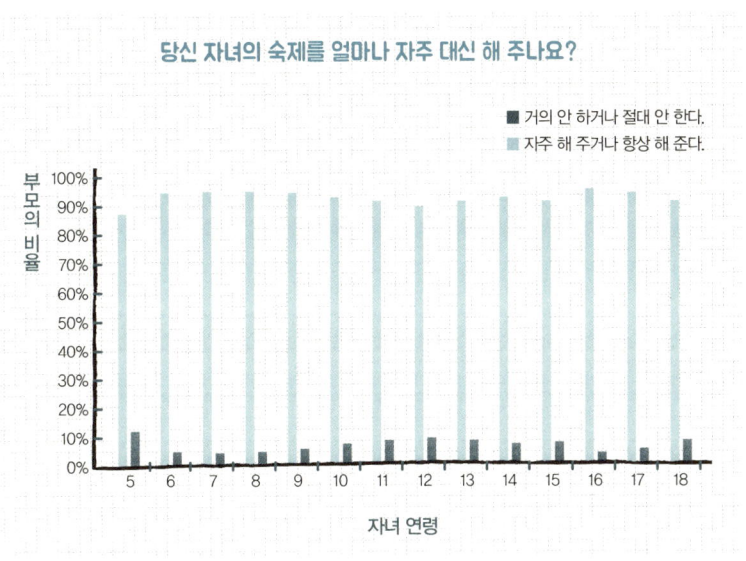

앨버트 아인슈타인이 말한 것처럼(사실은 아인슈타인이 한 말이 아니지만) 미친 짓이란 매번 같은 걸 반복하면서 다른 결과를 기대하는 것이다.[주2] '이번 한 번만' 식의 허락 양육적인 행동을 하는 부모들에게 딱 어울리는 말이다.

그 결과 아이들이 배우게 되는 건 이것들뿐이다.

✓ 내가 뭘 잊어버리면, 엄마나 아빠가 대신 해 주겠지.

- ✓ 뭔가 망치면, 엄마나 아빠가 대신 고쳐 줄 거야.
- ✓ 내가 뭔가를 못 하거나, 안 하거나, 하기 싫으면, 엄마 아빠는 절대 시키지 않고 대신 해 줄거야.
- ✓ 내가 규칙을 따르기 싫어하면, 엄마 아빠에게 규칙을 고쳐 달라고 하면 돼.
- ✓ 난 나를 믿을 수 없어. 내가 할 수 있는 일은 없어.

대학 1학년의 주요한 중퇴 사유 중 하나가 과연 뭐겠는가! 효율적으로 시간을 관리하는 능력의 부재라고 한다.주3

롤모델이 되고자 하는 부모들은 눈에 잘 띄는 집 안의 주요 위치(예를 들어 냉장고 위)에 달력을 두고 항상 잘 기록해 두면 된다. 각종 의무들, 의사와의 약속 시간, 학교 과제, 스포츠 연습, 춤이나 음악 수업, 다른 약속이나 이벤트들을 모두 달력에 적는다. 부모 중 한 명이 사업이나 회의 때문에 집에 늦게 들어오거나 떠나 있어야 할 때도 역시 달력에 적어 둔다.

이 가족 달력을 유지하는 목적은 가족 구성원 각자가 한눈에 모든 가족들의 약속이나 의무를 알 수 있게 하기 위해서다. 만약 금요일 밤에 당신의 아들이나 딸이 상을 받게 된다는 걸 목요일에야 알게 됐는데, 바로 그 금요일이 하필 상사의 집에 저녁식사 초대를 받은 날이라는 등의 깜짝 소식은 더는 없게 될 것이다.

시간에 민감한 이벤트에 미리 아이를 준비시키는 것도 시간 관리의 한 모델로서 부모가 할 수 있는 일 중 하나다. 예를 들면 이렇다.

"수지, 네 치과 진료는 내일 아침 8시 반이다. 그 시간에는 차가 많이 막히니까, 우리는 7시 45분에는 나가야 해. 네 전자책 리더기를 오늘 밤 가방에 챙겨 두는 게 좋을 거야. 혹시 일찍 도착하게 되면 그걸 보면 되잖니. 그리고 학교에 데려다줄 때 그냥 차에 두고 내리면, 엄마가 집에 가져다 놓을게. 내일 아침은 7시 15분에 먹어야 해. 그러니 시간 맞춰 먹고 가자꾸나."

매일 당신의 자녀를 잠시 앉혀 두고 오늘의 일과에 대해 이야기하고, 계획표를 점검하고, 부가적인 도움이나 시간이 필요한 특별한 일이 있는지 살펴보는 일은 아이들에게 크나큰 도움이 된다.

일단 아이가 이 장의 앞에서 다룬 시간 관리 행동들을 몸에 익히면, 습관은 <u>스스로</u> 강화된다. 아이는 자기 통제와 독립심을 느끼고, <u>스스로</u>에 대한 자부심을 갖게 될 것이다. 특히 언제 어떻게 일을 끝낼지에 대한 우려가 사라진다는 큰 이득을 얻게 된다.

자신의 시간을 효율적으로 관리하는 법을 배우는 일은 이런 긍정적 감정들을 아이에게 선사할 것이다. 아이는 평생 쓸 수 있는 기술을 배우는 셈이다.

> **:: 저자의 한마디**
> 아이의 시간 관리 습관에 가장 강력하게 영향을 미치는 공간은 바로 가정이다. 아이를 현명하게 이끄는 일에 중점을 두는 부모가 합리적이고 지속적인 규칙을 제공하면, 시간이 흐르면서 아이는 시간 관리의 원칙들을 몸에 익히게 된다. 앞선 예에서 나온 로지의 말처럼, "그냥 하는 거예요. 별일도 아닌걸요."

Learning
Habit

04

목표 설정 습관

목표를
어떻게 효과적으로
설정할 것인가

> "당신을 흥분하게 하고 동시에 겁도 나게 하는,
> 뭔가 원대하고 큰일을 성취하는 것을 목표로 삼아라."
>
> _ 밥 프록터(Bob Proctor), 저술가, 인생 코치

젊은 배우이자 코미디언이었던 짐 캐리Jim Carrey가 파산했을 때의 일이다. 그는 당시 문자 그대로 아무것도 가진 게 없었다. 낮에 쓸데없어 보일 정도로 희망이 없는 노력을 쏟아붓고 난 뒤 매일 밤마다 그는 할리우드가 내려다보이는 멀홀랜드 도로에 앉아 유명 감독이 그의 작품에 반해 연락해 오는 모습을 상상하곤 했다.

그는 오디션을 하는 모습을 그려 보면서 감독이 자신에게 뭐라고 할지 마음속으로 떠올렸다. 짐 캐리는 이런 일이 언젠간 벌어질 것이며, 단지 아직 일어나지 않았을 뿐이라 믿었다. 그는 그 모습을 매우 구체적으로 그려 보았다. 밝은 미래에 대한 비전이 그의 기운을 북돋아 주었고, 다음 날 마주할 일에 대한 기쁨을 안겨 주었다. 그는 매일 밤마다 그 도로에 가서 그 과정을 반복했다. 습관이 된 것이다.

1990년 어느 저녁, 짐 캐리는 자신의 구상을 한 걸음 더 나아가

게 했다. 스스로에게 '연기 서비스 제공'의 대가로 1,000만 달러짜리 수표를 써 준 것이다. 발행일은 5년 뒤, 추수감사절로 적었다. 자기 지갑에 손이 닿을 때마다 그는 자신의 장기적 목표인 그 수표, 손에 잡히는 성공의 알림장을 느낄 수 있었다. 1995년 11월, 그는 처음으로 정확하게 1,000만 달러짜리 계약서에 서명하게 된다![주1]

목표 설정에 관한 아주 유명한 사례로 배우 짐 캐리를 들 수 있다. 이 이야기가 아이들에게 주는 교훈은 바로 '목표는 누구나 열심히 하면 이룰 수 있다는 강력한 동기가 된다'는 점이다.

어린이와 10대들은 부자나 유명인을 숭배하고 그들이 가진 것을 갈망하기 쉽다. 아직 어리기 때문에 단지 마지막의 결과만을 볼 뿐, 그들이 어떤 노력을 했는지는 보지 못하는 것이다. 그래서 매일의 고된 노력, 연습, 계발, 극복이 그 뒤에 숨어 있다는 걸 모른다.

우리가 받는 거절도, 그것을 기분 나쁘게만 받아들이지 않는 사람에게는 성공의 중요한 계기가 된다. 우리가 현재 있는 곳과 우리가 가고자 하는 곳 사이를 탐색하는 것은 새로운 정보에 기반하여 나아갈 길을 개선해 나가도록 한다.

> 나는 거절당할 때, 일어나서 물러서지 말고 앞으로 나아가라고 누군가 내 귀에 나팔을 불어 주고 있다고 생각한다.
>
> _실버스타 스탤론(Sylvester Stallone) 배우, 각본가, 영화 감독

목표는 아이의 인생을 바꾼다

과학자들이 아이들의 학업적인 성공을 예측하는 데 오직 아이큐에 의존했던 때가 있었다. *학습 습관 연구*를 통해 우리는 학업의 목표를 정하는 것은 아이가 가진 능력에 25퍼센트를 더 성취할 수 있도록 한다는 사실을 알게 되었다.주2

다음에 들려줄 이야기는 '좋은 대학에 입학하겠다'는 목표를 넘어서 그 목표를 실현하는 과정이 한 소년의 일생을 어떻게 바꾸는지에 대한 놀라운 사례이다.

> 학업 목표는 아이의 학업 성공에 있어 가장 중요한 요소 중 하나다.

스탠포드대 장학생, 캐머론

캐머론(17세)은 12학년으로 우등생이자 운동선수로, 학급에서 총무를 맡고 있다. 우리가 그를 인터뷰한 날, 그는 1순위로 지망한 스탠포드 대학으로부터 입학 허가 통지서를 받았다.

캐머론은 어느 면으로 보나 아주 성공적인 젊은이였다. 하지만 항상 그랬던 것은 아니었다. 초등학교를 졸업한 뒤, 캐머론의 학업 성적과 교우 관계는 심각하게 망가지기 시작했다.

인터뷰어 1학년부터 6학년 때까지 너는 항상 우등생이었구나. 그런데 7학년 때 무슨 일이 있었던 거니?

캐머론 중학교에 입학했을 때, 친구들이 거의 없었어요. 외로웠죠. 성적이나 수업에는 관심이 없었고 그저 친구를 사귀고 싶었어요. 대단한 모범생이나 운동을 잘하는 아이도 아니어서 자연스럽게 어떤 무리에 섞이지 못했어요. 혼자 즐길 수 있는 방법은 게임뿐이었죠. 시간이 지나자 게임 덕분에 친구도 사귈 수 있었고요.

인터뷰어 새롭게 친구를 사귀게 된 그 방법이 숙제, 성적 그리고 너의 일상에 어떤 영향을 미쳤지?

캐머론 학교가 끝나고 집에 오면, 다른 건 내팽개치고 먹을 것 몇 개를 집어서는 제 방으로 갔어요. 컴퓨터를 켜서 누가 게임을 하고 있는지 살핀 뒤, 게임을 하고 문자 메시지를 보내는 등 그런 식으로 제 친구들과 연락했죠. 한동안 페이스북과 트위터도 썼죠.

저녁식사를 하는 동안에 잠시 게임을 멈추고, 식사 후엔 다시 제 방으로 왔어요. 숙제를 하려고 했지만 계속 문자 메시지와 게임에 신경이 쓰였죠.

숙제나 공부에 대한 계획이나 방법은 아무것도 없었어요. 전에는 모험 소설 읽는 걸 정말 좋아했는데, 그것도 그만뒀어요. 필독해야 하는 책들은 지루해서 읽기 힘들었고요.

인터뷰어 그럼 성적은 어땠니?

캐머론 어떻게 시험 공부를 해야 할지를 몰랐어요. 눈에 띄게 성적이 떨어지기 시작했어요. 8학년 때까지 계속 C나 D학점만 받았죠. 엄마는 화가 났어요. 제 성적표를 보곤 게임기와 핸드폰을 압수했어요. 학교에선 소동에 휘말린 적도 없는, 그냥 뒤에 앉아서 숨으려고만 하는 그런 아이였어요.

인터뷰어 캐머론의 어머니 케이트 씨, 당신은 어땠나요?

케이트 그건 서서히 벌어진 일이었어요. 저는 MBA 학위를 따려고 다시 대학에 다니고 있었어요. 전 두 아이들과 꽤 좋은 시간을 보내고 있다고 생각했지만, 실상은 아니었죠.

중학교에 진학한 것은 캐머론에게 아주 큰일이었어요. 친구들이 아이의 지원군이었는데, 그 아이들과 헤어지게 되니 문제가 된 거예요.

애가 정말로 고립되기 시작한 건 8학년 때였어요. 자주 짜증을 내고, 평소엔 마치 어질러진 이불 같은 꼴을 하고 있었죠. 늦게 일어나서 아침도 먹는 둥 마는 둥 하고 버스를 타러 가 버렸어요. 무슨 마약을 하거나 우울증에 걸린 게 아닌지 걱정이 들었죠. 일일이 간섭하는 엄마는 되고 싶지 않아서 캐머론을 계속 믿기만 했죠.

인터뷰어 캐머론, 그래서 무슨 일이 있었지?

캐머론 8학년 마지막 성적표를 보니, 간신히 낙제를 면했더라고요. 많이 부끄러웠죠.

고등학교에 진학하는 것을 기대했던 유일한 이유는, 그 지역에 고등학교가 한 곳뿐이라 중학교 때 헤어진 친구들과 다시 만

날 수 있다는 점이었죠. 새 학년 첫날부터 전 기대에 부풀었어요. 전 모든 게 더 잘될 거라 생각했고 다시 정상으로 돌아갈 줄 알았죠.

그런데 모든 게 망했죠. 첫 주는 정말 지옥 같았어요. 학교 복도에서 예전 친구들을 볼 수 있었지만, 교실에선 아니었죠. 제가 속한 반은 끔찍했어요. 온통 패배자들 천지였죠. 그런 멍청이들과 같은 반에 있을 순 없었어요. 친구들과 함께하고 싶었어요.

그래서 상담실로 가서 생활 지도 선생님께 친구들이 있는 다른 반으로 옮겨 달라고 했어요. 그랬더니 선생님은 놀랍다는 표정으로 절 바라보더군요. 지금도 잊을 수가 없는데, 정확히 이렇게 말했어요.

"내가 대체 왜 그래야 하지? 그 반은 대학에 입학할 학생들을 위한 학급이야. 네가 정말 진지하게 그 우등생 반에 들어가고 싶었다면, 얘야, 죽도록 열심히 공부했어야지."

선생님이 옳다는 걸 알았죠. 전 쉬운 수업도 간신히 통과한, 성적이 형편없었던 학생이었던 거예요. 그래서 저는 변하기로 결심했어요. 패배자 같은 기분이 들고, 친구들과 함께 있지 못하는 것에 넌더리가 났어요.

지난 2년간을 돌아 보니 제가 바보 멍청이 같았어요. 정말, 무슨 일을 했던 거지? 게임에서 누군가를 때려눕히기? 책상 아래서 가장 빨리 문자 보내기? 전 정말 최악의 인간이 된 것 같았어요. 가족을 떠올렸어요. 얼마나 제게 실망했을까.

엄마 책상에 가서 메모지를 찾아 이렇게 썼어요. '나는 우등생 반에서 최소 평점 3.5 이상을 받고 고등학교를 졸업할 것이다. 나는 스탠포드 대학 공학과에 입학해 항공 기술을 전공할 것이다.'

그 메모를 침실 거울에 붙여 두었어요. 그리고 매일 그 메모를 봤어요. 나중에는 로켓처럼 생긴 캠퍼스 빌딩의 항공 사진을 찾아서 그 옆에 같이 붙였어요. 그림 밑에는 '자유'라고 쓰고요. 그 메모와 사진은 아직도 제 거울에 붙어 있죠.

> 이때가 캐머론에게 결정적 순간이었다. 캐머론은 자신의 학업 목표를 세우고, 글로 남겼다. 자신의 목표를 떠올릴 수 있는 이미지를 찾았고, 매일 볼 수 있는 곳에 두었다.

학습 습관 기르기

케이트 그날 밤, 저녁식사 후에 캐머론과 저는 앉아서 몇 시간 동안 대화를 나눴죠. 우리 둘 다 울었어요. 전 할 수 있는 모든 걸 해 주겠다고 말했죠. 전 정리를 잘해요. 스케줄과 구조화를 믿죠. 우리는 협정을 맺었어요.

캐머론은 제게 정리하는 법, 일정을 만드는 법, 공부하는 법, 선생님의 도움을 얻는 법, 모든 것에 대한 조언을 구할 수 있었죠. 전 아이의 상담역을 하는 거였어요. 조건은 딱 두 가지였죠.

인터뷰어 캐머론, 무엇이었니?

캐머론 첫째는 제가 도움을 청하지 않는 한 엄마가 조언을 해 주지 않는 것이고, 둘째는 엄마가 뭐라고 말해도 저는 절대 엄마에게 화내지 않는 것이었죠. 그냥 속으로 삼켜야 했어요.

인터뷰어 그래서 어떻게 됐지?

캐머론 음, 처음엔 꽤나 힘들었죠. 엄마는 선생님들에게 큰 인상을 남길 만한 세 가지 제안을 했어요. 첫 번째는 이해가 다 안 되더라도 매일 숙제를 완성하고 제출하는 것이었고, 두 번째는 교실 맨 앞으로 자리 옮기기였고, 마지막 세 번째는 이해가 안 되거나 답을 알 때는 손을 들어 질문하기였죠. 엄마는 당장은 아니더라도 6주가 지날 때쯤이면 결과를 알게 될 거라고 말했어요.

인터뷰어 그렇게 했니?

캐머론 단번에 되진 않았죠. 하지만 몇 주 지나선 그렇게 했어요. 영어 선생님은 앞자리에 앉으려는 학생이 있다는 사실에 매우 기뻐했죠.

이후 몇 주 동안, 캐머론은 자신에게 목표에 도움이 되지 않는 습관들이 있다는 걸 깨닫게 됐다. 자신을 망치는 다음과 같은 행동들이었다.

- ✓ 일정대로 숙제를 제출하지 않는 것.
- ✓ 필요한 물건을 챙겨서 하교하지 않는 것.
- ✓ 과자를 집어 방에 두는 것.
- ✓ 과자를 먹으면서 곧바로 문자와 게임을 하는 것.
- ✓ 컴퓨터, 스마트폰, 인터넷을 사용하다가 숙제를 하는 것.
- ✓ 늦게 잠들고 충분히 자지 않는 것.
- ✓ 늦게 일어나서 불안해하고, 정리를 안 하고, 수동적이고, 준비 안 된 기분으로 하루를 시작하는 것.

캐머론은 이런 습관들을 바꾸려고 무던히 애를 썼다. 작은 일들부터 차근히 진행했다. 첫 번째 목표는 다음과 같았다.

- ✓ 매 수업이 끝나기 전에 일정표를 체크해서 주어진 숙제를 다 기록했는지 확인하기.
- ✓ 학교를 떠나기 전 일정표를 체크해서 숙제에 필요한 것들을 다 챙겼는지 확인하기.
- ✓ 저녁식사 후 엄마와 함께 일정표를 살펴보면서, 가장 효율적으로 일정을 짰는지 확인하기.

이 세 가지 행동은 곧바로 습관이 되었다. 덕분에 캐머론은 잘 관리되고 있는 듯한 느낌을 받았고 정서적으로도 건강해졌다. 하지만 엄마와 대화하며 캐머론은 여전히 숙제를 마치는 데 어려움이 있다고 털어놓았다. "집중이 잘되지 않아서 시간이 너무 오래 걸려요." 캐머론은 엄마에게 도움을 청했다.

케이트는 제안했다. "그럼 숙제 습관을 실행해 보자. 우선 90분이라는 한정된 시간 동안만 숙제를 하되, 그 시간 동안에는 미디어를 전혀 사용하지 않기로 말이야."

캐머론은 부엌 식탁에 숙제를 펼쳐 놓고 90분 동안 숙제만 했다. 숙제를 일찍 마치게 되면 그대로 앉아 책을 읽었다. 관심이 있는 어떤 책이든 구입해도 됐지만, 산 책은 반드시 읽어야 했다.

결국 이렇게 해서 캐머론은 자신의 숙제 습관을 발전시키는 데 도움을 주는 신호를 개발하게 되었다.

캐머론의 신호 엄마가 복도 탁자 위에 놓아둔 놋쇠 그릇에 핸드폰과 집 열쇠를 넣을 때 들리는 '땡그랑' 하는 소리. 집에 들어서자마자, 캐머론은 핸드폰을 꺼내서 전원을 끄고 집 열쇠와 함께 그릇에 넣어 둔다. 이 행동은 숙제 습관에 돌입하는 방아쇠와 같은 역할을 한다. 부엌으로 가방을 가져가서 과자를 집고 식탁에 앉는다. 숙제를 끝내고 가방에 챙겨 두기 전까지는 자기 방으로 가지 않았다. 그리고 숙제를 끝낸 후에는 가방을 문 옆에 두었다.

인터뷰어 그것 참 어려운 일이었겠구나. 힘들 때는 없었니?
캐머론 처음엔 힘들었죠. 실수도 많이 했고, 선생님과의 관계나 성적에도 큰 변화가 없었어요. 실망했죠. 하지만 계속해야만

한다는 걸 알았어요. 엄마가 저를 위해 있었거든요.

엄마는 저녁식사 후에는 저와 얘기하고 일정표를 체크할 시간을 가졌어요. 엄마는 약속대로 제가 요청하지 않는 한 절대 조언을 하지 않았고, 조언을 청하면 항상 진실되게 얘기해 주었죠. 때로는 그게 절 미치게 할 때도 있었어요. 하지만 대개 엄마가 옳았고, 엄마의 조언은 훌륭했어요.

몇 주가 지나자 전 엄마가 옳았음을 깨달았어요. 교실 뒤편에 앉는 건 좋은 생각이 아니었죠. 앞자리로 옮기자마자 색다른 기분이 들었어요. 손을 들어 질문하기 시작한 뒤부터는 선생님이 절 호명하는 일이 잦아졌고요.

그리고 실제로 공부한 것이기 때문에 제대로 답할 수 있었죠. 그 후 첫 번째 중간 성적표가 나왔을 때, 그간의 노력이 성적으로 답했죠. 모두 C와 B학점이었어요. 제가 목표한 A는 아니었지만, 그전보다 훨씬 나아진 성적이었죠.

케이트 캐머론이 전화로 성적을 말해 줬을 때, 전 기뻐서 눈물을 흘렸어요. 회의에 들어가기 직전이라서 좀 당황스러웠지만, 까짓것 신경 쓰지 않았죠! 캐머론에게 오늘은 네 선택을 축하하러 다 같이 외식하자고 말했답니다.

인터뷰어 노력의 결과가 서서히 보이기 시작하는 거구나. 그다음엔 어떻게 됐니?

캐머론 뭔가 이해되지 않을 때는 무조건 손을 들어 선생님께 더 설명해 달라고 청하기 시작했어요. 어떤 과제가 주어지면, 우선 무엇을 해야 할지, 어떻게 해야 할지를 생각해 본 다음, 선생님께 이게 선생님이 원한 게 맞는지를 확인했죠..

제 공책은 언제나 엉망이었어요. 지저분하고 정리도 안 돼 있고……. 그런데 이때부터 공책 필기를 제대로 하기 시작했죠. 올해는 더 쉬웠어요. 우등생 반에서는 태블릿으로 필기를 할 수 있었거든요.

인터뷰어 이런 습관들이 성적 말고도 다른 걸 변화시켰니?

캐머론 그럼요. 모든 게 눈덩이 커지듯 덩달아 잘됐어요. 숙제를 일찍 끝내게 되자, 압박감이나 불안한 마음이 없어졌죠. 친구들이 모두 스포츠를 해서 저도 육상 팀에 들어갔죠. 열심히 운동해서 그다음 해에는 대표선수가 됐고, 농구 팀에도 합류했어요. 매일 전 목표를 적어 놓은 메모와 스탠포드 대학교 사진을 봐요. 빼놓지 않고요.

인터뷰어 그럼, 케이트 씨, 이제 당신은 캐머론에 대해 어떻게 생각하나요?

케이트 캐머론은 주도적인 아이예요. 자기가 무엇을 원하는지를 알고 그걸 얻기 위해 어떻게 해야 하는지를 이해하고 있죠. 캐머론은 학습 습관을 만들었고 어떤 도전이든 처리할 수 있는 인생의 습관을 배웠어요.

캐머론은 항공 기술자가 되고 싶어 해요. 이제 캐머론은 스탠포드 대학에 장학금을 받고 입학하게 됐지요. 캐머론은 자기가 목표한 대로 인생을 살고 있습니다.

맨 처음 단계는 나는 할 수 있다고 말하는 것이다.

― 윌 스미스(Will Smith), 배우, 프로듀서, 래퍼

현실적인 계획 수립이 중요하다

당신의 아이가 침대 정리 익히기, 미디어 사용 관리하기, 우등생 되기, 대학 졸업하기, 혹은 두 발 자전거 타기 같은 목표를 정하도록 돕고 싶다면, 고려해야 할 순서들이 있다. 애런의 경우를 살펴보자.

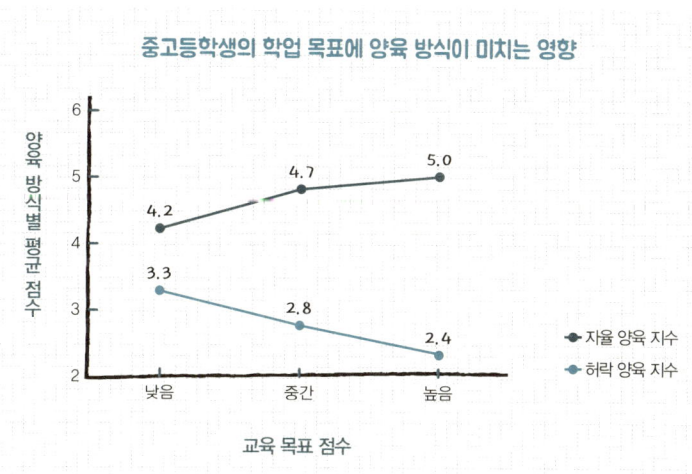

애런의 독후감 숙제

애런(10세)은 숙제를 앞에 두고 절망에 빠졌다. "제가 독후감을 써야 한다는 걸 믿을 수가 없어요. 너무 오래 걸리고 이 책도 싫단 말이에요. 전 못해요." 애런은 라자냐 파스타를 우물거리며 말했다.

아빠가 답했다. "자, 첫 번째 순서는 이 책의 첫 번째 단어를 읽는 거란다. 시작해 볼까?"

애런 정말로 제가 독후감을 써야 한다고요? 너무 오래 걸리고 이 책도 싫단 말이에요. 전 못 해요.

아빠 자, 첫 번째 순서는 이 책의 첫 번째 단어를 읽는 거란다. 이미 해 봤니?

애런 [눈을 굴리며] 네.

아빠 그럼 시작한 거네. 그다음 순서는 첫 번째 문단을 읽는 거야. 해 봤지?

애런 네, 전 아직 14쪽을 읽는 중인데 시간이 너무 오래 걸려요.

아빠 독후감 제출이 언제지?

애런 다음 주 금요일이요.

아빠 그럼. 이제 9일 남은 게로구나, 맞지?

애런 아홉 달이 남았어도 마찬가지라고요!

아빠 이 책은 총 몇 쪽이니?

애런 243쪽인데, 두 쪽은 그림이에요.

아빠 그래, 만약 이걸 오늘 밤 안으로 다 읽어야 한다면 그건 문제가 되겠지! 하지만 선생님 말씀으론 20분 정도면 대충 20쪽을 읽을 수 있을 거라고 하는데, 그렇지? 그래서 선생님이 매일 밤 20분씩 읽으라고 한 거고.

애런 저도 알아요, 아빠. 그렇게 했으면 진작 다 읽었을 거고 독후감도 다 썼겠죠…….

아빠 잠깐만 아들, 비난하려는 게 아냐. 아빠가 말하려고 한 건 저녁 먹은 뒤에 방해받지 않고 30~35분 정도 책을 읽으면, 33~35쪽가량 읽을 수 있고 7일 만에 끝낼 수 있다는 거지. 그럼 독후감 쓸 이틀이 남는 거고.

애런 [웃으며] 계산 잘하시네요, 아빠! 하지만 딱 35분만 읽는다고요?

아빠 35분은 뭔가에 네가 진짜 빠져든다면 그렇게 오랜 시간은 아니지. 우리가 여기서 저녁을 먹은 시간과 비슷하단다. 아빠가 제안을 하나 할게.

저녁을 먹은 후, 40분 동안 너하고 내가 동굴 모드로 들어가서 책을 읽는 거다. 우리 둘만! TV도 핸드폰도 없이 문 딱 닫고 소파에 앉아서 책만 보는 거야.

애런 그래 주실 거예요?

아빠 물론이지! 아빠는 책 읽는 거 좋아해, 애런. 평소엔 해야 할 일들이 많아서 시간을 못 낼 뿐이지. 엄마가 킨들에 사 놓은 새 미스터리 소설이 있는데, 그걸 읽을 시간이 생겼구나. 우리, 합의한 거다?

애런 네, 그런 것 같아요. 나쁘지 않네요.

아빠 아빠는 지금 보이는 것 같구나. 네가 앞장에 큼지막한 A와 함께 "잘했어요, 애런!"라고 쓰여 있는 독후감을 들고 집에 오는 모습이 말이야.

애런 [신음소리를 내지만 미소 지으면서] 설마요!

애런의 아빠는 다음과 같이 애런이 현실적인 목표를 정하는 걸 도왔다.

- ✓ 애런에게 중요하다 — 책을 읽고 독후감 쓰기.
- ✓ 시간이 정해져 있다 — 9일.
- ✓ 작은 단계들로 쪼갰다 — 하룻밤에 35~40분씩.
- ✓ 측정할 수 있는 단기적 결과물을 내 놨다 — 하룻밤에 33~35쪽씩.
- ✓ 목표를 이뤘을 때의 시각적 이미지를 활용했다 — A와 선생님의 칭찬이 적힌 독후감.
- ✓ 달성 가능한 결과를 정했다 — 독후감을 쓸 이틀을 남기고 책 다 읽기.

:: **저자의 한마디**

아이의 학업 목표가 얼마나 강력한 효과를 발휘할 수 있는지를 우리는 살펴봤다. 우등생으로 고등학교를 졸업하고 대학에 가겠다는 목표를 가진 아이들에게서 나타난 변화는 이러했다.

- 60퍼센트가 성적이 올랐으며,
- 40퍼센트가 정서적 문제가 줄어들었다.

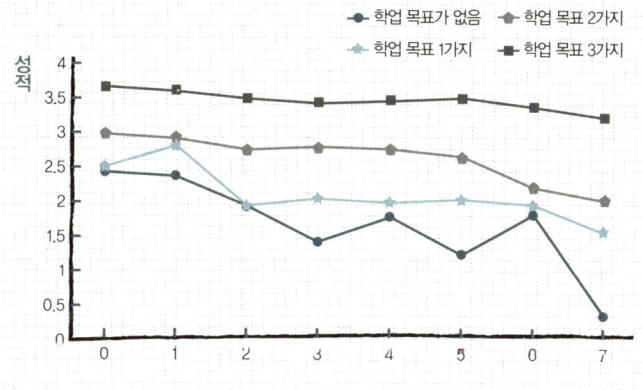

Learning
Habit

05

효율적 대화 습관

원하는 바를
어떻게
표현할 것인가

"우리가 소통하는 방법을 바꾸면, 사회가 변한다."

_ 클레이 셔키(Clay Shirky), 작가, 인터넷 기술 전문가

사람들이 처음 전화기를 접하게 됐을 때 얼마나 이상한 기분이 들었을지, 지금으로선 감히 상상조차 하기 힘들다. 직접 마주 보지 않고도 누군가와 대화를 할 수 있다는 건 분명히 쉽게 받아들이기 힘든 아이디어였을 것이다. 실제로, 그것은 우리 사회를 바꿔 놓았다. 아마도 당신이 1950년대의 다이얼식 전화기를 2014년 아이들에게 보여 준다면, 아이들은 대부분 그것이 뭐하는 물건인지 알지 못할 것이다.

인생에서 겪은 가장 중대 사건에 대해 이야기하게 된다면, 1960년대 이전에 태어난 사람들은 "케네디 대통령이 암살당했다는 소식을 들었을 때 당신은 어디에 있었나요?" 하고 물을 것이다. 요즘의 뉴요커들은 "2003년 대정전 blackout(미국 북동부와 중서부, 그리고 캐나다 온타리오 주에 걸쳐 일어난 대규모 정전 사태_옮긴이) 사건 때 당신은 어디에 있었나요?" 하고 물을 것이다.

나는 처음 이메일에 대해 들었을 때를 생생하게 기억하고 있다. 한 저널리스트가 내게 이메일에 대해 말했을 때, 나는 그가 도통 무슨 소리를 하고 있는지 몰라 꽤나 당황했었다!

빠르게 통신할 수 있는 지금 이 시대는 실로 놀랍다. 하지만 더욱 놀라운 점은 타인과 직접적으로 소통하는 인간의 능력이 오히려 약화되어 가고 있다는 점이다. 만약 이 점이 의심스럽다면, 아무 유치원 교사나 붙잡고 물어보라.

아이들은 미디어를 통해 소통할 수 있지만, 정작 대부분의 어른들이 당연하게 여기는 능력─대화를 시작하고, 도움을 청하고, 눈을 맞추고, 감정을 전하고, 상호 소통하는─은 점점 부족해지고 있다.

대화의 기술을 익혀야 한다

검은 후드와 회색 티셔츠를 입고 땀을 줄줄 흘리는 붉은 얼굴의 한 젊은이가 영 불편한 기색으로 방 안을 초조하게 둘러본다. 질문에 대한 그의 답은 추상적이고 산만하며, 핵심에 다가가지 못한다. FBI가 범인을 심문하는 장면일까?

아니, 이 남자는 페이스북 창립자 마크 주커버그Mark Zuckerberg로, 유명 저널리스트들이 페이스북의 개인정보 보호정책에 대해 그를 인터뷰하는 중이다.[주1] 이 인터뷰에서, 주커버그가 60초간 답한 내용은 많은 사람들로부터 뻔뻔하고 오만하다는 평을 들었다. 혹자는 그가 과연 소통의 기술을 제대로 갖춘 사람인지 의심하기도 했다. 주커버그는 "사람들의 프라이버시에는 관심 없다"는 진술로 3억 5,000만 페이스북 유저들의 거센 분노를 불러일으킨 것이다. 어이쿠!

교훈 1 대화의 기술을 배우지 못하면, 아무리 부자거나 유명하더라도 결국에는 큰 곤란을 겪을 수 있다.

주커버그의 망신은 우리가 얼굴을 마주 보는 대화를 피할 수 없다는 사실을 일깨워 준다. 물론 세계 최대 소셜 네트워크의 창립자가 아주 기본적인 대화의 기술조차 배우지 못했다는 사실은 아이러니지만!

주커버그는 그 혹평으로부터 위신을 되찾기 위해 어떻게 했을까? 그는 세상과 효과적으로 소통하는 법을 배우기 위해 미디어 전문가를 고용했다. 그 후 주커버그의 인터뷰에 대해서 미국의 언론들은 주커버그가 훨씬 더 '호감이고 사교적으로 보였다'고 평했다. 주커버그는 또 다른 중요한 교훈을 얻었을 것이다.

교훈 2 검증보다는 개선이 우선이다.

클라리티 미디어 그룹의 빌 맥고완 CEO는 "그는 이제 스토리텔링을 통해 페이스북의 비전이 어떻게 진화하고 있는지를 전달할 수 있는 능력을 갖췄습니다"라고 말했다. 맥고완은 주커버그를 포함해 페이스북 임원들 수십 명의 미디어 대응 교육을 담당했다. 미디어가 정말 메시지를 전하는 창구라면, 강력한 대화의 기술은 그 매개물인 것이다.

교훈 3 효과적인 대화의 기술은 CEO뿐 아니라 어린아이에게도 중요하다.

'존중 대화법'이란 무엇일까

미스터리 소설가 루이즈 페니는 「가마슈 경감」 시리즈에서, 지혜가 필요할 때 가마슈 경감이 사용하는 네 가지 표현들을 다음과 같이 전하고 있다.

미안합니다. 내가 틀렸어요. 도움이 필요해요. 잘 모르겠어요.[주2]

굉장히 쉬운 말들이다. 그렇지 않은가? 그런데 대체 왜 우리들은 이렇게 말하는 걸 어려워할까?

고등학교 교사로 일했을 당시, 나는 학생들이 어떤 감정을 느끼고, 내게 원하는 게 무엇인지를 명확하고 간결하게 말할 수 있도록 하는 데 상당한 시간을 들여야 했다. 전문 상담가가 되었을 때, 나는 처음으로 어른들과 일하게 되었는데, 어른들 역시 아이들과 마찬가지로 감정을 분명히 표현하지 못하는 점을 알고 놀랐다. 어른들도 자주 자신이 어떤 감정을 느끼고 있는지, 그래도 되는지조차 제대로 모르고 있어서, 한 세 배는 더 어렵게 만들곤 했던 것이다!

사람들은 "지금 전 이런 기분인데요……"라고 잘 말하지 않는다. 어른들, 특히 남성의 경우, 자신의 감정에 대해 말하는 걸 쑥스럽고 부적절하고 약해 빠져 보인다고 여긴다. 하지만 자신의 감정을 파악하고 표현하는 일은 효과적인 의사소통에서 빼 놓을 수 없는 요소다.

식탁에서 흔히 볼 수 있는 두 사례를 살펴보자.

1. **샌디가 언니 레아에게** "언니는 항상 내가 말할 때 끼어들어! 아주 못됐어!"
2. **샌디가 언니 로이스에게** "언니가 내가 말할 때 끼어들면, 나는 상처받고 화가 나. 그럼 난 내가 바보가 된 기분이 들어. 가끔은 내가 그냥 말하게 놔뒀으면 좋겠어."

첫 번째 사례에서, 샌디는 언니를 비난하고 있다. 못됐다고 하면서 공격한다. 즉, 샌디는 공격적이다. "항상 끼어들어"라고 말하는 순간, 이미 레아는 동생의 말을 듣지 않을 것이다. 자신이 공격받고 있으니 방어하면서 반격할 준비를 해야 한다.

1. 레아가 샌디에게 "그래? 네가 하는 말이 조금이라도 재미있으면 사람들이 들어 줄 텐데 말이지!"

이런 식의 대화에서는 아무 일도 되지 않는다. 험담을 하고, 언성을 높이고, 비난하고, "넌 항상 그래"나 "넌 절대 안 그래" 식으로 말하면 사람들은 듣기를 멈춰 버린다.

두 번째 사례에서 샌디는 비난하거나 공격하지 않는다. 자신이 어떤 기분인지를 말한다. 그러고 난 다음, 어떻게 해 주면 좋을지 자신의 바람을 간결하게 전한다. 로이스는 방어나 반격을 할 필요가 없다. 싸움이 아니기 때문이다.

"내 감정은 이렇다"고 말을 시작하면, 사람들은 귀를 연다. 자주 있는 일이 아니기 때문에 무슨 말인지 들으려 한다. 감정 진술은 흥미롭고, 서술적이며, 비위협적이다. 청자listener가 아닌 화자speaker의 감정을 서술한다. 서로를 존중하여 상대의 말을 듣게 되는 기회가 왔음을 의미한다. 방어해야 할 공격 자체가 없으므로, 굳이 방어할 것도 없다. 단지 감정에 대해 진술하는 것만으로도 충분히 상황이 해결되는 경우가 많다.[주3]

1. 로이스가 동생 샌디에게 "네가 그런 기분일지 몰랐어. 네 감정을 상하게 하려던 건 아니야. 그리고 네가 바보라고 생각하지도 않아, 보통은 말이야. [웃으며] 네가 바보 같다고 느끼는 건 원치 않아. 얘기해 봐. 끼어들지 않을게."

이것이 바로 존중하는 어른의 대화법이다. 우리는 이 기술을 아이들에게 가르쳐 상당한 성공을 거두었다.

'존중 대화법'을 어떻게 활용할 것인가

인간에 대한 어떤 것이든 진술할 수 있고, 또 진술할 수 있는 거라면 처리할 수 있다. 우리가 자신의 감정에 대해 말하면 압박감도 덜고, 화도 덜 내고, 두려움도 줄일 수 있다. 믿는 사람에게 중요한 사실을 전하면 고립감을 더는 데 도움이 된다.

_프레드 로저스(Fred Rogers), 교육자, 목사, 작곡가, 작가, TV 프로그램 진행자

자신의 이름을 반 어린이 프로그램에서 진행자 프레드 로저스는 셔츠와 넥타이 차림이지만 가디건을 걸치고 따스한 미소를 지으며 편안한 느낌을 주었다. 항상 아이들에게 친절하며 환대하는 어투로 이야기했으며 아이들이 존중받고 이해받고 있다는 느낌이 들게 했다. 아이들을 내려다보며 말하지 않았고, 무엇을 해야만 한다는 식으로 말하지도 않았다. 이렇듯 차분하고 존중하는 태도로, 아이들이 감정을 말하도록 하는 데 중점을 둔 것이 그의 프로그램이 40년간 인기리에 방영될 수 있었던 비결이다.

존중 대화법은 간단하지만 그렇다고 쉽지는 않다. 감정 진술에는 기분 나쁨, 행복함, 불안함, 슬픔, 화남, 배고픔, 피곤함, 두려움, 멍청함, 외로움, 무시당함, 자랑스러움 같은 감정들이 표현된다.

하지만 당신이 "내 기분은……" 하고 말하는 순간에 시끄러운 경고음처럼 상대의 날선 반응이 나올 때도 있다. 그건 당신이 감정이 아니라 당신의 생각, 아마도 비난이나 지적을 표현하려 했기 때문이다. 감정 진술에 '너'란 단어가 따라 나올 때가 아주 많다. 그러면 존중하는 대화는 끝나고, 논쟁이 시작되는 것이다.

아동 상담 그룹에서, 우리는 작은 실험을 해 봤다. 자신의 감정을 표현하는 자체가 훌륭한 일이기 때문에, 우리는 아이들이 감정이란 개념에 익숙해지길 바랐다. 우리는 아이들에게 감정과 연관있는 단어들을 생각나는 대로 적어 보라고 했다. 8세 아동들로 이루어진 두 그룹이 적은 리스트를 보자.

화남	겁남	혼란스러움	존중받음	운좋음
슬픔	부끄러움	괴롭힘을 당함	무기력함	분노함
배고픔	불안함	궁금함	망신스러움	환영받음
피곤함	건강함	변변찮음	바보같음	감사함
우울함	짜증남	성남	깔끔함	주눅듦
기분나쁨	당황스러움	지겨움	들뜸	바보같음
위험함	흥분됨	몸이 불편함	무시당함	용감함
성공적임	바라는 게 있음	똑똑함	필요함	편안함
눈에 띄지 않음	중요하지 않음	이기적임	혼자임	상처받음
자랑스러움	목마름	못됐음	행복함	아름다움 / 멋짐

우리는 감정에 대한 표현 중 집에서 쓰기 편한 말이 어떤 것인지 물었다. 위의 표에서 굵은 글씨에 음영처리된 것이 그 단어들이다. 보다시피, 아이들은 자신의 신체적 상태(배고픔, 피곤함, 목마름, 몸이 불편함, 건강함)와 순전히 감정적인 것(화남, 행복함, 감사함, 분노함, 바보 같음, 흥분됨, 혼란스러움, 짜증남, 편안함, 똑똑함)과 관련된 단어를 집에서 자주 쓴다고 했다.

'두려움'도 말했는데, 그건 공포 영화, 뱀파이어, 유령, 악마 등에 대해 느끼는 감정을 말할 때 쓰는 단어라고 했다. 아이들은 자신들이 절대 실패, 조롱, 약점에 대한 지적을 '두려워'하는 게 아니라는 점을 우리 연구진이 알아주길 바랐다.

그런 다음 학교나 친구들과 있을 때 쓰기 편한 표현을 물었다.

화남	겁남	혼란스러움	존중받음	운좋음
슬픔	부끄러움	괴롭힘을 당함	무기력함	격노함
배고픔	**불안함**	궁금함	망신스러움	환영받음
피곤함	건강함	번번찮음	바보같음	감시함
우울함	**짜증남**	성남	깔끔함	주눅듦
기분나쁨	당황스러움	지겨움	들뜸	바보같음
위험함	흥분됨	**몸이 불편함**	무시당함	용감함
성공적임	바라는 게 있음	**똑똑함**	필요함	편안함
눈에 띄지 않음	중요하지 않음	이기적임	혼자임	상처받음
자랑스러움	**목마름**	못됐음	**행복함**	아름다움 / 멋짐

위의 표에서 굵은 글씨에 음영처리된 것이 그 단어들이다. 다시

금, 아이들은 자신의 신체적 상태에 대해 말하는 게 괜찮다고 했다. 몸의 불편함을 말하는 건 양호실에 가거나 집에 가게 될 수도 있으니까 괜찮고, 때로 누군가 자신을 괴롭힐 때는 짜증 난다고 말하는 것도 괜찮다고 했다. 또 특정한 무언가에 대해, 좋은 성적이나 특별한 일, 혹은 새 비디오 게임처럼 새로 얻게 된 것 덕분에 행복하다고 말하는 것도 괜찮다고 했다. "나는 똑똑하다고 느껴"라고 말하는 게 괜찮다는 아이도 일부 있었지만, 대부분은 학교에서나 친구들 사이에서 그런 말은 쓰지 않는다고 했다. 굳이 놀림감이 되거나 친구들보다 잘나 보이려고 작정하지 않은 이상.

우리가 여기서 쓰기 편한 말을 골라 보라고 하니, 아이들은 리스트의 표현들 중 일부 예외를 제외하고는, 거의 대부분을 골랐다. 이 예외들은, "내가 느끼는 감정은 아니지만, 어떤 아이들은 이렇게 느낄 거라는 걸 안다"는 의미였다. 아래의 단어들이 그 예외들이다.

화남	**겁남**	혼란스러움	존중받음	운좋음
슬픔	**부끄러움**	괴롭힘을 당함	무기력함	격노함
배고픔	불안함	궁금함	**망신스러움**	환영받음
피곤함	건강함	변변찮음	바보같음	감사함
우울함	짜증남	성남	깔끔함	주눅듦
기분나쁨	**당황스러움**	지겨움	들뜸	바보같음
위험함	흥분됨	몸이 불편함	**무시당함**	**용감함**
성공적임	바라는 게 있음	똑똑함	필요함	편안함
눈에 띄지 않음	**중요하지 않음**	이기적임	**혼자임**	**상처받음**
자랑스러움	목마름	못됐음	행복함	아름다움/멋짐

아이들 중 누구도 고르지 않은 '아름다움/ 멋짐'을 제외하고, 다른 감정들은 일종의 약점을 보여 준다는 점에 주목하자. 자랑스러움이나 용감함조차도, 다른 아이들로부터 놀림을 당할 수 있다는 점에서 아이들이 감정에 상처를 입을 수 있는 표현이다.

신뢰가 깊게 쌓이자 아이들은 '숨겨진 감정들'을 점차 표현하기 시작했다. 아이들이 말하기 껄끄러운 부분을 포함한 자신의 감정 전부를 부모, 교사, 친구들에게 털어놓아도 안전하다고 느낄 때 가능했다.

"내 말을 들어 줬으면 해……."

나는 최근에 한 유치원을 방문해서 네 살배기 빌리와 엄마가 대화를 나누는 것을 들은 적이 있다.

빌리 난 조시가 싫어! 걔는 못됐어!
엄마 넌 조시를 싫어하지 않아, 그렇게 말하면 안 돼요. 그리고 조시는 너랑 친한 친구잖니!
빌리 [울면서] 정말 걔가 싫다고! 못됐어. 그리고 엄마도 싫어!

이 대화의 문제는 빌리가 자신의 고통스러운 감정을 어떻게 표현해야 할지를 모른다는 점이다. 빌리는 조시가 '싫다'고 느낀 순간,

대화를 통해 엄마에게 이런 것들을 바랐다.

- ✓ 자신의 감정을 들어주고 이해해 줬으면.
- ✓ 도와줬으면.
- ✓ 위로해 줬으면.

하지만 엄마의 대응은 오히려 빌리의 입을 다물게 하고 만 셈이 됐다.

어떤 부모들은 '말이란 마법 같아서 부정적인 표현은 아이들이 나쁜 행동을 하도록 이끄는 문 같은 역할을 한다'고 생각한다. 사실은 그 반대다. 아이들이 자신의 부정적인 감정에 대해 말하는 것이 허용되고 그 말을 이해하는 어른과 함께할 때, 나쁜 행동을 할 가능성이 훨씬 줄어든다.

'행동화'란 사람들이 다음의 경우에, 자신의 감정을 말 대신 행동으로 나타내는 것을 의미한다.

- ✓ 자신의 감정을 표현할 적당한 말이 없을 때.
- ✓ 할 말은 있지만, 그걸 말하는 게 허용되지 않을 때.

우리 아이들이 화가 나거나 상처를 받았을 때, 최선의 대처는 '그냥 들어 주는 것'이다. 당신의 아이디어를 가로채 자신의 것인 양 행동한 동료 때문에 화가 머리 끝까지 나서 퇴근한 당신에게, 다음과 같은 상황이 벌어진다면 어떤 기분이 들까?

> **당신** 킴벌리를 죽여 버리고 싶어! 그 거짓말쟁이 마녀가 내 제안서를 훔쳐서 멍청이 부장 라스롭에게 줬는데, 그는 또 정말 킴벌리가 한 줄 믿어 버렸다고!
>
> **당신의 배우자** 사람을 죽인다거나 다른 사람을 욕하는 건 이 집에선 안 돼. 정말 그러고 싶은 건 아니잖아. 당신 킴벌리를 좋아하잖아. 라스롭 부장도 그동안 당신에게 잘해 줬고.

자, 이러면 아마도 당신의 배우자에게까지 불편한 감정이 생겨 버릴 것이다! 당신도, 빌리도, 원래 의도한 반응을 얻지 못했다. 안타깝게도 사랑스럽고 든든한 배우자나 엄마가 되어 준 게 아니라 나쁜 말을 하면 안 된다는 소리를 듣고 말았다. 당신의 감정이 무시되고, 한 술 더 떠 부정되고 정정되었다는 느낌에 더욱 화나고 상처받았을 것이다. 이런 식으로는 대화가 무사히 끝나지도, 쉽게 끝나지도 않는다

말이 아니라, 음악을 들어라

> 대화에서 가장 중요한 것은 말해지지 않은 것을 듣는 일이다.
> _ 피터 드러커(Peter Drucker), 경영 컨설턴트, 교육자, 저술가

아이들이 말을 하거나 행동을 보일 때는, 표현되지 않는 근원적 감정을 숨기고 있는 경우가 종종 있다. '음악을 듣는다'는 것은 이때 중요하다. 아이들이 표현하기 어려운 감정에 대해 말하도록 돕는 게 목적이다. 네 살 빌리가 한 말을 다시 보자.

빌리 난 조시가 싫어! 걔는 못됐어!

만약 엄마가 빌리의 말이 아니라 드러나지 않는 '음악'에 귀를 기울인다면, 아마 아주 다른 양상이 되었을 것이다.

엄마 저런, 너 화가 많이 났구나.
빌리 나 화났어! 조시한테 화 많이 났어! 걘 바보야.
엄마 그렇게 말하고 싶어? 조시가 너한테 상처를 줬나 보네.
빌리 [울면서] 응, 걔가 날 아프게 했어. 대장이 돼서 팀을 뽑는데 날 안 뽑았다고!
엄마 [안아주며] 안됐구나, 아가. 그래서 네가 화나고 슬펐구나.
빌리 [울음을 멈추고] 응, 나 슬퍼. 조시가 멍청하게 굴었어. 오늘 나 야구 하고 놀아?

'음악에 귀를 기울인' 결과, 빌리의 엄마는 빌리의 진짜 감정을 끄집어냈다. 빌리는 친구에게 배신당했다는 생각에 자신의 말을 검열하지 않고 느낀 그대로, 그저 뱉어 내고 싶었던 것이다. 엄마가 자신의 말에 귀를 기울여 줬다는 걸 알자 문제는 끝났고, 다른 일을 찾았다.

부모가 자녀의 감정 표현에 대해 잘 들어주는 거울처럼 행동할 때, 비로소 아이는 위안받게 될 것임을 알고 소통할 수 있다. 아이는 분노나 죄책감을 느끼지 않게 되고, 어떻게 했어야 된다거나 어떤 감정이 옳다거나 혹은 앞으로 어떻게 해야 한다는 '조언'을 듣지도 않게 되고, 자신의 감정보다 부모의 감정을 우선 고려하지 않아도 된다.

타인이 들을 수 있도록
말하는 법을 가르쳐라

몰리(12세)는 6학년이다. 방금 내년에 우등생 학급으로 배정됐다는 사실을 알게 됐다.

몰리 학교가 싫어! 다 멍청이들이야!

아빠 와! 뭔가 끔찍한 일이 벌어진 게 틀림없구나.

몰리 맞아! 나 내년에 우수반에 들어가야 한대.

아빠 오. 그건 좋은 소식 같은데, 얘야. 축하한다? 그런데…… 너한테는 그리 좋은 소식은 아닌가 본데?

몰리 그 반엔 다 멍청이들뿐이라고!

아빠 음……, 멍청이들?

몰리 내 진짜 친구들은 다 보통반이야. 나도 보통반에 있고 싶어.

아빠 아, 그렇구나……. 친구들과 헤어지게 됐구나? 같은 반 애들은 전부 새로 보는 애들이고?

몰리 맞아! 나 못하면 어떻게 해? 그 멍청이들이 날 싫어하면? 그러니까 내가 걔들이 싫으면 말야.

아빠 그래, 새 친구들을 못 사귈까 봐 걱정하는 거구나?

몰리 맞아! 친구들이 전부 "쟤는 자기가 되게 똑똑한 줄 아나 봐! 우리한테는 안 어울려"라고 하면 어떡하지? 캐시가 날 잊어버리면? 그러니까 원래 친구들한테는 너무 잘났고, 새 아이들한테는 충분히 잘나지 못하다면?

아빠 그게 큰 문제가 될지 한번 생각해 볼게. 아빠 생각엔 캐시가 널 잊어버리는 일은 절대 일어나지 않을 것 같은데. 몰리, 뭐 하나 물어보자.

몰리 뭐, 아빠?

아빠 선생님들이 네가 우수반에 들어갈 만하다고 생각한다는 사실에 대해, 너의 아주아주 작은 일부분이라도 자랑스럽게 느끼는 점은 없니?

몰리 잘 모르겠어…….

아빠 우리 딸, 너 자신을 자랑스러워해도 괜찮아. 이렇게 말해도 된다고. "아우, 잘났어. 역시 나야!"

몰리 [킬킬대며] 아빠도 참!

아빠 아빤 진지해! 넌 올해 참 열심히 공부했잖아, 몰리. "역시 나야!"라고 한들 과한 게 아니라고 생각해. 스스로에게 자부심을 느끼는 것도 중요하단다. 선생님들이 분명히 네가 열심히 공부한 걸 알아본 거지. 네가 그럴 자격이 없다고 생각했으면 널 우수반에 추천하지도 않았을 거야.

몰리 아빤 내가 그럴 자격이 있다고 생각해?

아빠 그럼 물론. 그리고 아빠는 네가 자랑스럽구나. 네 노력이 보상받은 거야. 애야, 변화가 있을 테지만 넌 잘 해낼 거야, 분명히.

몰리 고마워, 아빠. 우리 나가서 아이스크림 사 먹을까? 음……. 축하하러? 캐시를 불러도 되지?

몰리의 아빠는 훌륭한 '청자'이자, 직관력 있고 뛰어난 커뮤니케이터다. 자녀의 자율성을 키우는 부모가 되어 딸의 감정에 다가갔다. 어떻게 느껴야 한다고 일러 주거나, 기존 친구들과의 우정을 이렇게 강화해야 하는지 알려 주지도 않았고, 그 '멍청이들'에게 마음을 열어 보라고 충고하지도 않았다.

단지 몰리가 혼란스러운 상황에서도 스스로 자신의 감정을 정리하도록 도와 주었다. 대개의 부모들은 아마 이런 장면에서 우수반에 뽑힌 걸 '승리'라고 여기고, 아이의 두려움을 비웃어 버렸을 것이다.

몰리는 앞으로도 이 문제에 대해 틀림없이 아빠와 더 많은 대화를 나누려 할 것이고, 아빠에게 조언을 청하면 사려 깊은 대답을 듣게 될 것이다. 하지만, 오직 몰리가 청할 때만 그렇다! 작가 헌터 톰슨이 말했듯이, 현명한 이에게 조언은 화를 돋울 뿐이다.

자녀를 사랑하는 부모들은 자녀의 감정에 공감한다. 말 그대로, 자녀의 고통을 느낄 수 있다. 하지만 상처받은 자녀에게 줄 수 있는 가장 큰 선물은, 너무 감정적으로 개입하려 들지 말고 그저 들어 주는 것이다. 아이들은 감정이 섞인 상대에 대한 진술 속에 더 깊은 메시지 ―나 상처받았어. 나 이해가 안 돼. 도움이 필요해―를 숨기곤 하기 때문이다.

우리가 진실로 귀를 기울일 때, 즉 말 속에 숨은 음악을 들을 때, 자녀가 스스로 슬프거나 상처받았거나 두렵거나 한심하게 느껴진다고 말하게끔 할 수 있을 때, 바로 아이들에게 효과적인 대화의 가장 첫 번째 단계를 가르치고 있는 것이다. '타인이 들을 수 있도록 말하는 법'을 말이다.

"내가 바라는 건 이거야!"

추측은 관계에 있어서는 해충과도 같다.
_헨리 윙클러(Henry Winkler), 배우

이제 다음 단계는 '어떤 일이 일어났으면 하고 바라는지를 분명히 말하는 법'에 대한 것이다. 바란다, 원한다, 원하지 않는다, 필요하다, 네가 그렇지 않았으면 한다 등의 표현은 여러 가지로 다를 수 있지만 상관없다. 듣는 사람이 당신이 무슨 말을 하려 하는 건지 추측할 필요가 없게만 한다면. 심지어 아주 어린 아이도 효과적으로 소통하는 법을 배울 수 있다.

난 상처받았어

박스터(7세)는 공처럼 통통 튀는 아이다. 주의력결핍장애로 상담과 약물 치료를 받고 있다. 약을 먹는 걸 깜빡했을 때도, 비언어적 신호에 집중하는 게 도움이 된다. 우리는 박스터의 상담 그룹에서 그 신호를 사용했고, 박스터의 엄마에게도 집에서 사용하는 법을 알려 주었다.

박스터는 학습 장애가 깊어서 자존감이 꽤 낮은 상태다. 학업에 어려움을 겪는 것 때문에 고통 받는 많은 아이들이 그렇듯, 박스터도 공부가 아닌 자신의 다른 장점을 과장하려는 경향을 보이고, 허풍을 떠는 데서 위안을 받는다. 그건 다른 아이들뿐 아니라 어른도 참아 주기 어려운 행동이다.

박스터의 치료 그룹에는 남자아이 둘이 더 있다. 우리는 종종 그 그룹에서 탁상 축구를 하는데, 7세 아이들이 에너지를 발산하는 데 좋은 분출구가 된다. 탁상 축구는 눈과 손의 상호 조정을 개발하는 좋은 도구일 뿐 아니라 스포츠맨 정신을 기르고 규칙을 지키고 충실한 팀원이 되는 데도 좋다. 이 모두가 친구를 사귀는 사교성을 익히는 데 중요한 부분이다.

박스터의 문제는 다른 아이들에게 이 게임을 "어떻게 하라"고 말하지 않고는 못 배긴다는 점이었다. 왜냐하면 "내가 제일 잘하니까. 나는 프로 탁상 축구 선수거든"이라고 생각하기 때문이다.

어느 토요일 아침, 아이들과 즐겁게 탁상 축구를 즐기고 있을 때 박스터가 마뉴엘에게 말했다. "너 어떻게 그걸 놓쳐? 이렇게 막았어야지. 나랑 바꾸자. 내가 수비를 맡을래." 이 말을 들은 마뉴엘은 울지 않으려 애쓰는 듯했다. 방금 전까지만 해도 기쁨으로 빛나던 작은 얼굴을 푹 숙였다.

난 게임을 중단시켰고, 우리는 모두 둘러앉았다. 나는 마뉴엘에게 지금 어떤 기분이 드는지 물었다. 작은 소리로 "화나요"라고 답했다. 다시 마뉴엘에게 박스터가 그렇게 말했을 때, 어떤 기분이 들었는지를 묻자, 정말 작은 소리로 답했다. "화나고…… 그리고…… 상처를 받았어요."

나는 마뉴엘에게 의자를 돌려 박스터를 바라본 다음, 박스터에게 자신이 어떤 기분이었는지, 원하는 게 뭔지를 말하라고 주문했다. 내가 아이에게 너무 힘든 일을 시키고 있다는 걸 알고 있었지만, 그래야 할 필요가 있었고, 박스터도 그 이야기를 들어야 했다.

마뉴엘은 나를 바라봤고, 나는 미소를 지으며 고개를 끄덕여 보였다. 마뉴엘은 의자를 돌려 박스터와 눈을 맞췄다. 그리고 말했다. "나는 네가 그렇게 말해서 상처받고 화났어. 네가 앞으로는 그렇게 하지 않길 바랄게." 박스터는 꽤나 충격 받은 듯했다. 이윽고 입을 열었다. "미안해. 나도 기분이 안 좋아. 널 기분 나쁘게 하고 싶지는 않았어. 다시는 안 그럴 거라고 약속할게." 박스터의 말은 진심으로 들렸다.

지금은 기분이 어떠냐고 묻자, 마뉴엘이 웃으며 답했다. "한결 나아졌어요." 박스터도 "저도요" 하며 동조했다. 마뉴엘이 손을 내밀었고 둘은 악수했다. 박스터는 예의 그 열정으로 "그럼 이제 다시 게임할까?" 하고 물었다. 둘 다 웃음을 터뜨렸다.

치료가 끝날 때, 나는 두 아이에게 모두 용감하다고 칭찬했다. 나는 자신의 감정에 대해, 특히 "나 상처받았어", "미안해"라고 말하는 데는 용기가 필요하다는 점을 설명해 주었다.

또 이 상황을 지켜 보고 있던 피트에게도 끝까지 박스터와 마뉴엘의 대화에 집중한 인내심을 칭찬해 주었다. 아이들이 부모와 함께 떠난 후, 누군가가 대기실 문을 노크하는 소리가 들렸다. "들어오세요"라고 하니 마뉴엘이 달려와 나를 껴안고는 내 귀에 속삭였다. "고맙습니다."

그날 이후 박스터의 행동은 눈에 띄게 달라졌다. 친절해졌고, 다른 아이를 칭찬하고, "고맙다"란 말을 하기 시작했다. 여전히 허풍을 떨었으나, 훨씬 줄어들었다. 존중 대화법이 주는 보상은 서로가 존중받는다는 느낌을 갖게 한다는 점이다.

존중 대화법은 다른 아이들보다 이 치료 그룹에 신참인 피트에게도 영향을 미쳤다. 이때까지 개인적인 일에 대해선 입을 다무는 편이었던 피트는 자신의 감정에 대해 말해도 안전하다는 점과, 우리가 자신의 말을 존중하며 들어 줄 것이라는 점을 배우게 됐다. 그날 이후로 피트도 이 그룹의 활동적인 일원이 되었다.

대화의 기술이란 보낸 메시지가 받은 메시지가 될 때[주4]

이 장의 앞부분에서 다룬 주커버그의 인터뷰에서, 그가 한 말—페이스북 사용자들의 프라이버시에 대해 신경 쓰지 않는다—이 정말 주커버그가 전하려던 말인지 나는 의심스럽다. 그럼에도 불구하고 그의 의도가 어떻든 시청자들이 수신한 메시지는 그랬다.

> 커뮤니케이션에서 발생하는 가장 큰 문제는 서로 소통이 잘 됐다고 착각하는 것이다.
> _ 조지 버나드 쇼(George Bernard Shaw), 노벨상 수상자, 아일랜드의 극작가

주커버그의 불운한 인터뷰가 버나드 쇼가 한 말의 실례이기도 하지만, 또한 온라인에서 당신의 아이들에게 벌어지고 있는 일이기도 하다. 여덟아홉 살 아이들부터 10대들에게 커뮤니케이션, 아이디어와 감정의 진실된 교환이란 온라인상의 '관계'에서 벌어지는 것으로 여겨진다. 하지만 사실은 그렇지 않다.

진실로 커뮤니케이션 하는 능력이란 단지 말과 관계된 게 아니다. 그건 다음과 같이 온몸으로 경험을 나누는 일이다.

✓ **바디 랭귀지** 몸의 위치, 눈맞춤, 신체 전체나 일부의 정지 혹은 동작, 표정, 얼굴 근육이나 얼굴색의 변화

- ✓ **목소리** 크기, 억양, 강조, 강도, 사용된 말과 목소리·몸의 조화
- ✓ **속도** 말 사이의 간격과 그 의미, 말이 전달하는 무게와 신중함
- ✓ **단어 선택** 사용한 말이 전하려는 의미와 어울리게 쓰였는가?(예를 들어, "난 괜찮아"란 말이 단지 무관심일까, 아니면 분노, 상처, 친절 중 하나를 의미하는 걸까?)

순식간에 형성될 수 있는 온라인상의 관계가 갖는 문제 중 하나가 바로 이것이다. 아이들은 실제로는 아무것도 모르면서 상대편을 아주 잘 안다고 믿을 수 있다는 점이다. 가상 현실은 진짜 현실이 아니고, 온라인상의 관계 그 자체가 바로 가상假想이다.

메시지를 보낸 사람이 가까운 친구라고 생각해 버린 아이들은 낯선 사람에게는 절대 주지 않을 자신의 주소, 자신과 가족의 개인 정보, 학교, 가계도를 포함한 상세한 정보를 줄 수도 있으며, 심지어 사진도 일상적으로 공유하곤 한다.

부모는 자녀의
커뮤니케이션 파트너가 돼라

부모가 하는 모든 말, 표정, 제스처나 행동은 아이에게 자기 존중감에 대한 메시지가 될 수 있다. 그토록 많은 부모들이

자신이 보내고 있는 메시지에 대해 자각하지 못한다는 점은 슬픈 일이다.

_ 버지니아 사티어(Virginia Satir), 정신과 의사, 저술가

부모들은 자녀의 첫 번째 롤 모델이다. 아이들이 어떻게 말하든 그들은 부모를 보면서 옳은 일에 대해 배운다. 꼭 기억해야 할 점은, 부모가 아이들에게 바라는 학습자의 모습을 부모 스스로가 보여 줘야 한다는 것이 부모가 가진 최대의 숙제란 사실이다. 그래서 부모가 가치 있게 생각하는 습관과 행동을 아이들에게 보여 주고 그렇게 키우는 것이 필요하다.

예를 들어, 부모가 계속 전화하고 문자를 보내는 모습을 보이면 아이들이 과연 부모가 말하는 미디어 관리법을 믿을 수 있을까? 그동안 아이는 엄마와 대화하려 노력하는데 정작 엄마가 그저 고개만 끄덕이며 문자를 보내는 모습을 얼마나 많이 봐 왔던가! "내가 말한 대로 해, 내가 하는 대로 하지는 말고"는 구시대에나 통했지, 이 M^2 세대에게는 먹히지 않는다!

자율 양육을 하는 부모들은 자녀의 목소리를 듣는 일에 적극적이다. 그 자체가 아이들에게 효과적으로 듣고 소통하는 법을 배우게 한다. 그건 기계의 스크린을 통해서는 얻을 수 없다.

자기주장을 펼치고, 친구를 사귀고, 의견을 공유하고, 문제를 해결하기 위해 아이들에게 필요한 기초 단계가 있다. 생활에서 말하고 듣는 법을 배웠을 때에만 아이들의 소통 능력이 발달된다는 점이다.

그래서 아이들의 커뮤니케이션 능력을 계발해 주고자 한다면, 집 안에 미디어로부터 자유로운, 미디어 기기가 없는 공간과 시간이 필요하다.

만약 당신이 누군가와 대화하는 중에 아이들이 끼어드는 걸 원치 않는다면 당신도 애들을 방해하지 말라! 손을 들어 "그만" 하는 제스처를 취하거나 입술에 손가락을 대고 "쉿"이라고 표시하는 등 아이들에게 뭔가 신호를 주고, 손가락으로 몇 분 뒤에 대화가 가능한지 알려 줘라.

만약 반드시 끝내야 하는 대화라면 이렇게 하라. "내 기분은 이런데……, 나는 이렇게 하길 원해" 식의 화법을 이용해 아이에게 타인과 대화하는 데 대한 양해를 구하라. 그럼 아이들은 자신이 중요하며 부모가 자신을 바람맞히지 않을 것을 알게 될 것이다. 나아가 아이의 말을 듣기 시작할 때는, 전화기를 멀리하거나 친구로부터 떨어져라. 만약 작은 아이라면 웅크리고 앉아 아이와 눈을 맞춰도 된다.

무엇보나도, 당신 자녀에게 귀 기울이는 것이 더 중요한 일 아닌가? 커뮤니케이션 영역에서 아이들의 학습 습관을 계발해 줄 수 있을 뿐 아니라, 계속 당신과 소통하고자 하는 아이들의 신뢰까지 얻을 수 있게 될 것이다.

Learning
Habit
06

책임지는 습관
선택에 대해
어떻게
책임질 것인가

> "누구나 자신 스스로 결정을 내려야 한다.
> 나는 여전히 그렇게 믿는다.
> 당신은 다만 불평하지 않고 그 결과를 수용하면 된다."
> _ 그레이스 존스(Grace Jones), 배우, 가수, 모델

조나스(16세)는 한 가지 결정해야 할 게 있다. 조나스의 친가 쪽 식구들은 크리스마스 전 주말에 해마다 크리스마스 파티를 연다. 조나스는 매해 그 파티를 고대해 왔다. 사촌들이 전부 모이고, 맛있는 음식에, 즐거운 게임에, 게다가 크리스마스 선물 교환까지 모두가 대박이디진다. 하지만 올해는 YMCA 수영 대회가 그 주말에 열린다. 조나스의 학교 수영 팀이 참가하는 대회는 아니므로 꼭 참가해야 하는 건 아니다. 하지만 순위대로 참가 자격이 주어지는 대회이고 조나스는 이미 참가 자격을 얻었다. 조나스는 대학에 진학했을 때 운동선수 장학금을 받을 수 있는 가능성을 최대한 높여 놓고 싶다.

선택 크리스마스 파티냐, 수영 대회냐.

매들린(5세)은 산수 숙제를 받았다. 매들린의 엄마는 회의 때문에 집에 늦게 들어올 예정이었다. 평소 매들린은 엄마와 함께 가방을

풀고, 숙제하는 동안 엄마가 곁에 있어 준다. 그런데 오늘은 엄마가 없어서 가방을 풀고 문제지를 꺼내는 대신 매들린은 아빠와 놀았다. 아빠가 자기 전에 매들린이 좋아하는 비디오를 같이 보자고 해서, 매들린은 결정을 내려야 했다.

선택 숙제냐, 비디오냐.

노아(12세)는 나이에 비해 상당히 키가 작았다. 우등생인 노아는 키에 대한 열등감이 있었다. 키가 큰 편인 아빠와 형은 조금만 지나면 키가 확 자랄 거라고 계속 얘기했지만, 노아는 그렇게 되지 않을까 봐 걱정이었다. 엄마와 누나도 굉장히 키가 작았기 때문이다.

장난인 줄은 알지만 학교의 다른 남자애들이 '꼬마'나 '난장이' 따위로 부르는 게 지긋지긋했다. 체육관 사물함의 제일 높은 선반에서 뭔가 꺼내려 할 때마다 누군가 "어이, 꼬마, 사다리라도 갖다 줄까?" 하고 놀렸다. 노아가 거기에 재치 있는 농담으로 받아치면 모두가 웃었다. 다 그의 친구들이고 노아가 곧잘 응수할 수 있다는 사실을 아는 애들이었다.

하지만 하워드는 친구도 아니고 악의 없이 장난을 치는 것도 아니었다. 불량배같이 일부러 노아를 조롱하는 걸 즐겼다. 복도에서 노아 옆을 지날 때는 항상 일부러 부딪치고, 팔꿈치로 찌르고, 책을 떨어뜨리거나 발을 걸었다. 하워드는 정말 노아에게 앙심이라도 품은 사람처럼 굴었는데, 그 이유는 본인만 알 터였다. 그러니 노아는 하워드와 둘만 있지 않기 위해 항상 조심해야 했다.

어느 날 방과 후, 노아는 집에 가다가 영어 교과서를 두고 온 게 생각나, 교과서를 챙기러 다시 사물함으로 가고 있었다. 그런데 거기에 하워드가 있었다. 녀석은 노아를 밀치고 비웃으며, 노아에게 자신을 한 대 쳐 보라며 을러 댔다. 노아는 겁이 났다. 보통은 운동장으로 나가 한 판 붙자고 농을 날리면 모든 게 웃고 끝나곤 했지만, 단둘만 있는 지금은 그런 방법이 통하지 않을 것이다. 노아는 두려움에 울고 싶었다.

하워드는 노아를 사물함 쪽으로 밀어붙이고는 말했다. "어디 한 번 해 보시지, 떠벌이. 지금은 하나도 안 웃기지? 쬐그만 자식아!" 바로 그때 "복도에선 뛰지 마요!" 하는 교감 선생님의 목소리와 여자아이들의 소리가 들렸다.

선택 소리를 질러 도움을 청하느냐, 아무것도 하지 않고 그냥 맞느냐, 하워드를 때리느냐.

이 세 아이들의 사례가 보여 주는 것은 무엇일까?

실패는 성공하는 과정이다

우리가 항상 옳은 결정을 내리지 않으며, 때로는 멋지게 말아먹는다는 점을 받아들일 필요가 있다. 실패가 성공의 반대말이 아니라는 것을 이해하는 것, 그것이 성공의 일부이다.

_ 아리아나 허핑턴(Arianna Huffington), 허핑턴 포스트 편집장

선택의 기회를 주기 위해 자녀가, 결과가 뻔히 좋지 않을 선택을 하는 걸 보고만 있는 것은 부모로서 하기 힘든 일 중 하나이다. 옳든 그르든 자녀가 결정을 통해 배울 수 있게 두는 건 어려운 일이지만, 그래야만 지속력 있는 의사결정 습관이 학습될 수 있다.

일단 아이가 그 기술을 습득하게 되면 보다 만족을 느낄 수 있는 현실적인 결정을 내릴 수 있게 될 것이다. 현실적 결정이란 최악의 상황을 상정해 본 후, 그 결과를 감내하겠다는 의지로부터 나온다. 유명 농구 선수 마이클 조던이 말했듯이, 실수와 실패는 우리가 배움을 통해 궁극적으로는 승리하는 과정이다.

> 나는 내 경력 동안 9,000번의 슛을 실패했다. 나는 거의 300번의 경기에서 졌다. 넣었더라면 경기를 이길 수 있었던 슛도 26번이나 실패했다. 나는 일생 동안 계속해서 실패하고 또 실패해 왔다. 그리고 그것이 내가 성공할 수 있었던 이유다.[주1]

통제할 수 있는 일에 대해 책임져라

아이에게 가장 힘든 일 중 하나는 스스로 통제하는 것, 즉 자기 자신과 자신의 행동에 대해 책임지는 것이다. 선택권이 주어진다는 건 기분 좋지만, 일이 잘 풀리지 않았을 경우 책임을 받아들인다는 건 어렵다. "내가 실수했어", "내가 망쳤어", "내 실수야", "내 잘못이야", "어떻게 보상해야 하지?"라고 말하는 것을 배우는 건 힘든 일이다.

변명하고, 불평등에 대해 불평하고, 남을 탓하는 게 우리의 자연적 본성에 가깝다. "내 알람 시계가 울리지 않았어요!" 혹은 "개가 숙제를 먹어 버렸어요"라고 하는 건 고전적 수법이다. 요새는 "컴퓨터가 고장 났어요"가 새로운 변명거리로 등장했다.

더그 볼드윈 주니어는 스탠포드 대학교 미식축구 팀의 선수였다. 그의 한 가지 소원은 프로 선수가 되는 것이었다. 뛰어난 선수였음에도 그는 스탠포드 대학교에서 첫 3년간 출전할 기회를 거의 얻지 못했다. 그러다 4학년이 되어 그의 태도가 바뀌자, 출전의 기회가 늘어났다.

발목 부상 때문에 저는 선발 출장을 못하고 후보로 강등됐어요. 운동장에 나설 때미다 전 잔뜩 성질을 부렸죠. 화가 났어요. 그렇게 열심히 했는데 통제할 수 없는 부상 때문에 선발에서 밀려나다니!
저는 계속 잘못된 일에 신경 쓰고 있었어요. 화가 나고 심사가 뒤틀렸기 때문에 연습 땐 볼이 손에서 미끄러웠고, 공격은 뻔히 보이고, 수비벽에 쉽게 가로막혔죠.
저는 왜 이런 일이 나한테 일어났는지에 대한 답을 구하고 있었지, 그 상황에서 어떻게 벗어날 수 있을지에 대해선 생각해 보지도 않았어요.

어느 날, 저는 깨달았어요. 제가 통제할 수 없는 일에 대해선 걱정을 그만둬야 한다는 것을! 제가 할 수 있는 일들을 통제해야 했고 그 외의 것들은 알아서 흘러간다는 믿음을 가져야 했던 거죠. 장애물을 극복하고, 저를 방해하지 못하게 하는 일에 신경 쓰게 됐죠.^{주2}

볼드윈의 말은 책임지는 습관을 개발하는 데 꼭 필요한 관점의 완벽한 예라고 할 수 있다. 출전 여부에 관한 감독의 결정 등 자신의 통제 밖에 있는 일들에 대해 걱정하지 않고, 그 대신 실제로 통제할 수 있는 자신에게 책임을 지기 시작하자, 이 뛰어난 운동선수에게 변화가 찾아왔다.

2011년 과학, 기술학, 사회학 학위를 따고 졸업했을 때, 그는 수학, 스페인어 등 여러 분야의 우등생 클럽에 회원으로 가입되어 있었다. 그리고 몇 달 뒤, 그는 자신의 목표를 달성했다. 프로 미식축구팀에 자유계약 선수로 입단하여 프로 선수가 된 것이다.

> 스스로 할 수 있는 것에 대해서만 책임을 지고 그 외에는 손을 뗄 줄 아는 아이가 가장 성공적인 아이다.
> 그리고 부모에게는 이 반대가 적용된다. 자녀가 통제할 수 있는 것에 대해 대신 책임져 주지 않는 부모가 가장 잘 도와주는 부모다.

우리는 앞에서, 똑같은 일을 계속 반복하면서 매번 다른 결과가 나오기를 기대하는 것은 미친 짓이라고 정의 내린 바 있다. 난 여기에 하나의 명제를 더 제안하고자 한다. "당신이 통제하지 못하는 일에 책임을 지려 하는 것은 당신을 미치게 만들 것이다!" 이 명제에 이어지는 말은, "당신이 통제해야 하는 일에 대해 책임을 지지 않는 것은 다른 모든 사람을 미치게 만든다!"

근간은 자율 양육이다

우리는 연구를 통해, 어떤 일이 자신의 책임인지를 이해하도록 도우면 아이들이 스스로 통제감을 갖게 된다는 점을 알게 됐다. 이는 결과가 아니라 학습 자체에 가치를 두는 자율 양육에 부모들이 다시금 주목해야 하는 계기이기도 하다.

첫 번째 단계는 우리의 통제 범위를 이해하는 것이며, 그다음은 한계 내에서 최선을 다하는 것이다. 우리가 원하는 결과를 당장은 달성하지 못하더라도, 궁극적으로는 성공으로 이어지는 학습 습관을 키우게 된다.

이것이 자율 양육하는 부모들이 자녀를 돕는 방식이다. 노력을 장려하고 자녀가 무엇을 통제할 수 있는지 현실을 반영해 논의한다. '나는 내가 생각하고, 말하고, 행동하는 것을 통제한다. 그것들은 다른 누구도 아닌 내 책임이다'라는 점을 아는 것부터가 훌륭한 출발이다.

다니샤와 그레이엄

그레이엄(6세)은 친구인 다니샤와 놀고 있었다. 새로운 색칠 책을 몇 권 가져온 그레이엄의 엄마는 아이들에게 그림을 색칠한 뒤, 냉장고에 붙여 놓으면 어떻겠냐고 제안했다. 두 아이 모두 멋진 생각이라고 했다. 다니샤는 『도라와 디에고』 색칠 책을, 그레이엄은 자신의 영웅 『스파이더맨』 색칠 책을 골랐다.

다니샤는 노래를 흥얼거리며 그림에 집중했다. 하지만 그레이엄은 다니샤가 그림 그리는 것을 쭉 지켜보기만 했다. 그레이엄이 말했다. "사람은 보라색이 아니야. 도라를 보라색으로 칠하면 안 돼. 그건 틀렸어."

다니샤는 그레이엄의 말에 아랑곳하지 않고 색칠을 계속했다. 페이지를 넘기자 원숭이 캐릭터 부츠가 나타났다. 다니샤는 원숭이 머리는 빨갛게, 몸은 파랗게 칠하면 예쁘겠다고 생각하며 그림에 손을 대려 했다. 그러자 그레이엄은 점점 더 안절부절못했다. "안 돼, 다니샤. 이걸 다 칠하고 다른 그림을 색칠해야지!" 그레이엄은 보라색 사람들이 있는 그림을 가리켰다.

다니샤는 자신의 크레파스를 내려놓더니, "넌 내 주인이 아냐!" 하고 말하고 울기 시작했다. 그레이엄의 엄마가 들어와 훌쩍이는 아이 앞에 앉았다. "다니샤, 애야, 뭐가 문제니?" 다니샤는 머리를 흔들며 계속 울었다. "저 이제 그만 집에 갈래요."

그레이엄은 자신이 통제할 수 있는 것—자신의 그림을 어떻게 칠할지—에 집중하는 대신 다니샤가 색칠하는 방식을 통제하려 했다. 친구가 '똑바로 하지 않는 것'에 대해 참견하느라 정작 자신의 그림을 책임지지 못했던 것이다. 사실 아예 시작조차 하지 않았다. 다니샤의 그림이 어떻게 보일지, 그리고 그것이 엄마의 냉장고에 걸릴 수 있을지에 대해 책임지려 한 결과, 두 아이에게는 불행과 실망만이 남게 되었다.

다니샤는 그레이엄의 참견과 비판에 상처 받고 화가 났다. 그레이엄은 다니샤가 자신의 지시를 따르지 않고 '똑바로' 하지 않은 점에 실망하고 상처받았다. 다니샤의 주인 노릇을 하려 했던 그레이엄은 결국 자기 자신의 주인이 되는 데에도 실패하고 만 것이다.

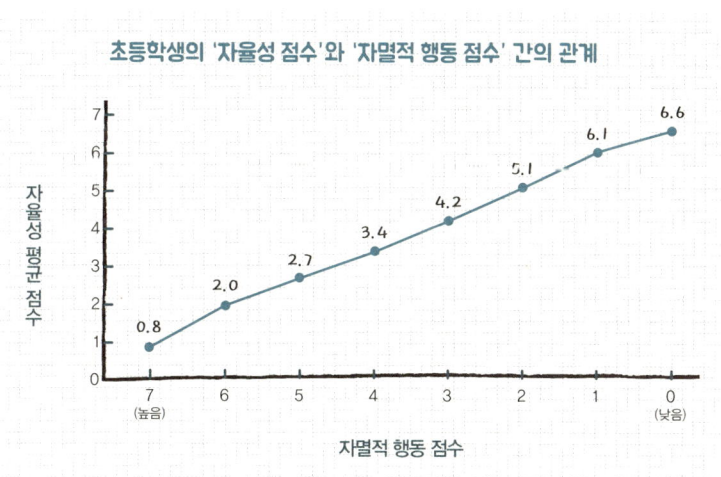

숙제에서의 통제

아래의 사항들은 아이들의 통제 하에 있지 않다.

- ✓ 선생님이 무슨 숙제를 내줄 것인가?
- ✓ 과연 선생님이 충분히 설명해 줄 것인가, 아니면 그러지 않을 것인가?
- ✓ 선생님이 몇 점을 줄 것인가?

하지만, 아이들은 아래의 사항들을 통제할 수 있다.

- ✓ 숙제에 대해 이해되지 않는 점에 대해 선생님에게 명확한 설명 요구하기.
- ✓ 자신이 필요한 물건들을 챙겨 집에 가는지 확인하기.
- ✓ 숙제하는 데 최선의 노력을 다하기.
- ✓ 숙제가 제대로 제출됐는지 확인하기.

이 사항들은 또한 아이들이 책임져야 할 것들이기도 하다.

스포츠에서의 통제

아래의 사항들은 아이들의 통제 하에 있지 않다.

- ✓ 감독님이 공정한지, 친절한지, 능력이 있는지.

- ✓ 편리한 시간과 날씨 등의 적절한 조건에서 연습이나 경기를 하게 될지.
- ✓ 경기에 주전으로 뛰게 될지, 후보로 남게 될지.

하지만, 아이들은 아래의 사항들을 통제할 수 있다.

- ✓ 연습에 빠지지 않고 참가하기.
- ✓ 비판, 실수, 부끄러움을 배움의 기회로 삼기.
- ✓ 규칙을 지키기.
- ✓ 복장과 장비를 잘 챙겨 제시간에 나오기.
- ✓ 항상 최선을 다하기.
- ✓ 이기건 지건 좋은 경기 하기.
- ✓ 헌신적인 팀원이 되기.

또한 아이들은 이 사항들에 책임감을 느껴야 한다.

그룹 프로젝트

행크(15세)는 10학년으로 과학 우수반이었다. 이 반의 학생들은 그룹 과제를 해야 했다. 행크의 파트너는 제프였고, 각자 과제의 50퍼센트씩을 책임지며, 그 점수가 그대로 시험 점수에 반영된다고 했다.

행크는 자신이 맡은 부분을 제출했다. 워낙 공을 많이 들여서 당연히 A학점을 받으리라 생각했다. 다음 날, 수업이 끝날 때 학생들은 각자의 과제 점수를 받아들었다. 행크와 파트너의 점수는 C학점이었다. '미완성'이라고 쓴 선생님의 메모가 붙어 있었다. 행크는 제프에게 이게 무슨 의미인지 묻자, 제프는 자기 몫의 보고서를 끝내지 못해 제출하지 않았다고 털어놓았다. 행크는 화가 치밀었다.

행크는 방과 후 집에 가서 책가방을 바닥에 내팽개치고, 누이동생에게 소리를 지르고, 엄마에게 버릇없이 굴었다. 엄마가 만들어 준 햄버거에 자신이 좋아하는 스테이크 소스가 들어가지 않았다고 불평했고, 샐러드에는 손도 대지 않았다. 식사 후엔 곧장 방으로 들어가 버렸다.

동생이 잠에 든 후, 행크는 거실로 내려와 우편물을 정리하는 엄마에게 갔다.

엄마 행크, 뭐 할 말 있니?

행크 과학 보고서에서 C학점을 받았어요. 빌어먹을 제프가 아무 것도 내지 않아서죠. 토센 선생님이 나한테 C를 주다니 믿을 수가 없어요! 난 내 몫을 다 했다고요.

엄마 그래서 집에 온 후에 그렇게 못되게 굴었구나.

행크 네, 미안해요. 하지만 엄마, 이건 불공평해요. 엄마가 토센 선생님에게 제 성적을 바꿔 달라고 얘기해 줄래요? 엄마도 제 보고서를 봤잖아요. A를 받을 만한 보고서라고요!

엄마 내 생각에도 넌 참 잘했어! 하지만 토센 선생님이 네게 C를 준 이유가 있을 거야. 이건 그룹 프로젝트였으니까 명백히

반만 완성된 거잖아. 선생님께 네가 말씀드려 보렴, 애야.

다음 날, 행크는 토센 선생님에게 방과 후에 상담을 요청했다.

토센 선생님 네가 프로젝트 점수 때문에 기분이 안 좋을 줄 안다, 행크.

행크 네, 그래요. 제게 C를 주신 건 불공평해요! 전 정말 열심히 보고서를 썼어요.

토센 선생님 나도 그렇게 생각해. 훌륭한 보고서였다. 거기엔 A를 줬지.

행크 그러셨어요? 아, 제가 바보 같은 짓을 했네요. 선생님이 벌써 제 점수를 바꿔 주셨는지를 몰랐어요. 고맙습니다!

토센 선생님 잘못 알아들었구나, 행크. 난 네 점수 바꾸지 않았어. 네가 받은 점수는 프로젝트 과제에 대한 거야. 네 부분은 A였다. 제프의 부분은 F였고. C도 후하게 쳐준 점수야.

행크 후하다고요? 어떻게 A를 받아야 할 보고서가 C를 받았는데 후하다고 할 수 있어요?

토센 선생님 음, 네가 받은 A를 100점이라고 하자. 그럼 네 파트너의 성적은 0점이야, 제출을 안 했으니. 그럼 두 점수의 평균은 50점이고, F에 해당하는 점수지. F보단 C가 더 네 맘에 들지 않니? 이건 그룹 과제였잖니, 행크. 성적은 한 개인이 아닌 그룹의 결과를 반영하는 거야. 과제를 줬을 때 분명히 선생님이 설명했어. 나눠 준 유인물에 적혀 있는 '그룹 과제는 완성된 과제를 평가해 하나의 점수가 주어진다'란 설명에 밑줄까지 쳤어. 읽어 보지 않았니?

행크 하지만 그건 공평하지 않아요! 전 제프가 한 일엔 책임이 없다고요! 제 숙제를 하듯이 제프를 통제할 순 없는 거예요.

토센 선생님 그게 그룹 과제의 핵심이다, 행크. 다른 사람과 함께 합동 결과물을 만들어 내는 법을 배우는 것 말이지. 구성원 각자가 과제의 성공을 책임지는 거란다. 선생님이 하나 물어보자. 너 제프하고 말은 해 봤니? 어떻게 하고 있는지 물어봤어?

행크 아뇨, 하지만…….

토센 선생님 실제로는 네가 통제할 수 있는 것들이 많이 있었어. 예를 들면 제프에게 전화를 하거나 수업 때 얘기하거나 학교가 끝나고 만날 수 있었지. 만약 제프가 자기 몫을 안 하고 있는 게 확실하면 선생님에게 말했으면 됐어. 네 성적의 50퍼센트가 다른 사람의 결과물에 달려 있을 땐, 그 나머지 50퍼센트가 잘되고 있는지를 확인하기 위해 뭐라도 하는 게 당연하지 않겠니.

행크는 여전히 자신에게 주어진 C라는 학점이 불만이었지만, 적어도 자신의 책임과 통제의 범위에 대해서는 가치 있는 교훈을 얻었다.

선택과 결과에 대해
몸소 가르쳐라

랭던의 결정

랭던(9세)은 5학년이었다. 월요일 오후, 쓰레기통을 비우고 있을 때 친구 칼렙에게 전화가 왔다. 자기 집에 놀러 와서 같이 새 게임기를 갖고 놀다가 저녁을 먹자는 초대였다. 랭던은 기뻤다.

칼렙은 새로 사귄 친구로, 랭던이 정말 좋아하는 최신 플레이스테이션 게임기를 갖고 있었다. 랭던은 엄마에게 칼렙네 집에 가겠다고 졸랐다. 랭던의 엄마는 의논을 좀 해야 하니 칼렙에게 몇 분 뒤에 다시 전화 주겠다고 말하라고 했다.

랭던은 항의했지만, 엄마는 논의를 할 수 없다면 대답은 '안 돼'라고 답했다. 칼렙은 엄마와 함께 쇼핑몰에서 돌아가는 길이라 10분 뒤엔 랭던네 집 앞을 지나가니, 엄마에게 서둘러야 한다고 했다.

엄마는 먼저, 랭던에게 숙제는 어떻게 됐냐고 물었다. 랭던은 푸는 데 오래 걸리지 않을 수학 문제가 조금 있다고 답했다. 나중에 할 수도 있고 학교에 좀 일찍 가서 해도 되는데, 칼렙에게 초대받은 일이 자기에겐 더 중요한 일이라고 생각했다. 엄마는 랭던에게 합창단 연습이 끝나면 집에 와서 샤워하고 자기에도 시간이 빠듯하니, '나중'은 선택할 수 있는 게 아니라는 점을 상기시켰다.

랭던은 슬슬 화가 나기 시작했다. 엄마는 말을 이었다.

엄마 엄마는 가지 말라고 하진 않았어. 단지 네가 감당할 수 있는 결정을 하는 건지 확실히 해 두려는 거야.

랭던은 이해하지 못했다.

엄마 우리가 결정이나 선택을 할 땐, 너무 서두르면 안 된단다. 불이 났다거나 하는 상황이 아니라면. 항상 일어날 수 있는 최상과 최악을 모두 살펴봐야 한단다. 만약에 집에서 수학 숙제를 한다면, 최악의 일은 뭐겠니?
랭던 난 칼렙네 집에 못 갈 거고, 갠 다시는 날 초대하지 않겠죠!
엄마 그럼 최상은?
랭던 아무것도요!
엄마 그러지 말고. 네가 내일 숙제를 다 해 간다면, 일어날 수 있는 가장 좋은 일은 뭐지?
랭던 프라이스 선생님이 확인표를 주실 거예요. 그럼 확인표 10개를 연속으로 받는 거니 다음 쪽지 시험을 건너뛰거나, 만약에 점수가 나빠도 그냥 넘어갈 수 있겠죠.
엄마 그래, 좋은 일이네. 그걸 선택 1번이라고 하자. 이제 칼렙네 집에 놀러 간다는 것을 선택 2번으로 하자. 여기서의 최상의 결과는 뭐지?
랭던 최신 게임을 하는 거죠.
엄마 그럼 최악은?

랜던 말했잖아요, 아무것도 없어요. 전 숙제를 다 할 수 있다니까요.

엄마 그건 네가 희망하는 대로 일이 진행된다고 가정하는 것이지, 네가 결정하는 게 아니지. 그건 마치 '난 절대 안 잡힐 테니 은행을 털어야 하겠다'고 결정하는 거나 마찬가지야. 누구도 자기가 잡힐 거라고 믿는 도둑은 없단다.

랜던, 좋은 선택을 하려면 항상 최악의 일이 발생할 수 있다고 믿어야 해. 그 최악의 일이 발생했을 때 네가 감당할 수 있겠니? 희망이나 기도가 아니라 현실에서 실제로 일어날 수 있는 일에 기초해서 현실적인 결정을 내려야 하는 거야. 자, 네가 칼렙네 집에 간다고 하면 발생할 수 있는 최악의 일은 뭘까?

랜던 좋아요. 그럼 아마도 뭔 일이 일어나서 제가 숙제를 못 하는 거겠죠. 프라이스 선생님은 화를 낼 거고, "너한테 실망이다, 랜던"이라고 하시며 일장 연설을 하시겠죠. 그리고 전 숙제 확인표를 다시 처음부터 받기 시작해야 할 거고요. 또 아마 선생님이 지한테 나머지 공부를 시킬 수도 있죠.

엄마 그래. 자, 이제 넌 분명히 두 가지 선택지가 있어.

1. 칼렙네로 간다 : 최상은 네가 게임을 하면서 즐겁게 놀 수 있다는 거야. 최악은 프라이스 선생님이 실망하거나 화가 나서 숙제 확인표를 다시 시작해야 하고 나머지 공부를 하게 될 수 있다는 것.

2. 집에서 숙제를 한다 : 최상은 네가 칭찬을 받고 쪽지 시험을 안 치르거나 나쁜 점수를 지워버릴 수 있다는 것. 최악

은 칼렙네 집에 놀러가지 못하면 멋진 집에서 멋진 게임을 못하게 되고, 다시 초대받지 못한다는 것.

이러면 정리가 되겠니?

랭던 그럼 엄마는 내가 선택하라는 건가요?

엄마 그래. 하지만…….

랭던 "하지만"이라고 하실 줄 알았어요!

엄마 마저 들어 보렴. 선택은 네가 하는 거야. 하지만 어떤 선택을 하든, 발생할 수 있는 최악의 시나리오를 네가 감당해야 한다는 걸 잊지 마라. 그 최악의 상황은 네가 생각하는 것보다 발생할 가능성이 높으니까.

랭던 결정했어요. 칼렙네 집에 가도 되나요?

엄마 어떤 게 네게 최선이었는지 알게 되겠지. 랭던, 네가 선택하는 거란다.

랭던 좋아요! 고마워요, 엄마. 후회하지 않을 거예요. 두고 보세요. 칼렙한테 바로 전화해야겠어요!

아이들은 겪어 보지 못한 일에 대해 긍정적인 결과를 낙관하고 부정적인 결과를 과소평가하려는 경향을 보인다. "그런 일은 나에게 일어나지 않을 거야. 모든 게 내가 원한대로 될 거야"라고 믿으려 하는 것이다.

결과 감당하기

집으로 돌아온 랭던은 멋진 새 게임기를 갖고 놀았다고 말했다. 랭던은 평소 규칙대로 제시간에 샤워를 마치고 잠자리에 들었다. 엄마가 굿나잇 키스를 해 주러 들어오자, 랭던은 자신을 칼렙네로 보내 줘서 고맙다고 말했다.

다음 날, 방과 후 집에 돌아온 랭던은 평소와 달리 조용했다. "오늘 어땠니?" 하는 엄마에게 그저 "좋았어요" 할 뿐이었다. 과자를 집어 들고 부엌 식탁에 앉아 숙제를 했다. 엄마는 쓰던 보고서를 마무리하고 저녁식사를 준비하러 부엌에 들어섰다. 랭던은 수학책을 꺼내 놓고 있었다.

엄마 숙제는 제시간에 냈니?

랭던 아뇨, 못 냈어요. 프라이스 선생님이 정말 화를 냈고 내일 나머지를 공부해야 해요. 여기 종이에 엄마나 아빠가 사인해 줘야 해요. 나머지 공부 2시간이라고요! 데리러 오실 수 있어요? 늦게 버스 타고 오기 정말 싫은데.

엄마 애야, 내일은 수요일이야. 잊었니? 수요일은 엄마가 사무실에 나가서 5시 반이나 6시가 돼야 집에 올 수 있다고.

랭던 아빠는요? 아빠가 절 데리러 올 수 있을까요?

엄마 네가 물어보렴. 하지만 솔직히 어려울 것 같구나. 이번 주에 아빠 사무실에 감독관이 나와 있어. 일찍 빠져나오는 건 현명한 선택이 아닐 거야.

랭던 [양손으로 머리를 쥐어쌌다.] 현명한 선택, 그래요! 전 그 현명한 선택을 못한 것 같아요. 이제 전 프라이스 선생님의 게으름뱅이 리스트에 올랐어요. 이 숙제들에, 내일은 나머지 공부까지 해야 해요. 내일은 젠킨스 선생님이 방과 후에 파티를 열 텐데, 거긴 못 가는 거죠.

엄마 아, 맞다. 내일은 '과학의 별' 파티가 있잖아?

랭던 네, 그런 파티들은 지긋지긋해요! 하지만, 제가 바보예요. 나머지 공부라니. 프라이스 선생님이 이번 한 번은 봐줄 수 있었을 텐데.

엄마 얘야, 최악의 상황이 벌어질 거라는 걸 믿기가 얼마나 어려운지 엄마도 알아. 고약한 일이지만, 자주 그렇게 된단다. 넌 바보가 아냐, 랭던. 엄마는 네가 현실적인 결정에 대해 처음으로 교훈을 얻게 됐다고 생각한다.

랭던 전 제가 실수하고 있다는 걸 알았어요. 칼렙네 집에 있는 동안 계속 뭔가 잘못됐다는 기분이 들었다고요. 그건 마치 규칙을 망치고 있는 것 같았어요.

엄마 넌 규칙을 깨지 않았어. 넌 그냥 습관이 든 거야. 집에 오면, 쓰레기를 버리고, 과자를 먹고, 숙제를 하지. 뭔가 다르게 해보려는 결정을 했고, 평소에 늘 하던 대로 안 했기에 이상한 기분이 든 거야. 그러면 우린 편치 않은 감정을 느끼게 되지. 누구나 후회스러운 실수와 결정을 한단다. 다행인 건 그로부터 우리가 배울 수 있다는 거지.

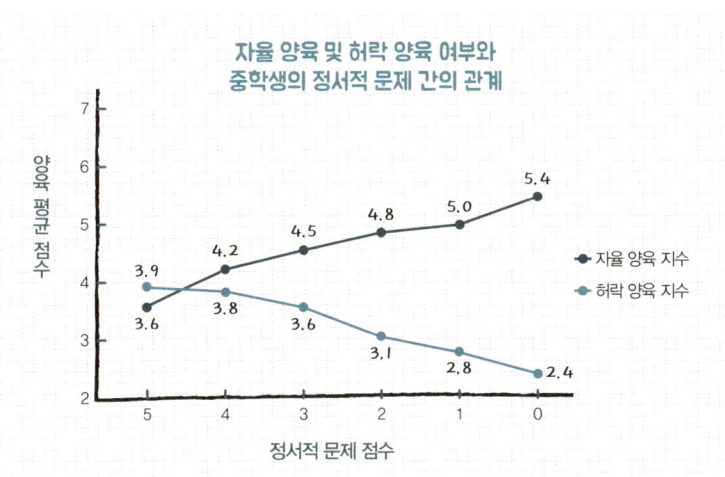

부모의 역할

옳은 의사 결정을 내리는 습관은 저절로 학습되지 않는다. 아이가 실제 세계의 개념을 자기화하려면 몇 가지가 함께 작동해야 한다.

- ✓ 자신이 결정할 수 있는 선택지들을 살펴본다.
- ✓ 각 선택마다 일어날 수 있는 결과를 그려 본다.
- ✓ 어떤 결과가 자신의 목표에 보다 적합한지를 결정한다.

보통 일의 결과란, 좋은 쪽보다는 나쁜 것과 최악 사이에 있다. 그래서 전체 의사결정 과정에서 목표를 갖는다는 것이 중요하다.

부모가 자녀의 결정을 '감정을 배제하고 객관적으로' 살펴볼 수 있을 때, 아이는 비로소 혼나는 것, 부모를 실망시키는 것, 혹은 잘못된 결정을 내리는 것에 대한 두려움을 떨치고 수월하게 과정을 경험하게 된다.

나쁜 결정은 실수일 뿐이다. 우리는 실제 일이 벌어진 다음에야 그것이 실수인지를 알 수 있다. 그래서 부모의 비난이나 과잉 반응은 좋지 않다. "이렇게 해야 한다"는 말을 쓰고 싶어질 때 특히 조심해라! 그다음에 입에서 나올 건 도움이 되지 않는 말일 게 분명하니까.

자녀에게 "해야 한다"는 말을 쓰지 마라!

누군가 당신에게 "너는 이래야만 해"라고 말하는 것은, 당신이 어떤 행동을 하기를 바란다는 의사를 표시하는 것이다. 여기선 그 사람의 생각, 오로지 그것만이 정답이다. 그건 당신이 원하는 것, 필요한 것, 생각하는 것, 혹은 느끼는 것과는 아무런 관계가 없다.

당신이 스스로에게 "나는 정말 이래야 해"라고 하는 것은 "나는 그러고 싶지 않지만 외부의 누군가는 그것이 내가 해야 하는 일이라고 생각하고 있어"라는 의미로 해석할 수 있다.주3

부모들이 빠지곤 하는 함정 중에 하나가 자녀들에게 하는 '숨 막힐 듯한 요구'다. 다섯 살 혹은 열다섯 살 먹은 당신의 자녀가 달려들어 와선 요청―실제로는 요구―을 하면 당신은 만사 제쳐 두고 곧

바로 결정해 버리는 현상을 말한다. 아이들의 입장에서 보면, 물론 그 요구는 인생을 바꿀 만한 상황에서 이뤄진 것이고 아이는 당장 답이 필요하다!

정말 실제 위급상황이란 가스통 근처에서 누군가 용접기를 들고 있어서 가스 폭발 직전인, 그런 상태를 말한다. 당신의 자녀는 다만 즉각적으로 충족되길 원하는 강력한 욕망을 가지고 있을 뿐이다. 이때 최선의 응답은, "우리가 논의도 해 보기 전에 답을 원한다면, 그 답은 '아니'가 될 수밖에 없어"여야 한다.

> 때로는 가장 사소한 결정이 당신의 인생을 영원히 바꿔 놓을 수 있어요.
> _ 케리 러셀(Keri Russell), 미국 드라마 「펠리시티」 주인공의 대사

대충 상황을 봐 가며 내리는 결정, 그래서 가정 내 규칙을 마음대로 바꾸거나 무효화시켜 버리는 결정은, 기존에 확립되어 있는 아이들의 학습 습관을 엉망으로 만들어 버린다.

규칙이 '이번 한 번만' 수정되거나 무시될 때마다 아이들은 과연 그 규칙이 항상 적용되는 것인지, 아니면 상황에 따라 바뀌는 것인지 다시 테스트해 보는 시간을 거쳐야 한다. 그러면 아이들은 기존에 이미 한번 확립되었던 규칙이라도 무시해 버리게끔 되는 것이다.

수영 대회를 선택한 조나스

이 장의 서두에서 간단히 설명했던대로, 16세의 조나스는 결정을 내려야 했다. 가족의 연례 크리스마스 파티에 갈 것인가, 아니면 YMCA의 수영 대회에 참가할 것인가. 아빠는 조나스가 파티에 참석하기를 정말 원했다. 모든 사촌들이 모이게 될 것이고 어쩌면 조나스가 대학에 가기 전 마지막으로 모이는 자리가 될 수도 있었다. 조나스의 엄마도 뜻을 같이 했다. 조나스가 구태여 YMCA 수영 대회에 참석해야 할 필요는 없었다.

하지만 부모 중 어느 쪽도 조나스에게 영향을 행사하려 들지는 않았다. 그들은 조나스가 자신을 위한 최선의 선택을 할 것이라 믿었다. 그들은 조나스에게 코치와 상담해 보라고 독려했다.

조나스는 코치와 상의했지만, 그 역시 특별한 조언을 하진 않았다. 그 대회는 팀이 참가하는 대회는 아니었다. 하지만 코치는 그 대회가 유명하고, 때로는 대학의 스카우트들이 참석하기도 한다고 알려주었다. 조나스의 다른 동료들도 그 대회에 참가하길 원했지만 자격 미달이라 안 된다고 말해 주기도 했다.

조나스는 수영 대회를 선택했다. 대학에서의 운동선수 장학금을 따내는 데 중점을 두기로 한 것이다. 부모들과 형제들은 적잖이 놀랐다. 그들이 아는 한, 조나스가 대회에 참석하지 않는다고 별일이 생기는 건 아니었기 때문이다.

조나스가 아빠에게 물었다. "정확히 설명하긴 힘들지만, 대회를 놓친다는 건 제게 있어 끔찍한 일이에요. 화나셨어요?"

"아니, 다만 주말에 널 볼 수 없다니, 좀 실망했을 뿐이다." 아빠가 대답했다.

아빠는 사실 이해가 가지 않았지만, 조나스가 대학 장학금을 받는다는 목표에 매달려 있다는 걸 알았다. 조나스가 중요하게 생각한다면, 아마도 조나스의 선택을 믿어야 할 것이다.

실제로 대회가 열리자, 세 명의 스카우트가 모습을 보였다. 그들 모두가 조나스의 성과에 깊은 인상을 받았다. 조나스는 결국 자신이 선택한 대학에서 수영 팀의 일원이 되었고 멋지게 장학금을 타게 되었다.

매들린의 선택

아빠와 특별한 밤을 보내기로 했던 다섯 살 매들린을 다시 만나 보자. 매들린은 아빠에게 수학 숙제가 있다고 말할 것인지, 아니면 비디오를 볼 것인지 선택해야 했다.

매들린은 선생님이 언제 숙제를 내는지 별로 신경 쓰지 않을 테니, 우선 아빠와 함께 멋진 밤을 즐기기로 결정했다. 하지만 그러다 잠자리에 든 매들린은 뒤척이며 잠을 이루지 못했다. 숙제가 매들린을 부르고 있었다. 결국 아이는 참지 못하고 자리에서 일어나 아빠의 방문을 두드렸다.

아빠가 나오자 매들린은 눈물을 터뜨리며 말했다. "나쁜 선택을 한 것 같아요. 이게 크로스비 선생님이 말한 '좋은 선택이냐, 나쁜 선택이냐'인 걸까요?" 아이는 크로스비 선생님이 자신을 어떻게 생각하게 될지 매우 걱정하고 있었다. 크로스비 선생님을 좋아했기에 선생님이 화를 내고 슬퍼하거나, 혹은 매들린이 착한 아이가 아니라고 생각할까 걱정했던 것이다. 매들린은 아빠에게 이번 한 번만, 잠을 자지 않고 숙제를 해도 되는지를 물었다.

"아니, 지금은 잘 시간이다. 그게 우리 규칙이잖아. 하지만 내일 학교 가기 전에 숙제를 해 놓을 방법을 찾을 수 있을 거다"라고 말하고, 아빠는 매들린을 방으로 데려가 이불을 덮어 주었다.

다음 날 아침, 아빠는 매들린에게 평소 학교에 가기 전 헬로 키티 스크랩북을 갖고 놀지 않느냐고 물었다. 매들린은 "네" 하고는 아빠가 무슨 말을 하는지 알아차렸다. "밥을 먹은 다음에 스크랩북을 가지고 놀지 않고 숙제를 하면 되겠군요! 그럼 내 기분은 더는 나쁘지 않을 거예요. 크로스비 선생님도 기뻐하실 거고요!"

노아의 결정

이 장의 앞부분에서 사례로 나왔던 키 작은 소년 노아는 겁을 먹었다. 하워드에게 두드려 맞을까 봐 걱정이 됐다. 한편으로는 누군가가 자신의 이런 꼴―눈물이 그렁그렁한 채로 사물함 앞에 웅크리고 앉아 있는 모습―을 보게 된다는 건 생각하기도 싫었다.

노아는 어떻게 하든 분명 문제가 될 거란 사실을 알았다. 학교는 아이들의 싸움에 대해 전혀 관용을 베풀지 않았다. 실제로 괴롭힘을 당했던 같은 반의 한 아이가, 자신을 괴롭혔던 아이를 단지 밀쳐 버렸을 뿐이었는데도 둘 다 퇴학을 당했던 적이 있었다.

노아는 결정했다. 팔꿈치를 최대한 당긴 후, 주먹으로 있는 힘껏 하워드를 때렸다. 주먹은 하워드의 콧등에 명중했고 '우지끈' 하는 소리가 났다. 동시에 세 가지 일이 벌어졌다.

- 하워드는 "네가 내 코를 깼어!"라고 소리치며, 얼굴과 손이 온통 피투성이가 된 채 뒤로 넘어졌다.
- 노아는 울음을 터뜨렸다.
- 교감 선생님과 6학년 배구 팀이 달려 들어왔다.

하워드는 양호실로 보내졌고 양호 선생님이 하워드의 엄마에게 전화했다. 노아는 브로더 교감 선생님에게 이끌려 교감실로 향했고 교감 선생님이 노아의 엄마에게 전화했다. 브로더 선생님은 노아에게 자초지종을 물었고, 노아는 있었던 일을 말했다.

노아의 엄마가 학교에 도착하자 브로더 선생님이 설명했다. "우리 학교는 폭력을 설대 용납하지 않습니다. 싸움은 자동으로 정학 처분이고, 만약 그럴 만한 사정이 있다고 입증되지 않는다면 퇴학입니다. 아드님은 학칙에 의해 지금부터 제가 감독관을 만나서 사정을 들어 볼 때까지 정학에 처해지게 됐습니다."

그다음으로 노아를 향해 교감 선생님이 물었다. "내가 널 정학에 처해야 한다는 점, 너도 이해하지?"

"네."

"넌 우수한 학생이지만, 이 학교에는 반드시 지켜야 할 규칙이 있단다."

노아는 다시 울고 싶어졌지만, 가만히 고개를 끄덕였다. 결국 노아는 퇴학을 당해 다른 학교로 전학을 가야 했다. 학교 위원회는 다음과 같은 사실에 근거해 판단했다.

하워드의 괴롭힘에 대해 노아가 평소에 불평한 내용은 기록으로 남겨져 있는 게 없었지만, 하워드의 부러진 코를 촬영한 엑스레이 사진은 있었던 것이다.

> :: **저자의 한마디**
>
> 아이들은 가정 내 숙제 시간을 활용해 스스로 최고의 선택을 내릴 수 있도록 과정을 시연해 볼 수 있다. 가장 어려운 선택은 조나스가 했듯이 선(善)과 선(善) 사이의 결정과 노아가 했듯이 악(惡)과 악(惡) 사이의 결정일 것이다. 이 아이들은 어려운 결정을 내렸고, 그에 대한 책임을 졌고, 또 그로부터 배우게 되었다. 이렇게 학습 습관은 점차 형성되어 간다.

Learning Habit

07

집중하는 습관

눈앞의 마시멜로를 어떻게 참을 것인가

"집중력과 강한 정신력이 승리를 결정짓는 차이다."

_ 빌 러셀(Bill Russell), 전 보스턴 셀틱스 농구 선수

파월(8세)은 '제멋대로 중구난방'이라는 말이 어울리는 아이다. 오래 집중하지 못하고, 대화 중에 전혀 상관없는 말들을 툭툭 내뱉으며, 항상 움직이면서 손에 닿는 건 무엇이든 만지곤 한다. 학교에서 매일매일, 점점 뒤처지고 있다.

소(13세)는 예전엔 우등생이었지만, 현재는 기하학과 과학 과목에서 낙제점을 받고 있다.

롭(9세)은 시험 불안 증세로 고통 받고 있다. 너무 불안해서 전혀 집중하지 못하고 시험 지문조차 이해하지 못할 정도다. 완전히 얼어 버려서 통째로 포기해 버리거나 해답을 생각지도 않고 마구 찍어 댄다.

이 세 명의 아이들은 모두 집중력에서 문제를 보이고 있다. 또 그로 인한 학업 저하 때문에 자존감 저하와 정신 질환을 겪고 있다. 우리와의 인터뷰에서 많은 교사들과 부모들이 아이들의 이러한 현상에

대해 언급했다. 단지 5년 전과 비교해 보아도, 지금의 아이들이 집중하고 용기를 얻는 데, 훨씬 더 큰 어려움을 겪고 있다. 지금 우리 아이들은 절망에 대한 인내심이 거의 없어 보일뿐더러, 자신의 성과에 대해 더욱 불안해하고 있다.

집중력을 기르는 습관이 아이의 인생을 어떻게 결정 짓는지를 살펴보자.

배우는 방법을 배워라

두뇌 시스템은 닫혀 있지 않다. 흔히 아이큐 테스트에 의해 규정되는 인지 능력이란 불변하는 것이 아니다. 지능 지수는 학업 성공의 약 50퍼센트에 해당하는 능력을 예측해 주지만, 나머지 50퍼센트는 여전히 우리가 하기 나름이다. 즉, 성공하는 능력의 50퍼센트는 우리가 배우는 능력을 어떻게 확장시키는지에 의해 강화된다.

뇌는 말 그대로 배우는 방법을 배운다.[주1] 뇌 연구는 모든 연령대의 인간이 계속해서 뉴런(신경 세포)을 개발하고, 다양한 종류의 자극을 통해 두뇌 세포를 활성화시키기도 하고 개발할 수도 있다는 점을 밝혀냈다.[주2]

다음 사례에서 볼 수 있는 것과 같이 신체적 단련과 정신적 단련 모두가 파월이 명명한 '브레인 파워'를 개발하는 데 도움을 준다. 파월은 주의력결핍장애 판정을 받은 네 명의 아이들과 그룹을 이뤄 치료를 받는다. 우리는 아이들이 집중하는 기술을 배울 수 있도록 브레인 파워를 확장시키는 일을 돕고 있다.

글자를 쓰거나 소리에 집중하는 데 어려움을 겪는 주의력 결핍장애 아이들이 1~2분 이상 움직이지 않고 앉아서 정보를 모으고, 차례를 기다려 말하고, 주어진 일을 마무리하고, 스스로를 규제할 수 있도록 뇌를 훈련하는 과정이다. 아이와 부모 모두에게 힘든 일이지만, 그 결과 얻게 되는 자율적 권한의 힘은 이루 말할 수 없을 정도다.

브레인 파워

파월이 막 치료를 시작했을 때 파월은 발을 떨지 않고서는 앉아 있지도 못했고, 초급 수준의 책도 집중해서 읽지 못했다. 5점 만점으로 치면 1, 2점 정도인 성적에 대해선 걱정이 많았지만, 언제나 자신은 항상 '최고'라고 주장하곤 했다.

다른 아이가 수학을 잘 못한다고 말하자, 파월은 "나는 수학 잘해요. 학교에서도 문제 없었어요."라고 했다. 어떤 숙제 앞에서도 파월은 "전 이거 하기 싫어요. 바보 같다고요"라고 투덜댔다. 번역하자면, "난 바보라서 이거 못 해요. 그러니 해 봤자 뭐해요?"인 것이다. 엄마는 파월이 독서에 엄청난 고충이 있다고 했다.

파월은 약물 치료를 받고 있긴 했지만 다른 방법이 더 필요했다. 파월이 배워야 하는 것은 세 가지였다.

1. 포기하지 않고 일정 시간 동안 앉아서 한 가지 일 하기.
2. 자신에게 배울 수 있는 능력이 있다는 것을 알기.
3. 배우기를 배운다는 것에 대해 자부심 갖기.

파월이 농구 광팬이어서, 우리는 농구의 예를 들어 보기로 했다. 파월은 자신의 우상인 유명 농구 선수 르브론 제임스가 하루아침에 '킹 제임스(르브론의 별명)'가 되지 않았다는 점을 이해했다. 제임스의 엄마는 어리고 가난해서 제임스는 그 위치에 서기까지 열심히 노력해야 했다. 내는 파월에게 제임스의 어떤 점이 그렇게 좋은지 묻자, 파월은 "그는 항상 경기를 뛰어요"라고 답했다.

"그래, 제임스는 몸을 단련하고 연습을 많이 하지?"

"네."

"그게 쉬울 거라고 생각하니? 어느 날 일어났더니 제임스가 소속된 구단의 누군가가 방문해 그의 방문을 두드리면서 입단을 제안했을까?"

파월이 웃으며 답했다. "아니요."

나는 르브론 제임스에 관한 기사를 인터넷에서 찾아 파월에게 읽어 주었다. "르브론은 이렇게 말했다. '실패를 두려워해선 안 돼요. 그게 성공하기 위한 유일한 길입니다. 그건 내가 압니다.'"[주3]

내가 말했다. "이게 무슨 뜻일까? 뇌는 우리의 생각하는 근육이야. 너는 르브론이 자신의 몸을 단련시켰듯이 네 두뇌를 단련할 수 있는 거지. 아주 고된 일이고, 항상 성공할 수도 없을 거야. 파월, 넌 힘든 일이 두렵니?"

파월은 잠시 생각하더니 입을 열었다. "전 어려운 일을 할 수 있어요."

우리는 파월과 다른 세 명의 아이들을 데리고 집중력과 단기 기억력 향상을 돕기 위한 훈련 프로그램을 시작했다. 파월은 "브레인 파워여, 솟아라!" 하며 달려들었다.

마시멜로 무시하기

> 환경은 인간이 제어할 수 있는 한계 밖에 있지만, 우리의 행동은 우리 자신의 권한 내에 있다.
> _ 벤자민 디즈레일리(Benjamin Disraeli), 전 영국 수상

콜럼비아 대학의 심리학 교수인 월터 미셸Walter Mischel은 충동을 억제하고 즉각적인 보상을 연기할 수 있는 능력으로 학업적, 개인적 성공에서 핵심적 역할을 하는 힘인 '자기 관리'와, 늦지만 더 큰 결과물을 위해 당장의 작은 보상을 포기하는 능력인 '만족 지연'을 연구했다. 실험자는 미취학 아동을 마시멜로가 있는 테이블에 혼자 앉힌 후 방을 나가기 전에 아이에게 선택을 하게 한다.

1. 벨을 눌러 연구원을 부르고, 연구원이 오면 마시멜로 한 개를 먹는다.
2. 벨을 누르지 않고 연구원이 하나 더 가지고 올 때까지 기다리면, 하나가 아닌 두 개를 보상으로 얻는다.

어떤 아이들은 1분을 기다리지 못했다(만족 지연 수준이 낮은 아이들). 반면, 다른 아이들은 20분까지도 기다렸는데(만족 지연 수준이 높은 아이들), 이 아이들은 눈을 가리거나, 노래를 부르거나 심지어 아예 의자를 돌려 앉아 자신의 주의를 딴 데로 돌리는 전략으로 마시멜로의 유혹에서 벗어나려 했다.[주4]

월터 미셸은 이 테스트를 반복하면서, 이번엔 아이들에게 마시멜로를 먹고 싶지 않다고 상상해 보라고 요구했다. 이 방법은 꽤나 잘 먹혔다. 같은 아이들을 대상으로 수년 후에 행해진 후속 연구들은, 만족 지연 수준이 높은 아이들이 학업 성과도 더 우수하고, 약물 남용에 대한 저항성이 높으며, 배우자와의 별거율이나 이혼율이 낮게 나타나는 등 인간관계에서도 더 긍정적이라는 점을 보여 주었다.[주5]

이 놀라운 조사는 의지력이 학습 가능할 뿐 아니라 '인생의 온갖 어려움에 대항할 수 있는 완충 장치'[주6]가 될 수 있음을 입증하였다. 나아가 자기 제어가 학업적, 개인적 성공의 열쇠임을 암시했다(이에 관해서는 10장에서 다룰 것이다).

스스로를 통제하고 집중하라

파월같은 어린아이들이 집중력을 개발하는 일을 도울 때는, 시간을 조금씩 늘려 가면서 시작해야 한다. 파월의 엄마는 아들을 부엌에서 자신과 함께 4분 동안 앉아 있도록 한다. 그 시간 동안, 아이는 엄마에게 소리 내어 책을 읽어 준다. 엄마는 단어를 교정해 주지 않는다. 이 훈련의 목적은 아이가 앉아서 4분간 공부를 하게 하는 것이다. 4분 동안 참고 해내면, 아이에게는 만찬이 주어진다.

자기 관리 기술의 부족은 집중력 습관을 익힐 때 흔히 나타나는 문제다. 이때 시간제한이 있는 과제를 이용하면 아이의 주의를 환기시킬 수 있다. 너무 오래 그 일을 하지 않아도 된다는 걸 알게 되면 집중하기가 더 쉬워지기 때문이다.

파월이 불평하거나 꼼지락거리기 시작하면, 엄마는 손가락을 입술에 갖다 대면서 그냥 '쉿' 하는 동작을 하고, 미소를 지으며 고개를 젓는다. 그리고 눈썹을 치켜 올리며 전자레인지에 붙은 타이머를 바라본다. 비언어적 커뮤니케이션으로 아이기 어떤 행동을 하기 원하는지 표현하는 것이다.

예를 들어 이런 것이다. 아이가 꿈지럭거리면, 의자를 툭툭 친다. 아이가 책을 덮으려 하면 조용히 머리를 흔들고 책을 향해 고갯짓을 하여 아이에게 계속 읽으라는 신호를 보낸다. 자기 관리는 비언어적 커뮤니케이션을 통해 가장 잘 가르칠 수 있다. 말로 대화를 하게 되면, 집중해야 할 일로부터 주의가 흐트러질 수 있다.

TV, 스마트폰, 게임기, 애완동물, 다른 아이들 등 주의력을 산만하게 만드는 외부의 자극은 제거되거나 차단되어야 한다. 이건 다른 아이들이 방해를 하는 학교에서 훨씬 어려운 일일 것이다. 그래서 더욱 가정에서의 부모의 역할이 중요하다.

만찬에 더하여 파월은 "네가 노력하는 걸 보니 엄마는 자랑스럽구나" 같은 칭찬을 또한 듣게 된다. 학교에서 주의가 흐트러지게 될 아이에게는 이것이 훌륭한 보상책일 수 있다.

파월의 엄마는 보드게임을 할 때, 자기 순서가 올 때까지는 보드판에 손을 대지 않도록 해 아들이 하나에 집중하고 순서를 기다리게 한다. 첫 번째 게임에서 엄마는 간단한 규칙들을 정한다. 차례를 지키며, 불평과 비난이나 변명을 하지 않고서 이겼다고 해도 다른 보상은 없다. 다만 재미를 위해 게임을 하는 것뿐.

타이머를 8분으로 맞춰 놓는다. 그 시간이 지나면 파월은 게임을 계속하거나 혹은 중단하는 것을 선택할 수 있다. 주의를 환기시키는 데 비언어적 커뮤니케이션이 사용된다. 엄마의 칭찬은 항상 "네 차례를 기다리다니 잘했어", "잘 집중했다", "그 컵케이크를 얻었을 때 멋진 스포츠맨십을 보여 줬구나"처럼 노력이나 특정한 과업에 대해 주어진다.

> 자기 관리 기술은 스트레스를 주는 요인이 제거되었을 때, 효과적으로 배울 수 있다. 즉 '승자도 패자도 없다'는 격언이 들어맞는 경우다. 스트레스를 계속 받고 있으며 비판과 교정에 노출되는 아이는 사회적 기능을 방해하는 습관을 키우게 된다. 남을 탓하고, 방해하고, 타인의 잘못을 비난하고, 허풍 치고, 낮은 성과에 변명한다. 자율적으로 숙제를 하게 함으로써 개선할 수 있다.

자기 관리에 어려움을 겪는 아이라도 언젠가는 올바른 행동을 보이는 시기가 반드시 있다. 그럴 때를 잘 살펴서 칭찬하라. 당신의 자녀가 뭔가 올바른 행동을 했을 때를 포착하는 것은 당신과 자녀 모두에게 치유의 효과가 있으며, 그 행동이 반복되어 나타나도록 돕는다.

우리는 교사들과의 상담에서, 자신의 차례를 기다리거나 가만히 앉아 있는 등 '아이들이 뭔가 옳은 일은 한 순간' 스티커를 사용하도록 추천했다—중학생들도 스티커를 좋아한다. 다만 중학생에게는 좀 더 그럴듯한 것을 써야 한다.—나이가 몇 살이든 간에 우리는 옳은 일을 했을 때, 누군가가 알아 주는 것에 감사해하기 마련이다.

우리는 집중력 학습 습관을 키우기 위한 게임을 수없이 개발했다. 특히 보드게임과 단어나 숫자 배열과 관련된 게임들은 집중력과 기억력을 향상시키는 데 효과적인 방법이다. 우리는 치료 그룹에서, 목표를 향해 전진한 아이들에 대해 보상의 일환으로 색깔 있는 초콜릿을 종종 주었다. 겉모습이 화려하고 대부분의 아이들이 좋아하는 데다가 자주 사용하기에도 석낭했기 때문이다.

> 보상은 당신이 강화하고자 하는 일이 발생했을 때, 바로 주어져야 한다. 또한 작아서 자주 사용할 수 있는 것이어야 한다.

기억력 향상을 돕는 게임과 앉아서 집중하는 시간을 늘려 가는 데 엄마가 쓴 비언어적 방법 덕분에, 파월은 집중하는 습관을 길러 나갔다. 이제 파월은 거의 안달복달하는 일 없이, 20분 동안 앉아서 책을 읽거나 숙제를 할 수 있게 되었다. 자신의 노력에 대한 자부심을 갖게 되면서 아이의 자존감도 커져 갔다. 스스로에 대한 감정이 좋아지면서 파월은 남의 노력에 대해서도 인지하게 되었고, 위기의식을 갖거나 허풍 쳐야 할 필요를 느끼지 못하게 된 것이다.

> 당신의 자녀가 공부하는 공간은 방해물, 특히 미디어 기기가 없는 곳으로 만들어라. 최상의 장소는 부엌이나 응접실의 탁자다. 당신은 근처에 있되, 숙제하는 시간 중에는 방해하지 말고 아이와의 대화를 중단하라.

파월은 이제 매일 일과로 부엌 식탁에 앉아 숙제와 독서를 한다. 학습 습관이 정착된 것이다. 집중하는 능력, 그리고 배운 것을 흡수하는 능력이 눈에 띄게 향상되었다. 스스로의 말처럼, 파월은 자기의 두뇌력을 키워 가고 있다!

우리는 부모들이 자녀의 행동 변화를 측정할 때 사용할 수 있도록 일종의 기초 자료를 확보해 두는 게 유용하다는 점을 발견했다. 주의력결핍장애나 위장─주의력결핍장애Faux-ADHD(『미국가족치료저널』 2011년 6월호에 처음으로 보고된 바 있는 증상으로, 주의력결핍장애와 유사하지만 지속적인 취침 루틴 같은 행동 개입에 대한 반응으로 나타난다)를 판단하는 테스트는 없지만, 이들 장애를 진단할 때 사용되는 관찰 가능한 행동들이 있다. 그래서 우리는 부모들(혹은 교사들)이 자녀들(학생들)의 발전을 관찰할 때 사용할 수 있는 간단한 질문 리스트를 개발했다. 치료를 시작할 때, 그리고 적당한 주기를 두고 기록하면 된다.

프레스먼식 집중도 체크 리스트

자녀가 다음의 행동들을 보이는 빈도를 1~5사이의 점수로 기록하라
(1은 드물거나 없는 경우, 5는 자주 또는 항상 있는 경우)

	1	2	3	4	5
1. 충분한 시간 동안(학년별 10분 이상, 고학년의 경우 최소 30분 이상) 꼼지락거리지 않고, 일어서서 돌아다니지 않고, 핸드폰을 주물럭거리지 않고 앉아 있는가?	☐	☐	☐	☐	☐
2. 세 가지 이상의 단계가 요구되는 일을 단계를 잊어버리지 않고 수행하는가?	☐	☐	☐	☐	☐
3. 실망했을 때 스스로 가라앉히고 다시 하던 일로 돌아오는가?	☐	☐	☐	☐	☐
4. 변명하지 않고(따분해요, 왜 이 바보 같은 짓을 해야 하는지 이해가 안 돼요, 이번엔 내가 설거지할 차례가 아냐! 등) 학교 숙제나 집안일을 마무리하는가?	☐	☐	☐	☐	☐
5. 주의를 산만하게 하지 않고(부모와 입씨름하기, 애완동물과 놀기, 형제 괴롭히기, 배 아프다고 하기, 음료나 과자 요구하기) 일을 끝까지 해내는가?	☐	☐	☐	☐	☐
6. 게임을 하다 졌을 때, 관두거나 울지 않고 게임을 끝까지 마치는가?	☐	☐	☐	☐	☐
7. 독서 숙제를 마치고 어떤 책이었는지 말로 설명할 수 있는가?	☐	☐	☐	☐	☐
8. 조용한 활동을 즐기는가?	☐	☐	☐	☐	☐
9. 정해진 시간에 잠자리에 들고 밤새 방에서 나오지 않고 자는가?	☐	☐	☐	☐	☐
10. 지시하는 내용을 듣고 그 내용을 똑바로 따라 하는가?	☐	☐	☐	☐	☐
11. 매일 학교 숙제로 정해진 독서 외에, 자신이 즐겨서 독서를 하는가?	☐	☐	☐	☐	☐

총점 _____

이 프레스먼식 집중도 체크 리스트는 좋은 자료가 된다. 당신이 자녀에 대해 뭐라고 답했는지 보라. 기초 자료가 확보된 다음에는 시간을 두고 자녀의 행동을 살펴보라. 아이가 나이가 들면서 그들의 행동이(체크 리스트상에서 기록되는 수치에서) 개선되어 가는 게 정상이다. 만약 별 변화가 없거나 오히려 감소한다면, 뒤의 11장에서 다루는 스물한 가지의 가족 놀이 과제를 꼭 체험해 볼 것을 권한다.

조의 두뇌 단련하기

조(13세)는 7학년 여학생이다. 치아 교정기를 끼고 있고 안경을 쓴 자신을 '괴상해 보인다'고 생각하고 있다. 조는 '빠듯한 돈으로도 멋지게 차려 입기'에 관한 한 전문가였다. 헤어밴드부터 색깔을 맞춘 안경, 양말과 스니커즈와 어울리는 복장으로 항상 사랑스럽게 보였다. 조의 엄마는 학교에 다니는 두 자녀를 키우고 있는 일하는 싱글 직장맘으로, 봉급은 박한 편이었다.

조의 엄마는 딸의 성적이 염려되어 함께 상담소를 찾았다. 조는 상담사에게 성적 때문에 열심히 공부한 적은 없었다고 고백했다. 학교 공부는 이제껏 항상 쉬웠다. 그러나 올해는 달랐다. 수학과 기하학에서 F학점을, 과학에서는 D학점을 받았다. 조는 말했다. "전 학교가 싫어요! 너무 어렵다고요!"

프레스먼식 집중도 체크 리스트에 조의 엄마가 체크한 결과는 다음과 같았다.

1, 2, 3, 4, 5, 9번 문항 : 1

8번 문항 : 2

6, 7번 문항 : 5

10, 11번 문항 : 3

조는 집중력을 유지하는 능력을 상실했으며, 그것이 성적에 영향을 준 것이다. 취침 시간에 대해 묻자, 조는 잠드는 데 문제가 있어서 자정이나 그 이후까지도 불을 끄지 않는 일이 자주 있다고 했다. 그러면 아침에 일어나 학교에 가고 싶지 않았다. 엄마가 조를 깨우기 위해 여러 번 방에 들락거려야 했다. 항상 늦게야 뛰어 나갔고, 보통 버스를 놓치면 아침식사를 걸렀고, 결국 엄마가 학교까지 태워다 줘야 했다. 체육 수업 외에는 운동도 하지 않았다. 조는 "예전엔 육상 트랙을 뛰곤 했는데, 요새는 너무 힘들어요"라고 말했다.

저녁 9시 반 이후에 방에서 하는 일에 대해 묻자, 예전엔 책을 읽었지만, 도시관에 가는 걸 좋아하지는 않는다고 답했다. "이상한 냄새가 나고 거기 있는 늙은 아줌마들은 이상한 눈길로 사람을 쳐다봐요"라고 말하면서 말이다.

잠들기 전까지 두세 시간, 혹은 네 시간 동안 조가 하는 일은 컴퓨터와 스마트폰으로 페이스북, 인스타그램, 트위터를 하면서 동시에 TV를 보는 것이었다. 게다가 숙제를 해야 할 시간에도 텔레비전과 컴퓨터에 매달려 있었다. 결국 모두 합하면 매일 거의 8~9시간을 미디어 앞에서 보내고 있었다. 이거야말로 멀티태스킹이라고 하지 않을 수 없었다! 공부할 필요가 없었기 때문에 조에게는 어떠한 학습 습관도 형성되어 있지 않았다. 엄마는 아이가 숙제 일정을 짜는 걸 도와준 적이 없었다.

한때, 조는 항상 숙제를 해 갔고 A학점을 받아 왔다. 열심히 책도 읽었다. 그런데 평소에도 부끄러움을 타는 성격인 데다가 자기 방에서 너무 많은 시간을 보내다 보니 도서관에 가는 걸 두려워할 정도로 자신감이 떨어져 있었다(늙은 아줌마들이 이상한 눈으로 쳐다본다니!). 잠을 제대로 자지 못했고 성적에 대한 고민 때문에 인지 능력도 손상된 상태였다.

조의 엄마는 헌신적이고 배려하는 성격이었지만, 불행히도 무조건적으로 칭찬이 좋다는 생각을 갖고 있었다. 두 과목에서 낙제했는데도 아이에게 똑똑하다고만 얘기하는 것은 도움이 되지 않는데 말이다. 더구나 그에 따른 당연한 귀결이지만, "넌 참 똑똑한 아이인데, 다만 더 열심히 하면 되는 거야"라는 말은 조의 실망, 분노와 무력감을 더해 줄 뿐이었다. 조는 더 열심히 해야 하는 게 아니라, 두뇌를 훈련시켜야 했다.

> 칭찬은 특정한 행동, 특히 노력에 대한 보상의 수단으로만 사용하라. "네가 열심히 노력해서 자랑스럽다", "참 열심히 했구나", 또는 "네가 노력하는 모습 잘 봤다" 같은 말들이 보상이 되며, 당신의 자녀가 가치를 느끼고 용기를 얻게 해 준다.

집중력 훈련소

우리는 조와 엄마에게 둘 다 6주 동안 아홉 가지 조건을 지키기만 한다면, 다시 수학과 과학 성적이 B⁻로 올라간다는 걸 보장한다고 말해 주었다. 우리는 함께 계약서를 작성했고 모두가 서명했다.

조는 기하학과 과학에서 어려움을 겪는 게 자신이 멍청하기 때문이라고 생각했었다. 실제로 자신이 똑똑했던 적도 없고 예전에 성적이 좋았던 건, 선생님들에게 사기를 쳐서 얻은 거라는 생각까지 갖고 있었다. 지난 6년 동안의 결과가 모두 '속임수'였다고 믿어 버린 것이다!

집중력 훈련에 임하는 건 조에게는 쉽지 않은 일이었다. 계약서의 조항들을 하도 싫어해서 계약서에 서명하기까지 두 번의 상담이 필요했다. 조의 엄마도 마냥 기뻐하지만은 않았는데, 특히 미디어 제한 조항 때문에 그랬다. 엄마도 딸만큼이나 미디어에 중독되어 있었기 때문이다. 나는 그때껏 조의 엄마가 문자를 보내거나 통화하지 않고 있는 모습을 한 번도 본 적이 없었다.

조의 계약서

1. 조는 미디어 기기가 없는 침실에서 10시에 불을 끈다. 엄마가 자연음을 내는 기계를 텔레비전 대신 사 준다.
2. 조는 온라인으로 도서관에 책을 대출 주문해 놓고, 엄마와 함께 대출하러 간다.
3. 조는 주중에는 매일 60분 동안 미디어에 접속한다. 텔레비전,

컴퓨터, 태블릿, 스마트폰 사용 시간을 모두 포함해서다(컴퓨터를 이용해야 하는 숙제는 예외로 한다). 엄마가 조의 컴퓨터, 태블릿과 핸드폰을 맡아 둔다. 조는 5시에 돌려받아 한 시간 동안 사용하고, 6시 5분에는 엄마가 회수해 잠가 둔다(추가된 5분은 핸드폰 달력에 숙제, 프로젝트, 연습 등의 일정을 기입해 두는 시간이다).

4. 조는 수학과 과학 선생님에게 추가적인 도움이 필요하며 성적을 올리고 싶다고 말한다. 점수를 올리기 위한 일에 필요한 만큼 방과 후에도 학교에 남는다(조의 목표는 뛰어난 성적, 입학 테스트와 인터뷰가 요구되는 관내의 최고 공립 고등학교에 진학하는 것이었다. 그 학교에 가기 위해서는 치열한 경쟁이 필수다. 한 과목이라도 D학점이 있으면 자동으로 실격이다. 성적을 올리는 게 꼭 필요했다).

5. 조는 좌절했을 때, 스스로를 위안할 수 있는 기분 전환법을 배우고 연습한다.

6. 조는 양 손목에 고무 밴드를 찬다. 부정적이거나 패배적인 생각이 들 때마다 그 고무 밴드를 당겼다 놓는다. 신체에 아무런 해를 입히지는 않지만, 주의 환기에는 매우 효과적이다.

7. 조는 기상 알람을 맞춰 놓고 스스로 일어나 점심을 먹고, 제시간에 스쿨버스에 탄다. 엄마는 학교에 데려다주지 않는다. 날씨가 좋을 때는 자전거를 타고 등교한다.

8. 조는 주중에 야외 활동 허가서가 나오면 육상 트랙 달리기를 신청한다. 부모님께 서명받은 허가서를 다시 학교에 제출한다.

9. 조는 일주일에 5일 동안 총 70분의 시간을 부엌 식탁에서 숙

제하는 데 할애한다. 숙제가 없거나 일찍 끝낸 날에는 책을 읽는다. 할당된 시간 안에 숙제를 끝내지 못하면, 어쨌든 멈추도록 한다. 70분이 조가 숙제할 수 있는 시간 전부이므로, 그 시간 동안 집중할 수 있게 두뇌를 훈련해야 할 것이다. 여기는 훈련소니까!

극단적 상황에는 극단적 처방이 필요하다

훈련소 방식이 모든 아이들에게 먹히지는 않는다. 대부분의 아이들은 이런 단계들을 시간을 두고 하나씩 접해야 한다. 조의 가장 큰 과제는 집중하고 미디어로부터 자유로울 수 있는 능력을 키우지 못했다는 점이었다.

조의 엄마는 자주 전화와 문자를 사용하고 TV를 항상 켜 놓고 있었기 때문에 좋은 롤 모델이라고는 할 수 없었다. 따라서 실제로는 엄마와 딸 모두에게 훈련소였던 것이다.

조는 언뜻 포기한 듯 보이고 계속해서 스스로에게 부정적인 메시지를 보내는 것 같았지만, 아직 희망한 고등학교에 진학하겠다는 동기는 남아 있었다.

집중력 훈련소는 다른 이유에서 조의 엄마에게 어려운 개념이었다. 자신의 딸을 그렇게 심하게 제한해 두는 것이 마치 나쁜 엄마 같다는 자책감을 주었기 때문이다. 허락 양육과 자율 양육의 차이점에 대해 그녀를 이해시키기까지는 설명이 필요했다.

자기 위안과 이완

스트레스에 대항하는 가장 강력한 무기는 하나의 생각을 선택할 수 있는 우리의 능력이다.

_ 윌리엄 제임스(William James), 미국 철학자, 심리학자

불안은 집중력을 망친다. 숙제를 이해 못 할까 봐, 바보같이 보일까 봐, 고함치게 될까 봐, 잘못해서 팀을 망칠까 봐, 자신과 부모님을 당황하게 만들까 봐 걱정하는 아이들은 완전히 집중하기가 어렵다. 다행스럽게도, 전투 중 불안을 해소하는 데 사용되던 기술이 있는데, '이완 반응'이라고 불린다.[7] 다음 두 가지만 하면 가능하다.

- ✓ <u>호흡 기술을 연습한다. 흔히 신호를 같이 이용한다.</u>
- ✓ <u>긍정적인 혼잣말을 한다.</u>

이완 호흡법과 긍정적 메시지

조의 계약서에 따르면 조는 좌절했을 때, <u>스스로를 위안할 수 있는 기분 전환법</u>을 배워야 한다. 심호흡 연습은 오래전부터 기분 전환과 집중을 돕는 데 사용되어 왔다. 중국에서는 수백만 명의 사람들이 매일 심호흡으로 수련한다.[8] 미국에서도 대부분의 프로 팀과 대학팀 코치들이 운동선수의 능력을 향상시키는 데 이 '이완 호흡법'을 권장하고 있다.[9] 미국국립보건원 부설 국립대체의학센터의 한 보고서를 살펴보자.

당신이 스트레스를 받을 때, 당신의 몸은 심장 박동과 호흡이 빨라지면서, 혈관이 수축한다. 이러한 반응 덕에 움직여야 할 당신의 신체 각 부위, 근육과 심장 등으로 에너지가 흘러가게 된다. 단기적으로 이 반응은 유용하지만, 이런 스트레스 상태에 오래 놓여 있게 되면 정서적 또는 신체적 피해가 발생한다. 스트레스는 우울, 불안, 다른 정서적 문제로도 연결된다.

스트레스 반응과는 대조적으로, 이완 반응은 심장 박동을 늦추고, 혈압을 낮추며, 산소 소비와 스트레스 호르몬의 분비를 감소시킨다. 이완은 스트레스의 반대이기 때문에, 이론상으로 이완법을 정기적으로 사용함으로써 스트레스의 부정적 효과에 대응할 수 있다.[주10]

우리가 시험을 치르거나, 화학 실험을 기록하거나, 역사적 인물들에 대한 단락을 읽고 질문에 답하거나, 시간제한이 있는 온라인 수학 시험을 치를 때처럼 뭔가에 불안해하고 있을 때, 우리의 몸은 마치 네안데르탈인이 거대한 송곳니의 호랑이를 본 것과 마찬가지의 반응을 보이게 된다. 우리가 도망치거나 싸우는 데 집중하게끔 비필수적인 뇌 기능은 정지된다. 단기 기억, 기록, 해독 기능과 계산이나 생각을 조직화하는 능력—이 모두가 우리가 학업을 수행할 때 필요한 능력들이다—을 사용할 수 없게 되는 것이다.

그런데 이때, 이완 반응을 유도할 수 있게 되면 숙제를 하거나 시험을 볼 때, 특히 도움을 얻을 수 있다. 기력이 떨어지기 쉬운 상황에서 지각력과 통제력을 불어넣는 것이다.

당신의 신체를 진정시켜라

아이들은 편안한 자세로 눕거나 앉아서 이완 호흡법을 익힐 수 있다. 먼저, 아이에게 눈을 감게 하고, 손을 단전에 모으게 한 뒤(이 자세로 호흡이 올바른지 알 수 있다. 올바른 호흡이라면 단전이 오르락내리락 할 것이다), 코를 통해 깊이 숨을 들이쉰 뒤, 단전 가득 숨을 모으고, 셋을 셀 동안 멈췄다가, 입을 통해 모두 뱉어 낸다.

그 뒤, 아이들에게 이제부터 몸을 차분하게 하고 뇌를 최고의 학습 효과를 낼 수 있는 상태로 만드는 쉬운 요령을 알려 줄 것이라고 말하라.

다음과 같이 말하면 된다.

눈을 감으세요(당신도 눈을 감아야 한다. 모든 동작을 아이들과 함께하라). 코로 크게 숨을 들이쉬고, 배 깊은 곳까지 숨을 채워 넣으세요. 손을 배에 올리고 배가 차오르는 걸 느껴 봐요. 이제 3초 동안 숨을 참아요. 하나, 둘, 셋 그리고 입으로 아주 세게 숨을 뱉어요. 모든 숨이 다 나올 때까지 해 보세요.

이 과정을 일고여덟 번 쯤 반복하라. 아이들이 제대로 따라하면 머리가 가벼워진 느낌을 받게 될 것이다. 산소가 더 빠르게 뇌에 전달되기 때문이다. 또한 산소와 이산화탄소가 빠르게 교체되면서 신경 말단에 약간 따끔따끔한 느낌을 받을 수도 있다. 당신이 이 호흡법을 눕거나 앉아서 하는 이유가 여기에 있다.

결국엔 대부분의 아이들이 이 호흡법을 익힐 수 있다. 처음 몇 분이 지나고 아이들이 '단전 심호흡'이란 개념을 익힐 때쯤, 다음과 같이 지시를 바꿔 보라.

"꽃내음을 맡듯이 코로 숨을 들이쉬었다가 셋 동안 참고 이제 촛불을 끄듯이 입으로 숨을 내쉬세요." 이 역시 똑같은 진정 효과가 있으면서도 아이들이 매일매일 사용할 수 있는 실용적인 방법이다. 우리 클리닉에서는 아이들이 이 호흡법으로 아침을 시작하고 하루를 마무리하도록 권하고 있다.

이 이완 호흡법을 집에서 가르치고자 한다면, 자녀와 함께 적어도 하루 두 번은 시도해 보라. 시간이 지나면서 아이들은 스스로 신호를 주는 법을 알게 되고, 그러면 한두 번의 심호흡으로도 근육이 이완될 수 있는 수준까지 이를 수 있다.

신호는 검지와 중지 손가락으로 관자놀이를 누르는 것같이 간단한 행동이면 된다. 한 번에서 세 번 정도의 심호흡과 결합해 몸이 이완의 단계로 접어드는 신호로 작용한다. 신호 주기를 가르칠 때 우리는 아이들을 긍정적인 자아의 상태, 차분하고 제어되고 만족스러운 단계에 접어들도록 이끄는 것이다. 다음에서 롭이 어떻게 그렇게 했는지 살펴보기로 하자.

롭의 시험 공포증

4학년인 롭(9세)에게는 잭 코리라는 훌륭한 선생님이 있었다. 코리 선생님은 롭이 시험을 칠 때 어려움을 겪는다는 점을 알아챘다. 롭은 열심히 공부하고, 숙제도 다 해 오는 밝은 성격의 아이지만 시험 불안 증세가 심해 고통 받고 있었다.

아무리 열심히 공부하고 내용을 다 이해해도 시험 때면, 롭은 공황 상태가 되고, 잔뜩 얼어붙어서 중구난방으로 찍기 일쑤였다. 매번 시험을 망치고 실망하고 낙담해 있었다. 학교의 커리큘럼 중에 시간 제한이 있는 온라인 테스트가 등장하자, 롭의 불안 증세는 더 심각해져서 아예 시험을 치르지 못하는 지경에 이르렀다.

코리 선생님은 수년간 요가 수행을 해 왔고 지역 YMCA 센터에서 요가를 가르치고 있었다. 그는 롭과 롭의 아빠에게 이완 호흡법의 원리를 설명했다. 이완 호흡법이 롭이 시험 불안을 누그러뜨리는 데 도움이 될 것이라 생각했기 때문이었다.

그다음 만남에서 코리 선생님은 롭이 긍정적인 자아 상태를 개발하는 것이 중요하다고 강조했다. 그렇게 하면 롭은 시험에서 통제력을 발휘할 수 있게 될 것이고, 자신이 시험을 치러 낼 힘이 있다고 확신할 수 있게 될 것이다.

롭의 혼잣말은 "나는 이걸 안다. 나는 잘할 것이다"였다. 롭은 집에서 충실히 수행했고, 모의시험에서도, 교실에서도 연습해 보았다. 마침내 실제 시험 상황에서도 사용할 수 있었고, 큰 성공을 거두었다. 자신감이 상승하면서 시험 성적도 급격히 올랐다. 롭은 선생님에게 이완 호흡법이 정말 도움이 된다고 이야기했다.

불안이 집중에 미치는 영향

시험 불안은 대부분의 부모들과 교사들이 인지하고 있는 것보다 훨씬 큰 문제다. 어른들은 시험을 제대로 보지 못하는 게 학생들이 공부를 하지 않아서이거나 제대로 공부하지 않아서, 또는 운이 나빴기 때문이라고 단정 지어 버리곤 한다. 아이들도 대개는 스스로를 탓하며, 좀 더 열심히 혹은 더 오래 공부해야 한다고 말한다.

만약 시험 불안 증세가 있다면, 아무리 뼈 빠지게 공부한다고 한들 소용이 없다. 믿거나 말거나, 너무 공부를 많이 하는 게 실제로는 더 깊은 상처가 될 때도 있다.[주11]

해결책은 시험이 학생을 좌우하게 하지 않고 학생이 시험을 제어하게 만드는 데 있다. 이완 호흡법이 그 비결이다. 심호흡, 신호, 그리고 긍정적 메시지가 필요하다. 시험 상황에서는 이들을 어떻게 구성하느냐가 가장 중요하다! 시험지를 받으면 우선 덮어 두고, 신호 행동(보통은 관자놀이를 만지는 행동)을 하고, 심호흡을 한 후, 조용하게 말한다. "나는 이 문제를 안다. 나는 시험의 주인이다. 나는 할 수 있다." 그러고는 시험지를 펴고 문제를 풀기 시작한다.

모든 시험 전략들이 모르는 문제에 너무 시간을 허비하지 말고 아는 문제부터 우선 풀라고 조언한다. 이래야 시간이 모자라 정확히 답을 아는 문제를 놓칠 우려가 줄게 된다. 다시 불안감이 밀려들면, 시험지를 덮고 이완 호흡법을 되풀이한다. 단지 몇 초가 걸릴 뿐이지만, 확실한 효과를 낼 수 있다.

때로 아이들은 빡빡한 시험 중에 시간을 낭비한다는 생각에 이렇게 하기를 꺼려 하기도 한다. 집에서 한번 이 과정에 소요되는 시간을 재 보라. 시험지를 뒤집고, 신호를 주고, 두세 번 심호흡을 하고, 속으로 메시지를 말하고, 다시 시험지를 돌려놓는 전체 과정이 결코 15초를 넘지 않았다!

온라인 시험에도 통할 수 있을까? 원칙은 같다. 똑같이 신호, 심호흡, 힘을 주는 메시지의 절차대로 하면 된다. 답이 잘못 나왔을 때나 한 섹션을 끝내고 다음으로 넘어갈 때도 이 방법을 사용할 수 있다. 휴식 시간도 없고 문제에 답할 시간이 겨우 2~3분밖에 주어지지 않았다고 해도 역시 이 방법을 쓰면 된다. 불안하거나 억눌린 기분이 들면서 다음 문제로 넘어가기 전, 눈을 감고 10~15초 정도 이완 호흡법을 한다. 뇌가 집중하지 못하는 상태에서 답만 좇으려 할 때보다 남은 시간을 훨씬 더 잘 사용할 수 있게 될 것이다.

조, 부활하다

조는 이완 호흡법을 수련했다. 하루에도 여러 번씩 힘을 주는 주문을 반복했다. "나는 어제보다 오늘 더 잘 안다. 나는 할 수 있다. 나는 나를 믿는다." 이렇게 조는 자기 위안에 숙달되었다.

집중력 훈련소를 방문한 지 3주가 지나자, 조는 도서관에서 빌려 온 책을 읽을 수 있는 시간 여유가 생겼다. 조, 엄마, 그리고 어린 동생은 저녁을 먹은 후 함께 독서하는 시간을 갖게 되었다. 이 조용한 활동 덕택에 조는 엄마와 소파에서 껴안고 뒹굴 수 있게 되었다. 참으로 오랜만에 가져보는 시간이었다.

5주 후, 조는 훨씬 더 잘하고 있었다. 여전히 때로는 컴퓨터 사용 제한에 대해 볼멘소리를 했지만, 엄마가 "아직 훈련 기간이야"라고 하기만 하면 한발 물러섰다.

조는 첫 육상 경기인 1,600미터 달리기에서 3등에 입상했다. "전 장거리가 아니라 단거리 선수예요. 하지만 대회에 나가니 코치 선생님이 제가 누구보다 긴 다리를 가졌으니 장거리를 뛰어 보라고 하셨어요. 죽는 줄 알았어요. 그런데 기분이 좋아요!"

조는 빠르게 성장했다. 성적표가 나오자 조는 상담 사무실로 가져왔다. 말 그대로 기쁨에 떨면서 말이다. 거의 대부분 A를 받았고, 과학은 A, 수학은 B+였다. 조는 자부심에 가득 차서 말했다. "제 수학 선생님이 이대로만 하면 다음에는 확실히 A를 받을 거라고 하셨어요!"

그런 뒤, 조가 제일 처음 한 질문은 10대답게 "이제 제 컴퓨터 돌려받을 수 있나요?"였다. 그러고는 재빨리 덧붙였다. "농담이에요!"

> 당신의 자녀가 당신이 읽는 모습을 보게 하라. 신문, 책, 잡지, 무엇이든 상관없다. 당신의 자녀는 그들이 본 당신의 모습을 모범으로 삼게 될 것이다.

미디어 소비는
집중력을 약화시킨다

우리는 *학습 습관 연구*를 통해 발견한 여러 가지 내용들을 이 책 곳곳에 밝혀 두었다. 가장 핵심이 되는 건 이것이다.

어떤 한계점을 넘어서면, 미디어에 노출되는 시간이 늘어날수록 아이의 정서적 균형, 학업 성적, 커뮤니케이션과 사교성은 악화된다는 점. *학습 습관 연구*는 미디어를 사용한 시간과 유형을 조사하는 데 그치지 않고, 그 사용이 여러 행위자에게 어떤 영향을 주었는지를 관찰했다는 데 더욱 의의가 깊다.

2010년 아이오와 주립 대학의 한 연구팀은 3~5학년 사이의 1,300명이 넘는 아이들과 210명의 대학생을 대상으로 조사했다. 그들은 미디어 노출 시간이 하루 2시간 이하인 학생들과 2~7시간인 아이들을 비교해 보았다. 그들이 밝혀낸 바에 따르면, 미디어 노출 시간이 2시간을 넘어서는 학생들은 대조군에 비해 두 배나 높은 주의력 문제를 안고 있었다.[주12]

이는 새로운 소식이 아니다. 생물학자이자 심리학자인 애릭 시그만Aric Sigman은 "성장기 아이들의 취약성 때문에 9세까지는 컴퓨터 사용을 일절 금지해야 한다"고 주장해 파문을 일으켰다. 영국 왕립의학 협회 회원이기도 한 시그만 박사에 따르면, 컴퓨터 사용은 성장기 아이들의 정상적인 주의력 발달을 지연시킨다.[주13] 많은 과학자들이 그의 연구에 이의를 제기했으나, 미디어 사용이 뇌의 발달에 신경학적인 방해를 끼칠 수 있다는 가능성은 더욱 대두되었다.

그의 연구는 멀티태스킹과 아이의 주의력 및 집중력 유지 능력은 직접적인 대립 관계에 있음을 보여 준다. 본질적으로, 아이들은 한 번에 단 하나씩의 기술만을 몸에 익힐 수 있다. 부모들은 자녀가 컴퓨터를 통해 배울 수 있다는 생각으로 어린 나이의 자녀에게 컴퓨터를 사용하도록 허락하지만, 사실은 아이의 학습 능력을 파멸시키고 있다. 아이들은 더 총명하게 자라기 어렵게 되고, 지식 기반이 감소하고 집중할 수 있는 능력이 줄어들게 될 것이다.주14

학교 숙제를 통해 집중력을 길러라

우리는 임상 진료를 통해, 숙제를 끝마칠 만큼도 집중하시 못하고 책을 읽을 동기조차도 부족한 아이들이 점점 늘고 있다는 것을 알게 되었다.

집중력은 여러 가지 심리적이고 생리적인 기능들과 연관성이 있다. 이런 기능들이 모두 모여 우리의 학습 습관을 형성하게 된다. 그 중에는 아래 사항들이 포함되어 있다.

✓ 자기 위안의 능력.

- ✓ 휴식하는 능력.
- ✓ 제한시간 내에 기능하는 능력.
- ✓ 좌절감을 다루는 능력.
- ✓ 문제 해결 능력.
- ✓ 달성가능한 목표를 설정하는 능력.
- ✓ 일의 상대적인 중요성을 이해하는 능력.
- ✓ 만약 일의 난이도가 너무 높으면 도움을 받게 될 것이란 확신.

집중력이 약한 아이들은 학교에서의 문제로 인해 자존감이 낮고 불안감이 심할 가능성이 높다. 청년기가 되면, 사회적 자신감이 낮아 스스로를 진정시킬 도구로 담배, 술, 혹은 다른 약물을 찾을 가능성도 높다.[주15]

정해진 시간 동안 집중하지 못하는 증상은 치유가 쉽지 않지만, 이 장에서 소개된 습관을 배움으로써 개선해 나갈 수 있다. 이 습관들은 아이가 자신감을 갖고, 자신의 학업을 완수하고, 탄탄한 사회적 관계를 발전시키고, 만족스러운 경력을 일구는 능력에 필수적인 것들이다.

Learning
Habit

08

자립하는 습관

자립하는 용기를
어떻게
기를 것인가

> "인생은 어떤 예정된 것이 아니다.
> 인생은 인생 그 자체다.
> 당신이 인생에 대처하는 자세가
> 당신의 인생을 다르게 만드는 것이다."
> _ 버지니아 사티어(Virginia Satir), 미국 작가, 심리 치료사

2013년, 소위 '천재상'이라 불리는 '맥아더 펠로우십'의 수상자 중 한 명인 심리학자 안젤라 리 덕워스Angela Lee Duckworth는 '용기Grit(투지, 담력, 근성 등을 말한다_옮긴이)와 자기 통제'에 관해 연구했다.

미국 정신의학회가 발간하는 잡지인 《모니터 온 사이콜로지》 2013년 12월호에 실린 인터뷰에서 덕워스는 용기란 '열정과 인내로 시간을 견디며 매우 장기적 목표를 추구하려는 기질'이라고 정의했다. 나아가 '단거리 경주가 아닌 마라톤과 같은 인생에서 꼭 필요한 것'이라고 덧붙였다.주1

자립하는 용기는 왜 필요하며, 어떻게 인생을 바꿀까?

근성을 가진 아이로 키워라

에린과 데빈

여섯 살 에린은 난생 처음 테니스 라켓을 잡아 봤다. 에린은 그새 라켓을 손에 쥐고 촘촘히 조인 테니스줄을 갖고 놀길 좋아했다. 부모들은 여름에 에린을 두 언니들과 함께 테니스와 수영 수업에 등록시켰다.

테니스 수업 첫날, 에린은 긴장했다. 다행스럽게도, 언니 리즈와 에린은 같은 반에 편성되었다. 리즈는 섭씨 38도나 되는 미친 듯 더운 날씨에 밖에서 뜨거운 콘크리트 위에 서 있어야 한다는 점에 불평을 늘어놓곤 했다. 리즈는 그즈음 연습을 빠지게 해 달라고 부모님을 졸랐고, 엄마는 극성스러운 딸의 요구를 들어주었다. 하지만 에린은 결코 연습을 빼먹는 일이 없었다. 어서 코트로 나서지 못해 안달이었다.

여름이 깊어 갈수록 에린의 실력은 기본기를 갖춰 나갔다. 포핸드와 백핸드 그립을 배웠고 스윙을 연습했다. 에린은 또한 어른들의 토너먼트 시합도 구경하면서, 그들의 스피드와 정확성에 놀라기도 했다. 자신도 시합에 나갈 수 있을 만큼 어서 키도 크고, 실력도 늘기를 바랐다. 다음 해 봄이 오자 근처 건물 외벽에 대고 볼을 치면서 연습을 계속했다.

6월이 되자, 에린은 다시 테니스를 배우고 싶어 안달이 났다. 수업 첫날, 자신의 실력이 다른 학생들보다 월등히 좋아졌다는 사실에 에린은 뛸듯이 기뻤다. "누군가는 겨우내 계속 연습했구나!" 론 코치가 거들었다. 친구들이 네트 위로 겨우 볼을 힘들게 넘기는 모습을 보면서, 더는 그런 수준에 머무르고 있지 않은 자신이 자랑스러웠다!

에린은 같은 반 친구인 데빈과 자주 짝이 되어 테니스를 치게 됐다. 데빈은 에린보다 한 살 어렸지만, 반에서 두 번째로 테니스를 잘 치기로 유명했다. 에린과 데빈은 이후 몇 년 동안 라이벌 관계를 유지했다.

몇 년 뒤, 열두 살이 된 에린은 클럽 토너먼트에 참가하기 시작했다. 상대는 겨우 한두 살 더 나이가 많았을 뿐이지만, 그들의 실력은 에린을 상대적으로 왜소해 보이게 만들었다. 에린은 서브를 받아넘기는 데도 여러 번 실패했다. 그런데 하필 언니 리즈가 경기를 보러 온 날, 상대 선수에게 심하게 패하자 에린은 당황스러웠다(리즈는 첫 여름 후에 테니스를 그만두었다).

다음 해 여름, 에린은 테니스 수업에 참가한 친구도 없다며 쉽게 흥미를 잃고 말았다. 에린의 엄마가 물었다. "너 정말 수업을 듣지 않을 거니?" 에린이 대답했다. "네. 전 그냥 친구들과 어울리고 싶어요. 게다가 이번 여름에는 베이비시터 일을 여러 건 해야 하거든요."

에린은 테니스를 1년하고 반 년을 더 쉬었다. 그 시간이 얼마나 큰 차이를 만들었을까?

데빈은 에린이 테니스를 떠난 그해에도 계속 쳤다. 여름 내내 클럽에서 연습했고, 겨울에는 개인 수업도 받았다. 서브에 백스핀을 넣는 법을 배워 서브는 더욱 강력해졌다. 심지어 프로 테니스 선수도 그

서브를 받기가 어려울 정도로!

에린이 1년 이상 테니스를 쉬는 사이에 친구 몇 명이 8월에 있을 고등학교 테니스 팀 테스트에 도전할 거란 소문이 들려왔다. 원래 테니스를 좋아했던 에린은 이제와 뒤처지는 것이 싫었고, 심지어 자기가 왜 테니스를 그만뒀는지 기억조차 나지 않았다.

테니스 팀 테스트에 참가한 에린은 대표 팀 중 순위가 낮은 복식조에 간신히 한 자리를 차지할 수 있었다. 그해 라이벌 학교와의 시합에서 에린은 오랜 친구 데빈을 봤다. 1학년인 데빈은 그 학교 대표 팀의 에이스 선수로 성장해 있었다. 에린은 충격을 받았다. 데빈이 어떻게 그새 저렇게 잘하게 됐을까?

몇 년이 지난 뒤, 대학에 간 에린은 지역 뉴스에서 인터뷰하는 데빈의 모습을 보게 됐다. 데빈은 주내의 최고 선수에 올랐고, 테니스로 이미 장학금을 받고 있었다!

:: **저자의 한마디**

부모들은 대학에서 운동이나 공부로 장학생이 되는 아이들을 타고난 수재라고 생각한다. 하지만 그 아이들이 여섯 살, 혹은 열 살무렵이었던 때로 돌아가 보면, 그들에게서 어떤 특별한 점이나 재능 따윈 발견할 수 없다. 그저 아이가 단순히 같은 일을 반복하고, 연습하고, 그만두지 않은 것이 비결임을 알 수 있다. 특별한 능력도 아니고, 마술도 아니다. 순전히 억센 끈기 덕에 그렇게 된 것이다.
고등학교 시절, 어떤 일에 사로잡혀서 최선을 다하고 그만두지 않는 학생은 천천히 무리의 맨 앞으로 나오게 되는 이치이다.

특별한 능력

에린과 데빈, 양쪽 가족을 이어서 인터뷰하면서, 우리는 '특별함'이라는 단어를 듣게 됐지만, 그 의미는 서로 판이하게 달랐다. 에린의 부모 그리고 데빈의 부모와 함께 한 인터뷰에서 그 단어가 어떻게 사용되었는지를 보자.

> **에린의 엄마** 데빈이 주에서 최고의 선수가 되었다는 소식을 들은 날, 기분이 묘했어요. 에린도 쉽게 테니스를 그만두는 게 아니었다고 후회했지요. 전 에린이 자신의 능력에서 뭔가 '특별한 점'을 발견했다고 생각하지 않아요. 돌이켜보면, 에린이 계속할 수 있도록 우리가 뭔가 보상을 주었으면 어땠을까 싶어요. 그랬다면 더 열심히 노력해 볼 수도 있었을 거예요. 데빈에게 일어난 일이 에린을 괴롭힌다는 걸 전 압니다. 제 말은 그 자리가 에린의 차지가 될 수도 있었을 거란 얘기죠.

> **데빈의 엄마** 데빈은 항상, 정말 열심히 테니스를 쳤어요. 어렸을 때 우리는 고등학교 테니스부에 대해 이야기했고 데빈을 위해 몇 가지 목표를 세웠지요. 아이는 정말로 팀에 들어가고 싶어했고 테니스 수업을 받아도 되냐고 물었어요. 데빈이 2학년이 될 즈음, 제 남편과 저는 아이가 대학 팀에 들어갈 만한 자격이 된다는 걸 알게 됐지요. 그때 기분이 이상했어요. 우리는 데빈이 이렇게 대단한 운동선수가 될 줄은 전혀 생각해 보지 않았

거든요. 그냥 테니스를 치는 평범한 아이였을 뿐이에요. 능력에 뭔가 '특별한 점'도 없었고요.

에린은 자신의 초기 성공을 타고난 능력으로 여겼다. 그런데 경기에서 지기 시작하자 자신의 능력에 의심이 들기 시작했다. 결정적 한 방은 언니가 경기를 보러 와서 참패하는 모습을 보이게 됐을 때였다. 수치심을 느꼈다. 만약 에린이 다른 방향을 선택했다면 어땠을까.

- ✓ 자신의 성공을 연습에 쏟아부은 노력의 대가로 여겼다면, 패배에 대해 다르게 반응했을 것이다.
- ✓ 뛰어난 테니스 선수가 되길 진지하게 원했다면, 에린은 장기적 목표를 세우고 그 목표를 달성하기 위해 연습에 매진했을 것이다.
- ✓ 그로 인해 희생되는 대가(친구들과 어울리지 못하고 거듭 패배하고, 언니가 그 패배를 지켜봤을 때의 당혹감을 받아들이는 것)가 상관없을 정도로 충분히 원했다면, 아마도 챔피언이 되는 건 에린이었을지 모른다.

에린이 데빈의 성공을 충격적으로 받아들인 이유는, 에린이 여전히 노력이 아닌 능력이라는 관점에서만 생각하고 있기 때문이었다. 능력만으로는 성공을 보장하지 못한다. 에린의 엄마 역시 그걸 이해하지 못하고 있었다.

하지만 데빈의 엄마가 들려준 말에서, 그녀는 자신의 딸이 그렇게 잘할 수 있게 된 것은 테니스를 계속해 왔기 때문이란 걸 이해하고 있음을 알 수 있다. 데빈은 수년간 테니스와 함께해 왔고, 그 점이 차이를 만들었다. 데빈과 에린 둘 다 능력이 있었지만, 데빈에게는 근성도 있었던 것이다.

2013년 《교육 심리학 저널》은 「대학에서의 성공에 대한 색다른 예측 변수에 대한 연구」라는 기사를 게재했다. 이 기사는 1학년을 잘 마친 대학생들의 핵심적인 특징은 '투지, 그리고 의무와 약속을 완수하려는 경향'이라고 말했다.[주2] 끝까지 완수하려는 고집, 끈기, 의지, 인내가 '용기'란 덕목의 특징이다.

자기 통제와 만족 지연

누구라도 내게 '넌 할 수 없다'고 말하면, 나는 그냥 가만히 듣고 있지만은 않았다.
_플로렌스 그리피스 조이너(Florence Griffith Joyner), 올림픽 금메달리스트

덕워스 박사는 자기 통제에 관해 '목표를 달성하기 위해 당면한 방해와 유혹에 저항하는 능력'이라고 설명한다. 예를 들어, 당신이 어느 날, 운동을 하겠다는 목표를 세웠으나 결국 소파에 앉아 TV만 보

고 말았다면, 그건 자기 통제의 실패라고 할 수 있다.[주3]

용기란 개인적 목표를 추구하는 것과 관련이 있지, 명성이나 타인에 대한 우월감을 좇는 것이 아니다. 칭찬이나 보상 등 외부에서 주어지는 것은 투지 넘치는 사람들에게는 주요 동기 요인이 아니기 때문에 필요조건이 되지 않는다.

단기적이든 장기적이든 개인적 목표에 집중하는 능력은 아이들 스스로가 당장 즐길 후 있는 활동을 멀리하면서 일을 완수하도록 해준다. 그렇게 요구받지 않았음에도 인내하는 아이들이라면 원래의 목표 달성에 실패했든 성공했든 관계없이 마땅히 칭송받아야 할 것이다. 우리가 '리더십'이라고 부르는 자질은 사실 인지, 인내, 그리고 목표를 위해 당장의 만족을 미뤄 두는 능력과 아주 밀접한 관련을 맺고 있다.

억센 끈기를 지닌 레이먼드

우리가 처음 레이먼드(9세)를 만났을 때, 레이먼드는 3학년이었고, 신경 장애를 앓고 있었다. 레이먼드는 투렛 증후군(특정한 행동과 소리를 조절하지 못하고 반복적으로 보이는 신경 질환_옮긴이)과 주의력결핍장애로 고통받고 있어 학교를 쉬고 있었다.

촉각과 지각력에도 문제가 있어서, 옷 입기 같은 일상적인 활동조차 어려운 상태였다. 말하자면 자기 근육을 제대로 통제하지 못했다. 누구와도 눈을 맞추지 못했으며, 억지로 시키지 않으면 입도 열지 않았다. 지켜보기가 안타까울 정도로 말도 더듬었다.

레이먼드는 네 명의 남자아이들과 그룹을 이뤄 치료를 받았는데, 특이한 점은 이 친구들이 레이먼드를 향해 보통 리더에게나 보내는 존경심을 보였다는 사실이었다. 친구들은 레이먼드 입장에서 말하는 게 얼마나 어려운지를 이해했고, 그래서 레이먼드가 무슨 말이라도 하면 주의 깊게 경청했다. 질문이나 다른 의견이 있을 땐, 남자아이들 중 한 명이 꼭 물었다. "네 생각은 어때, 레이먼드?" 레이먼드는 아직 잘 모르고 있었으나, 레이먼드에게는 이미 리더로서의 특징이 있었던 것이다.

치료를 시작한 지 여러 달이 지나서, 레이먼드는 자신의 꿈이 정치인이나 육군 대장이 되는 것이라고 밝혔다. 다른 아이들은 그 원대한 꿈에 매료되어 끊임없이 질문을 해 댔다. 레이먼드는 정치인이 되겠다는 꿈에 대해 이야기할 때는 더듬지도 않고 말할 수 있었다.

책 읽기는 레이먼드에게 어려운 일이라 책을 많이 읽지 않았다. 우리가 독서란 매우 중요한 기술이라고 말하자, 레이먼드는 잠시 생각하더니 주저하면서 물었다. "만화책도 괜찮나요? 전 만화가 좋아요." 그러자 레이먼드의 아빠는 당장 범죄와 싸우는 영웅물 만화책을 한아름 사다 주었다. 레이먼드는 정말 좋아했다! 엄마는 레이먼드에게 그 만화들을 소리 내어 읽어 달라고 청했다. 처음엔 심하게 더듬었으나, 일단 스토리에 빠져들면 더 잘 읽어 나갔고 말도 덜 더듬었다.

물론 교사들과 주변 사람들로부터 '더 열심히 하라'는 푸대접을 받기도 했다. 울음을 터뜨려야만 가까스로 버스에서 내릴 수 있었고, 그룹 치료에서 학교에 대해 말할 때는 종종 소리를 지를 때도 있었다

─ 결국 레이먼드의 부모들은 변호사를 고용해 학교에서 레이먼드가 특수 교육을 받을 수 있도록 조치했다 ─ 이런 나쁜 대접을 받을수록 레이먼드는 점점 더 단단해졌다.

어느 토요일, 레이먼드는 그야말로 그룹 치료실로 깡충깡충 뛰면서 들어왔다. 모든 활동이 끝나고 그 주에 생긴 최고의 일에 대해 말하는 시간이 되자 레이먼드는 "학교에서 좋은 일이 있었어요" 하고 입을 열었다.

우리는 나중에야 레이먼드가 같은 반 학생들 앞에서 소리 내어 보고서를 읽었다는 사실을 알았다. 레이먼드는 아이들 앞에서의 발표가 면제되었지만, 어떻게든 해냈다. 선생님은 엄마에게 전화를 걸어 레이먼드의 놀라운 결정에 대해 칭찬했다.

레이먼드가 치료 그룹을 졸업하는 날, 누구 하나 울지 않는 아이들이 없었다. 수많은 소년들이 치료를 받으러 오고 갔지만, 레이먼드는 특별했다. 그는 리더였다. 차분하고, 친절하며, 겸손했던 레이먼드에게는 억센 끈기와 용기가 있었기 때문이었다.

우리는 지금도 레이먼드와 그의 가족과 연락을 주고받는다. 신경 장애에도 불구하고 레이먼드는 만 18세가 된 다음 날, 바로 주방위군에 입대했다. 지금은 혼자 힘으로 대학 학비를 낸다. 레이먼드의 상관은 그의 가족들에게 레이먼드가 훈련소를 잘 견디면 장교로서의 자질을 갖춘 것이라고 했다. 친구들이 모두 휴식을 즐기던 고등학교 여름 방학에 레이먼드는 훈련소에서 땀을 흘렸다.

물론 레이먼드는 훈련소에서 심한 스트레스를 받아 틱 장애가 다시 발생하기도 했다. 레이먼드는 여러 번 집으로 전화해 불안하고 그만두고 싶다고 했다. 부모님은 계속해 보라고 북돋아 줬다. 그에게는 목표가 있고, 포기를 모른다는 점을 일깨워 줬다. "네 자신과 네 목표를 믿으렴" 그것이 부모님의 충고였다.

그해 여름, 레이먼드는 훈련소 과정을 마치고 다음 해 봄에 고등학교를 졸업했다. 이제는 대학에서 사회학을 주전공으로, 범죄행정학을 부전공으로 하고 있다. 대학 졸업 후에는 군대 헌병 장교로 주방위군에서 복무할 계획이다. 그런 다음엔, 또 누가 알겠는가? 레이먼드에게는 진정한 용기가 있으니 한계란 없다!

용기의 세 가지 요소[4]

1. **목표를 이룰 수 있다는 신념** 신경 장애 같은 도전과 곤란을 극복할 수 있게 해 준다.

2. **목표에 대한 열정** 오랜 시간 당신이 목표에 헌신하고 낙관적인 태도를 갖게 해 준다. 레이먼드는 지금까지 평생 이 열정을 갖고 살았다. 가치 있는 목표를 이루는 일에는 노력과 인내가 요구된다. 쉽게 얻을 수 있는 게 아니다.

3. **목표를 이루는 데 드는 대가를 인식하면서도 어떻게든 달성하는 능력** 용기를 가진 사람은 실패나 자격 부족에 대해 걱정하지 않는다. 이루고자 하는 바에 깊이 집중하고 있기 때문이다. 레이먼드는 여름 방학과 여자 친구와의 시간을 포기했지만, 덕분에 자신의 목표에 한걸음 더 다가설 수 있었다.

'목덜미 탯줄'로 태어난 에단

가브리엘라는 열 명의 자녀를 두고 있다. 그녀는 가족과 함께 널찍한 농가에 사는데, 현관에는 온갖 종류의 남성용, 여성용 스포츠 장비들로 가득 차 있다. 좀 지저분하지만, 부지런하고 활동적인 아이들이 사는 활기찬 가족을 말해 주는 모습이다.

가브리엘라의 자녀 중 세 명은 대학을 졸업하고 좋은 직장에 다닌다. 다른 세 명은 대학 재학 중이라, 그녀는 "이제 넷만 더 보내면 해방이다!"고 탄성을 외친다.

자녀들은 전국에 퍼져 산다. 캘리포니아, 콜로라도, 조지아, 뉴멕시코. 대학에 입학하러 떠나는 자녀들에게 그녀는 한결같이 똑같은 말을 했다. "너희는 여름 방학 동안엔 집에 와 있어도 된다. 하지만 학교에 다니는 동안에는 네가 알아서 살아야 하고, 네 집을 구할 방도를 찾아야 할 거야."

가브리엘라는 명랑하게 말했다.

"첫째를 낳은 후에 남편과 함께 공항에 갔을 때였어요. 거기서 아이 다섯을 둔 한 가족을 봤는데 정말 엄청나더라고요! 그 애들 중 맏이가 아마 대학에 입학하거나 유럽으로 여행을 가는 모양이었는데, 그 애 행색이 얼마나 추레하던지. 머리는 헝클어져 있고, 옷가지가 가방 밖으로 비죽 나와 있었죠. 전 생각했어요. '대체 어떤 부모가 애를 저렇게 내버려 둔다지? 저래서 어떻게 애가 살아남겠어?'"

그녀는 웃으며 말을 이었다.

"그런데, 지난 6월에 할(18세) 때문에 공항에 갔어요. 아르바이트를 해서 모은 돈으로 여름을 유럽에서 보내겠다길래 배웅을 가러 가는 길이었죠. 짐이 잔뜩 든 배낭을 메고 있는 할은 마치 노틀담의 꼽추 같았고, 행색은 급히 자다 나온 꼴을 하고 있더군요.

남편과 전 할의 얼굴을 보다가 그만 크게 웃고 말았어요. 웃다가 거의 울 뻔했죠. 예전에 공항에서 봤던 그 아이가 결국은 우리 애와 마찬가지였던 거죠."

에단에 대해 말할 때는 좀 더 진지해졌다.

"여덟 째인 에단이 태어났을 때, 유일하게 남편이 분만실에 들어왔죠. 에단은 탯줄이 목에 걸려서 얼굴이 파랗게 질려 질식할 상황이었어요. 죽은 것처럼 보였죠. 탯줄을 풀어 주고 나서야 울음을 터뜨렸어요. 다른 애들보다 훨씬 크고 우렁차게요.

에단은 항상 달랐어요. 어린이집에 보내니 개 선생님이 아이가 말을 전혀 못 한다는 거예요. 손가락으로 가리킬 줄만 안다고요. 심하게는 아이가 미친 것 같다고 했어요. 눈을 부릅뜨고 방을 둘러보기만 한다고요. 다른 아이들과 어울리는 법을 몰랐어요. 그냥 뚜렷한 이유 없이 소리만 지르고요. 옷을 입힐 땐 전쟁 같았죠. 안기는 것도 질색을 해서 가만히 껴안을 수도 없었죠.

걱정이 이만저만이 아니었죠. 그래서 우리는 치료사에게 도움을 요청했어요. 치료사가 한 주에 세 번 어린이집에 가서 에단을 살펴봤어요. 그의 말로는 에단이 모임 시간마다 항상 맨 끝에 앉아서 다른 아이들이 다가오는 것도 원치 않고, 문 앞에만 있다고 했어요. 그런데 갑자기 치료사는 에단이 태어날 때 탯줄이 목에 걸렸었는지 묻더군요. 질식했었냐고요.

　남편과 전 충격을 받았죠. 그때를 생각하면 아직도 소름이 돋아요. 제가 그랬다고 대답하자, 치료사는 다른 행동들에 대해서도 물었어요. 양말이 너무 꽉 낀다고 하고 옷 상표 라벨이 불편하다고 하지 않던가요? 방한복처럼 무거운 옷을 싫어하나요? 안기거나 눌리는 걸 싫어하나요? 말하는 문제 말고도 성장 발달 기준에서 벗어나는 점이 있나요?

　치료사 말로는 그런 것들이 '목덜미 탯줄'로 태어난 아이들에게서 흔히 볼 수 있는 행동들이라고 하더군요. 그는 우리 아들이 첫 숨을 쉬려 할 때, 목이 졸려서 거의 죽을 뻔했고 그것이 아이의 인생에 결정적인 순간이었다고 설명하더군요. 치료사는 '에단은 맨 끝줄에 앉아요. 탈출할 경로를 확보하는 겁니다. 꽉 끼는 옷이나 닫힌 공간을 싫어하는 것도 그 때문이죠'라며 다행히도 극단적인 신경 장애의 징후는 보이지 않는다고 하더군요.

　하지만 에단에게, 그리고 남편과 제게 있어서, 좌절감과 싸우는 건 아주 긴 여정이 될 터였죠. 우리 일은 에단이 존중받고 평범하게 자라도록 기회를 만들어 주면서 아이가 안전하다고 느끼게 해 주는 것이었죠. 에단에게 탈출할 곳을 만들어 줘야 했어요.

　우리 부부는 치료사의 충고에 따랐어요. 어디를 가든 줄을 서야 할 땐 항상 맨 앞이나 맨 뒤에 섰죠. 영화관에선 에단을 비상구 옆 통로 쪽에 앉혔어요. 세상이 얼마나 북적이는지를 미처 알지 못했죠."

　가브리엘라에게는 자녀들에게 상속해 줄 만한 대단한 재산이랄 것도 없었고, 자녀가 열이나 되는 터라 어느 한 아이를 애지중지 아끼기도 힘들었다. 아이들이 뭔가 바라는 게 있다면, 스스로 그 길을 찾아야 했다.

에단도 예외가 아니었다.

"에단에게 있어서는 우리의 목표는 달랐어요. 학교에 입학한 첫날, 남편과 전 아이를 교실에 데려다 줬어요. '제발 친구가 생기게 해 주세요, 단 한 명만이라도'라고 기도했어요.

에단이 그렇게 노력하는데도 모두가 에단을 좀 이상하게 생각하자 제 속은 까맣게 탔죠. 매일 밤 저녁식사 때, 우리는 에단에게 누구랑 얘기했는지를 물었어요. 에단은 학교에 가서 점점 더 많이 말했죠. 친구를 사귀기까지 1년이 걸렸지만 마침내 그렇게 됐을 때, 아이에게 세상이 문을 열어 준 거죠. 전 에단을 키우는 일이 다른 모든 자식을 합친 것보다 더 힘들었다고 장담해요.

에단은 지금 대학에 다니고 있고, 제 자식들 중에서 가장 친한 친구를 많이 둔 것도 에단이에요. 에단이 누군가를 받아들였다는 것은 정말 놀라운 일이죠."

에단은 결코 포기하지 않았다. 매일 계속 노력했다. 용기를 가진 아이다.

자원 제약이 어떻게 아이에게 용기를 길러 주는가

> 왜 젊은 성인들은 그토록 자기 중심적이고 즉각적인 만족을 추구할까? 그건 나이 든 어른들이, 대개 권력을 가진 입장에서, 그런 방식을 보여 주기 때문이다.
>
> _ 레이먼드 아로요(Raymond Arroyo), 작가, 프로듀서, 뉴스 디렉터

용기가 발달한 아이는 공통적으로 호기심, 낙관성, 풍부한 심성, 회복력 등의 특징을 갖는다. 용기는 시험에서 좋은 점수를 받거나, 중앙선에서 3점 슛을 넣거나, 수학 방정식을 외우는 것과는 아무런 관련이 없다. 하지만 미래의 성공을 정확하게 예견해 주는 믿을 만한 지표이다.

용기가 발달하는 데 있어선, '적을수록 많은 것'이다! 물건이 적을수록, 칭찬이 적을수록, 스트레스가 적을수록 용기는 늘어난다. 자원이 제약된 가정에서 자란 아이는 대체로 자립심과 용기가 잘 발달돼 있다. 비교적 어린 나이에 자율성과 책임감이 더 많이 부여되기 때문이다.

지금 이야기하는 건 단지 학교 가기 전, 제 침대를 정리하는 수준이 아니다. 삶을 유지하는 데 필요한 집안일을 책임지는 그런 것이다. 헬리콥터 부모에게는 이상하게 들릴 수 있겠지만, 이런 아이들은 그런 무거운 짐을 견뎌 내는 데 그치지 않고 오히려 즐기는 모습도 자

주 보인다.

아프리카 아이들의 혁신과 자원의 풍부함에 대해 연구해 온 저널리스트 다요 올로파데는 2012년 《뉴욕타임스》에 기고한 기사 「유아와 아동 보육, 아프리카의 방식」에서 전 세계 다양한 가정들에서 아이들의 용기가 어떻게 개발되는지에 대해 논했다.

자원이 제약된 상황에서 보통 나타나는 '일단 부딪혀 봐' 식의 압력은, 실제로는 이득을 가져온다. '인내의 창문'을 넓히고 적응력을 발전시킨다. 세균이 면역 체계를 구축하게 되듯이, 자녀 양육의 자율성은 자녀들의 풍부한 능력을 개발할 수 있다. 또한 유머 감각과 정의감을 고취시키는 데도 도움이 된다.[주5]

학습 습관 연구는 다음의 내용들을 밝혀냈다.

- ✓ 초등학생 중에는 자기 침대를 정리하는 아이들보다 핸드폰을 가진 아이들이 더 많다.
- ✓ 5~11세 아이들 중, 28~38퍼센트의 아이들이 거의 혹은 전혀 집안일을 하지 않는다.
- ✓ 12~18세 아이들 중, 28~40퍼센트의 아이들이 거의 혹은 전혀 집안일을 하지 않는다.

자립심 학습 습관을 연구를 통해 얻은 통계 자료들과 비교해 봤을 때, M² 세대 아이들에게서 버릇없고, 응석 부리고, 자기중심적인 성향을 보게 되는 건 전혀 놀라운 일이 아니었다.

이 응석받이 아이들이 구태여 무슨 일을 할 필요를 느낄까? 굳이 힘들이지 않아도 모든 걸 대령해 주는데! 환경은 풍족하지만, 세상의 현실과 단절되어 있는 삶에서 아이들이 잃어버리고 있는 것은 진정한 용기이다.

톰과 아들 트레버

두 아이의 아빠인 톰은 부모가 모두 일하는 중산층 가정에서 자라났다. 그의 부친은 경찰관이었고, 모친은 교사였다. 장학생이었던 톰은 학비를 내기 위해 아르바이트를 했고 혼자 힘으로 대학을 다녔다. 현재는 대기업의 고위 임원으로 재직하고 있다. 그 위치에 오르기 위해 힘든 줄도 모르고 일했으며, 천천히 하지만 분명하게 승진의 길을 밟아 왔다. 톰의 연봉은 30만 달러(한화 약 3억 원)가 넘는다.

톰의 자녀들은 돈으로 살 수 있는 모든 걸 누려 왔다. 하지만 톰은 사실 이 부분을 깊이 걱정하고 있다. "제 아이들은 아직 자신의 것을 찾지 못했어요. 전 이해할 수 없습니다. 저와 아내 모두 뛰어난 학생이었지요. 우리 아이가 똑똑하지 않은 건 아닌 것 같은데……. 특히 트레버. 트레버는 어려워요. 뭐가 문제인지 모르겠습니다. 제 아내가 올해 트레버를 데리고 상담을 받으러 갔었어요."

아들 트레버는 몬태나에 있는 한 대학에 입학할 계획인데, 그 대학을 고른 건 트레버가 스노보딩을 즐기기 때문이다. 톰은 당연히 혼란스럽다.

"전 제가 일하는 이유가 우리 아이들에게 '최고'를 제공해 주는 것이라고 생각했습니다. 제가 겪었던 어려움을 제 아이들은 겪지 않도록 말이죠. 그런데 이해가 안 돼요. 이 녀석은 고생도 안 하는데 그저 방황하고 있어요. 어떤 일에도 진정으로 헌신할 줄 몰라요."

분명 톰은 '공짜로' 아들에게 방과 스노보드를 제공한다. 톰이 기대하는 것과 달리, 트레버가 대학에서 요구하는 갖가지 사항들을 성취하기란 쉽지 않을 것이다.

> 우리는 평소에 자신의 돈을 저축해 두는 아이라면 어떤 일이든 쉽게 그만두거나 포기하지 않으리라고 예측할 수 있다. 집안일을 많이 하는 아이, 다음 날 제가 입을 옷을 손수 챙겨 두는 아이, 자신의 침대를 정리하고, 자신의 일을 완수하는 아이는 '용기 점수'가 더 높다. 스포츠를 그만두지 않고 지시를 잘 따르는 아이가 자신의 바람이나 필요를 직접 표현할 가능성이 더 높다. 또 이런 아이들은 자신을 괴롭히는 것들에 대해 부모에게 말하는 아이들이다. 용기 있는 아이는 특권 의식이 없기 때문에 어떤 일이든 기분 나쁘게 받아들이지 않는다.

훌륭한 여섯 명의 아이들, 현명한 한 명의 엄마

제나의 집은 여섯 아이들만으로도 꽉 들어차는 작은 집이라서, 누군가 물건을 치우지 않고 놓아 두기라도 하면 발에 걸려 넘어지기 십상이다. 학교 환경이 더 좋은 곳으로 오기 위해 그들은 집 크기를 줄여 가면서 더 작은 집으로 이사했기 때문이다.

아이들은 식사 준비와 청소를 교대로 돌아가며 한다. 네 살 때부터 아이들은 가족이 먹을 식사를 준비해 왔다. 많은 부모들은 어떻게 네 살배기를 가스레인지 옆에 두는지 이해하지 못할 것이다. 하지만 제나의 자녀들은 모두 간단한 요리를 만들 수 있다. 심지어 제나의 딸들은 네 살 때부터 계량 도구의 눈금을 읽고 사용할 줄 알았다!

제나는 웃으며 말한다. "사람들은 이 얘기를 들으면 아동 학대 같은 게 아니냐며 화들짝 놀라요. 전 그냥 고개를 젓죠. 아이들의 독립심을 키우고 징징 짜지 않게 하고 싶다면, 아이를 더 낳으세요!"

제나와 남편 루카스, 그리고 여섯 자녀들은 지금 살고 있는 동네에선 유명 인사들이다. 이들은 수영, 필드 하키, 농구 경기에 끊이지 않고 참여한다. 제나는 다른 엄마들이 자신에 대해 어떻게 생각하는지 신경 쓰지 않는다. 그녀에게는 자신만의 양육 방식이 있고, 지금까지 잘 굴러 왔다.

아들이 제나네 자녀들과 같은 팀에 속한 모건은 말했다.

"아이들이 연습을 하던 날, 제나는 뜨거운 김이 나는 거대한 솥을 들고 왔어요. 솥 안에 든 건 옥수수였죠. 그걸 야외 테이블에 턱 하니 올려놓자마자 제나의 아이들이 그 주위에 몰려들었어요. 그러더니 제나의 가방에서 집게며, 버터, 소금을 꺼내서는 '저녁이다' 하면서 먹기 시작하더군요. 전 웃다가 쓰러지는 줄 알았어요. 판단은 보류할게요. 그냥 애들을 보세요! 참, 엄청난 애들이죠!"

카풀 때문에 부득이하게 제나의 자녀들 중 적어도 둘은 같은 운동을 해야했다. 막내딸인 제니는 뛰어난 필드 하키선수다.

"원래 필드 하키에 관심이 있었던 아이는 제니가 아니었어요. 언니인 메리베스였죠. 메리베스가 제니에게 하키를 가르쳐 줬어요. 재미있는 사실은 이젠 제니가 메리베스보다 하키를 더 잘한다는 거예요."

제나는 말을 이었다. "어떤 부모들은 아이들에게 수천 달러어치의 전자 제품을 사 주기도 하죠. 그런 애들은 참 불쌍해요. 아이들에겐 그런 물건이 필요치 않아요. 스스로 뭔가를 찾게끔 해 줘야 아이들이 성장하고, 행복할 수 있어요."

첫째 아들 칼렙은 대학에서 수영으로 장학금을 받았다. 칼렙은 네 살 때부터 수영 수업을 시작했다. 제나는 아들이 열네 살이 될 때까지는 별달리 특별한 점이 보이지 않았다고 한다.

"그냥 고등학교 수영 선수가 된 걸 좋아했어요. 칼렙의 코치 선생님이 저를 부르더니 칼렙이 계속한다면 장학금을 받을 수 있을 거라더군요. 우리 애들은 모두 스스로 대학 학비를 낼 방법을 찾아야 한다는 걸 알아요. 칼렙의 경우엔 수영이 그 티켓이었던 거죠."

칼렙은 자신이 수영을 하는 이유를 조금 다르게 설명했다. 칼렙은 집이 꽤나 시끌벅적해서 때로는 모든 소음과 동생들의 북적임에서 벗어나야 할 필요가 있었다. 칼렙네 집 TV로는 기본 채널만 볼 수 있어서 TV 시청은 별로 매력적인 선택지가 아니었다. 수영 연습이 다른 대안들보다 훨씬 나았다.

수영 연습을 할 때는 매우 집중이 잘되는 느낌이 들었다. 그래서 자신을 더욱 채찍질한 결과, 실력이 나아졌다는 것이다. 칼렙은 필요에 의해 근성과 수영 실력을 발전시켰다.

제나의 양육 방식이 모두에게 어울리지는 않겠지만, 우리에게는 생각거리를 던져 준다. 훌륭한 여섯 명의 아이들, 현실적인 한 명의 엄마, 그리고 그들의 용기에 대해서.

M^2 세대의 자립심

우리는 제나와 가브리엘라와 같이 자녀들에게 책임감을 부여하고 진정한 용기를 주는 부모들이 많기를 바란다. 하지만 애석하게도 조사에 따르면 그렇지 않다. M^2 세대는 물건은 풍족한 데 비해 그 어느 때보다 자립심과 의지는 부족하다.

보통 자신들이 원하는 것을 얻기 위해선 열심히 노력해야 한다고 배우지 않았다. 오히려 의사의 입장으로 볼 때는, 이 세대는 이전에는 나타난 적 없는 일종의 특권 의식을 가지고 있다. 무언가를 얻기 위해 굳이 노력하지 않아도 주어지게 되어 있다는 의식이 만연해 있고, 부모의 교육에서도 쉽게 드러난다.

많은 아이들에게 있어, '전 원해요'가 곧 '전 받을 만해요'인 것이다. 이래서는 자립심, 책임감이나 리더십을 기를 태도를 갖출 수 없다.

외상성 뇌 손상을 극복한 티사

티사(16세)는 고등학교 1학년 때, 체육 수업에서 입은 외상성 뇌 손상으로 고통받고 있었다. 의사들은 아이가 친구들과 함께 제때 고등학교를 졸업하거나 다시 체육 활동을 하기 어려울 것이라고 진단했다.

수학능력시험과 대학 입학을 연기해야 하고, 어쩌면 영원히 대학에 입학하지 못할 수도 있다고 했다.

그건 우등생이자 다른 여자아이 한 명과 함께 졸업생 대표로 뽑힌 티사에게는 청천벽력 같은 소식이었다. 육상 선수이자, 음악에도 재능이 있으며, 학급 위원으로 일했던 다재다능한 소녀는 한 순간, 자신에게 중요한 모든 것을 잃게 된 셈이었다. 기억, 인지 능력, 집중력, 스포츠와 과외 활동, 그리고 사회생활까지!

사고가 있은 후 몇 달 동안, 티사는 하루에 14~18시간을 자야 했다. 약도 듣지 않는 끔찍한 두통이 이어졌다. 책을 읽을 수 있을 만큼 오래 집중할 수 없었고 채 몇 단락도 넘기지 못했다. 친구들도 떠나갔다. 관심이 멀어졌다기보단 자신들의 생활이 더 바빠졌기 때문에.

티사는 심각한 우울증에 빠졌다. 자신의 인지 능력이 다시는 회복되지 않을까 두려웠다. 그러다가 서서히, 그러나 확실히, 티사는 순수한 용기와 결의를 되찾았고, 뒤떨어진 학업을 보충하는 데 필요한 기운을 회복해 갔다. 그리고 순전히 경험 삼아 대학수학능력시험에 도전했다. 점수는 생각 외로 높았다.

티사는 같은 반 아이들과 함께 정상적으로 졸업했고, 자신이 1순위로 희망하던 대학에서 합격 통지를 받았다. 전액 장학생이 되었고 현재 전국에서 최고 수준의 미생물학 프로그램을 운영하는 일류 대학에 다니고 있다. 용기, 진정한 용기가 그녀를 이끌어 준 것이다.

> **:: 저자의 한마디**
>
> 지금까지 등장한 사람들의 공통점은 무엇일까? 그들 모두가 자신들이 어떤 사람인지를 알고 자신들의 장점과 목표에 대해 명확히 이해하고 있었다. 그들은 목표를 성취할 수 있다는 확신을 갖기에 충분한 자존감이 가졌다. 그래서 심각한 곤경과 마주할 때도 자신의 일을 계속할 수 있었다. 그들에게는 진실성이 있다. 스스로를 믿고 의지한다. 주변의 압박에 흔들리지 않고 능력에 대한 타인들의 평가를 곧이곧대로 받아들이지 않는다. 결국 그들은 용기를 가진 사람들이다.

우리 자녀들의 롤 모델

에단과 레이먼드는 특히나 독특한 아이들이다. 그들은 목표 지향적이고 심각한 역경 앞에서도 좌절을 거부해 왔다. 그 일을 하지 못할 것이라는 말이 들려도 믿지 않았다.

불행히도 우리가 사는 세상은 진정한 용기를 갖춘 사람보다 단지 유명해지려는 욕망으로 가득찬 사람들이 넘치는 곳이다. 이런 명성에 대한 집착은, 많은 아이들에게 '최고가 아니라면 무슨 소용인가' 하는 잘못된 믿음을 갖게 한다. 그러면 아이들은 결국 그냥 포기하고, 좀 더 쉽게 희망을 이룰 수 있는 다른 일을 찾게 된다. 지금 이 일이 안 될 것 같으면, 뭔가 다른 것으로 넘어가면 그만인 것처럼.

중도 포기자, 브라이언

브라이언(8세)은 스파이크 운동화와 정강이 보호대를 바닥에 내팽개치며 소리쳤다. "난 축구가 싫어! 난 형편없는 선수라고!"

브라이언의 엄마 리사는 말했다. "넌 대단한 선수란다, 브라이언." 브라이언은 비명을 질렀다. "아냐, 그렇지 않아! 난 형편없고, 더는 축구를 안 할 거야. 아주 바보 같은 게임이야, 차라리 육상 선수가 될래. 난 학교에서 제일 빨리 뛴다고."

브라이언은 친구 둘과 함께 그해 축구를 시작했지만, 몇 번 연습에 참가하더니 좌절하고 말았다. 엄마는 브라이언이 운동에 소질이 없나 보다고 생각했다.

"우리 아인 좀 어설프고, 항상 제 발에 걸려 넘어지기 일쑤죠. 하지만 브라이언에게 제일 잘한다고 말해 주지 않으면 몇 시간이고 아이의 짜증과 울화에 시달려야 하거든요."

그 전해에 태권도를 배울 때도 마찬가지였다. 브라이언은 너무도 태권도를 배우고 싶어 했지만, 몇 번 만에 흥미를 잃고 그만두었다. 엄마는 실망스럽게 말했다.

"우리 앤 정말로 한 주만 배우면 성룡이나 제이든 스미스(영화배우 윌 스미스의 아들로, 성룡과 함께 영화 「베스트 키드」에 쿵푸를 배우는 역할로 출연했음_옮긴이)처럼 잘 싸우게 될 거라고 믿었나 봐요.

그러다가 다시, 월요일과 수요일 4시 반에 하는 다른 수업을 듣고 있어요. 비록 저녁식사와 숙제할 시간과 겹치기는 하지만, 뭐 그렇게 큰 손실이라고 하긴 어렵죠. 브라이언은 그냥 자기한테 맞는 운동을 찾으려는 거예요. 어떤 운동을 잘 못한다고 해서, 다른 종목에서도 못하리란 법은 없죠. 안 그래요? 우리는 그냥 아이의 적성에 맞는 걸 찾아야 할 뿐이라고요!"

:: 저자의 한마디
부모가 이런 식으로 지도하면, 브라이언은 근성을 키우기 매우 어려울 것이다. 운동은 아이들에게 좋은 습관을 가르쳐 주는 보물창고와 같다. 팀워크, 목표 설정, 끈질김, 시간 엄수, 사교력, 집중력, 그리고 승패를 받아들이는 매너까지. 이런 자질들은 자립심을 키워 주기 때문에, 굳이 이기거나 최고가 되지 않더라도 마땅히 칭찬해 줘야 할 것들이다.

패배한다고 실패자가 되는 건 아니지만, 상황이 어려워질 때마다 매번 그만두는 것은 분명히 아이를 상습적인 중도 포기자로 만들어 버린다. 프로 운동선수들과 올림픽 금메달리스트들이 승리, 패배와 노력에 대해 뭐라고 말했는지 한번 살펴보자.

> 당신보다 재능이 더 뛰어난 사람에게도, 그 재능이 당신보다 더 노력해야 한다는 데 대한 변명은 되지 못한다.
> _ 데릭 지터(Derek Jeter), 야구 선수

> 누가 내 약점을 공략하면, 그 약점을 강점으로 만들어 버리겠다는 게 내 신조다.
> _ 마이클 조던(Michael Jordan), 농구 선수

> 꿈의 힘과 인간 정신의 영향력을 절대 과소평가하지 마라. 위대해질 수 있는 잠재력을 우리 모두 가지고 있다는 점은 누구에게나 똑같이 적용된다.
> _ 윌마 루돌프(Wilma Rudolph), 육상 선수

승리가 의미하는 것은 남들보다 더 오래, 더 열심히, 더 많이 노력하겠다는 당신의 의지이다.
_ 빈스 롬바디(Vince Lombardi), 미식축구 선수

어떤 상황에서든, 나는 기회를 창조한다.
_ 이소룡(Bruce Lee), 무술 유단자, 영화배우

성공하는 아이를 위한
21가지 놀이 과제들

놀이를 통해 배운다

"우리가 반복해서 하는 일이 곧
우리 자신이다."
_ 숀 코비(Sean Covey), 저술가

이 책에는 조사 결과, 인터뷰들, 임상 사례 연구 등 너무나 많은 정보가 담겨 있다. 당신의 가족이 당장 이들 모두를 적용하려는 일은 무리일지 모른다. 하지만 오늘부터 당신의 자녀들은 앞에서 다룬 여덟 가지 필수적인 습관들을 익혀 성공적인 학습자가 될 수 있다. 뿐만 아니라 온 가족이 서로 더 잘 이해하고, 보다 질서를 갖추고, 말다툼을 줄이면서 즐겁게 보낼 수 있는 법을 배울 수도 있다.

평생 지속될 습관을 새롭게 만든다는 것은 꽤나 벅찬 일이다. 우리가 학습 습관 연구를 통해 인터뷰한 부모들도 처음에는 가족의 일상에 변화를 시도하는 데 부담을 느꼈다. 하지만 게임의 형식으로 참여하게 하니 이들 부모와 자녀들도 모두 잘 따라왔다.

그래서 우리는 이 책에서 다룬 각각의 습관들을 24시간짜리 현실적이고 재미있는 과제들로 구성했다. 흥미로운 이 가족 놀이는 24

시간 동안의 헌신만 있으면 충분하다. 각각의 단계를 마치면 당신의 가족은 21일간의 학습 도전에 성공하게 될 것이다!

　이 놀이들이 어느 가정에나 다 어울리지는 않을 수 있다. 어떤 놀이부터 시작할지, 또 얼마만큼 완료할지도 당신의 가족이 편한대로 정하면 된다. 반드시 자신들에게 맞는 페이스로 진행하라. 어떤 가정에는 하나의 과제에 한 주가 걸릴 수 있고, 어떤 가정은 재빨리 다음 과제로 넘어갈 수도 있다. 한 달 내내 한 과제를 하는 게 편한 가족도 있을 것이다. 마지막으로 이 과제를 하면서 항상 웃어라. 무엇보다도 즐기는 것이 가장 중요하다.

　이 과제들은 도전 의식을 불러일으키면서, 온 가족이 신나게 즐길 수 있도록 고안되었다. 기억하라. 당신과 자녀들은 당신의 생각보다 훨씬 더 강하다는 것을.

21가지 놀이 방법
- 아이들에게는 이 과제들을 게임이라고 알려라. 배움을 즐길 수 있게 될 것이다!
- 24시간 도전 과제를 소개하는 데 가족회의를 이용하라. 그 중요성과 가치를 설명하고 아이들이 '브레인 파워'를 향상시킬 수 있을 것이라고 말하라.
- 어떤 게임을 먼저 할지 아이들이 결정하게 하라. 아이들이 직접 참여하게끔 해야 이 과제에 대한 아이들의 집중력이 높아진다.
- 첫 과제를 완수한 다음에는, 다시 가족회의를 열어 수행한 과제를 어떻게 곧바로 이어질 매일의 일상에 적용할 것인지에 대해서 논의해라.
- 게임을 해 본 경험에 대해 쌍방향으로 아이들과 이야기를 나눠라. 먼저 당신 스스로에게 물어보라. 지금의 도전을 우리 가족의 핵심 가치에 연결시키기 위해 내 자녀와 내가 해야 할 일은 정확히 무엇일까?
- 효과가 있었던 부분은 계속 유지하라. 작지만 지속적인 변화가 학습 습관을 기르는 초석이 되어줄 것이다.

21가지 가족 과제들

과제 #1. 입장 바꿔 보기(용기 키우기)

아이들은 24시간 동안 부모와 역할을 바꾸고, 몇 가지 집안일을 한다. 아이들이 빨래, 쓰레기 치우기, 저녁 준비, 설거지, 집안 정리 등에 대한 책임을 지는 대신, 부모들의 개입이나 참견은 최소화한다. 만약 주중이라면 퇴근한 이후부터, 주말이라면 하루종일 아이들의 일상 생활을 따라 해 보라. 약간의 괴로움은 피차 각오해야 할 것이다!

> **습관 들이기 팁**
>
> 다음 날, 가족회의를 열고 과제에 대해 논의한다. 어떤 집안일이 가장 힘들었고, 가장 쉬웠는지, 가장 재미있었는지를 물어보라. 아이들에게 이제는 그 일들 중 일부에 책임을 질 수 있는 나이가 되었음을 알리고, 앞으로 그중 한두 가지를 매일 담당해 보자고 권한다. 하루 중 언제 그 일을 할 것인지를 아이들이 정하게 한 뒤, 가족이 쓰는 달력에 기입해 둔다. 또 어느 정도 나이가 있는 자녀라면 아이들의 일정표에도 써 넣도록 돕는다.

과제 #2. 대체하기(미디어 관리하기)

24시간 중 미디어 소비나 미디어 커뮤니케이션을 하는 시간의 30분을 미디어와 관련 없는 활동(예를 들면 보드게임, 카드 놀이, 친구와 놀기, 스포츠, 독서, 대면 대화 등)으로 대체한다.

> **습관 들이기 팁**
>
> 다음 날, 가족회의를 열고 과제에 대해 논의한다. 가족 구성원들이 미디어를 소비하거나 미디어와 커뮤니케이션하는 대신 선택한 활동은 무엇이었는가? 앞으로도 미디어를 대체하는 활동을 매일 30분씩 실천하자는 목표를 세운다.

과제 #3. 똑바로 칭찬하기 - 고무줄 벌칙(자율 양육적 부모 되기)

이번 과제는 부모들을 위해 개발한 것이다.

1부 어른은 손목에 고무줄을 찬다. 결과에 대한 칭찬을 자녀에게 할 때마다("똑똑한 녀석이네", "정말 잘 했어", "넌 재능이 뛰어난 아이야!" 등), 스스로 자신의 손목에 있는 고무줄을 당겼다 놓는다(살살). 그런 다음 노력에 대한 칭찬으로 바꿔 다시 말한다("너 참 열심히 하는구나", "계속 집중하다니 잘했구나", "접시 닦느라 수고했어" 등).

2부 아이들에게 비판하는 말을 할 때도 고무줄 벌칙이 주어진다 ("앞으로 좀 더 열심히 하지 않는다면……" "공부를 열심히 안 했구나, 계속 그러면……" 등). 노력에 대한 칭찬도 안 하고, 결과만 비난했을 때는 두 번 벌칙을 받는다.

만약 부모가 12시간 동안 벌칙 없이 지낼 수 있다면 고무줄을 제거해도 된다. 당신의 배우자와 경쟁을 하면서 진행하면 이 게임이 더욱 흥미진진해질 것이다. 12시간 동안 벌칙 없이 지나갈 수 없었다면,

하루 더 해 보라. 그때는 다른 손목에 고무줄을 채워야겠지만!

> **습관 들이기 팁**
>
> 다음 날, 가족회의를 열고 과제에 대해 논의한다. 노력에 대해 12시간 동안 칭찬을 한 결과, 당신의 아이들은 어떻게 반응했는가? 저녁식사 때, 당신이 진행한 과제에 대해 이야기하면서 아이들에게도 같은 도전을 권해 보라. 어떤 점이 힘들었는지 터놓고 이야기하는 시간을 가져 본다. 물론 결과에 대한 칭찬은 금물이다.

과제 #4. 핸드폰 정류장 (미디어 관리하기)

가족들은 모두 핸드폰을 꺼 두는 정류장을 만드는 것에 동의해야 한다. 모든 핸드폰은 24시간 동안 이 정류장에 보관된다. 이 정류장은 하루 중 딱 두 번, 15분씩만 열린다(예를 들면, 아침 7시~7시 15분, 저녁 7시 15분~7시 30분). 그 두 번의 사용 시간에도 핸드폰 사용은 반드시 정류장 근처에서만 할 수 있다.

> **습관 들이기 팁**
>
> 다음 날, 가족회의를 열고 과제에 대해 논의한다. 이번 일을 기회 삼아 가족들이 집에 있을 때, 핸드폰을 어디에, 얼마나 놔두는 것이 가장 편할지를 상의해 보라. 가족 모두가 핸드폰 사용 계약서에 각자 서명한다.

과제 #5. 추억 만들기 (미디어 관리하기)

모든 가족 구성원이 미디어를 이용해 뭔가 새로운 걸 만들어 본다. 사진을 업로드하고 그 아래 캡션을 쓴다. '우리 집 뉴스'를 써 보고, 동영상을 찍고, 디지털 북을 제작하고, 디지털로 '우리의 도전 앨범'을 만든 후 음악을 입힌다.

> **습관 들이기 팁**
>
> 다음 날, 가족회의를 열고 과제에 대해 논의한다. 어떻게 하면 당신과 자녀들이 매일 미디어 소비보다는 미디어 창조 활동을 할 수 있을까?
> 부모가 사무실에서 쓰는 제작과 편집 기술을 배울 수 있는 장기 프로젝트를 찾아 보라. 이는 자녀들이 고등학교와 대학교에서 요구하는 프로젝트에 익숙해지도록 돕는 효과도 있다. 가장 중요한 부분은 부모와 아이들이 함께 이 새로운 도구를 사용하는 법을 익힌다는 점이다.

과제 #6. 미디어 타임 아웃 (미디어 관리하기)

온 가족이 하루 내내 미디어를 전혀 사용하지 않고 보낸다. 즉 모든 미디어 기기의 전원을 완전히 꺼야 한다! 미디어를 전혀 사용하지 않고 당신과 자녀들이 계획해 볼 수 있는 활동에는 어떤 것들이 있을까? 창조적으로 생각하고 자녀들과 함께 온전히 현재를 즐기는 방법을 찾아보라.

> **습관 들이기 팁**
>
> 다음 날, 가족회의를 열고 과제에 대해 논의한다. 가장 힘든 부분은 무엇인가? 당신이나 가족 중 누군가가 불안감이 줄었다든가 하는, 기분의 변화가 감지되는가? 이 경험을 살려 점차 미디어에서 해방되는 시간을 가져 보라.

과제 #7. 목표를 향한 한 걸음 (목표 설정하기)

이 과제는 아이들에게 어떤 목표를 제안하도록 요구한다. 어떤 것이든 좋다. 절대 검열하려 들지 마라. 목표가 황당할수록, 이 게임은 더욱 재미있어진다! 그다음 자신이 정한 목표를 이룰 수 있는 한 가지 활동을 24시간 동안 실행해 보라. 아래와 같은 목표들이다.

1. 록스타 되기
2. 마법의 물약 만드는 법 배우기
3. 이소룡보다 더 강해지기
4. 우주비행사 되기

> **습관 들이기 팁**
>
> 다음 날, 가족회의를 열고 과제에 대해 논의한다. 아이들은 목표를 이루기 위해 매일 어떤 일을 해야 하는가? 이를 기회 삼아 다른 영역에서의 목표에 대해서도 논의하는 시간을 가져 보라.

과제 #8. 옷핀 잇기 (의사소통하기)

이번 과제에는 옷핀 한 갑이 필요하다(종이 클립도 괜찮다). 먼저, 자녀들과 그들의 감정(우울, 실망, 불안, 분노, 수줍음)에 대해 이야기해 보라. 다음 날, 자신의 감정을 신체적으로가 아니라 말로 표현하는 사람이 있다면, 그 사람은 옷핀을 하나 얻는다. 목표는 옷핀을 될 수 있는 한 많이 받아서, 가장 긴 옷핀 목걸이를 만드는 것이다.

자녀들에게는 존중 대화법(7장 참고, 나는 ~ 느낀다/나는 ~ 원한다)을 사용해 보라고 하라. 어떤 상황이든 사용할 수 있다("전 지금 배가 고파요. 간식을 주세요", "전 불편해요. 지금 화장실을 가야 해요" 등). 당신이 본보기 역할을 잘한다면, 당신의 목걸이는 아주 길어질 것이다. 그 목걸이를 아주 자랑스럽게 흔들어라!

> **습관 들이기 팁**
>
> 다음 날, 가족회의를 열고 과제에 대해 논의한다. 감정을 드러내고 규정하는 것은 아이들에게 감정을 다스리고 표현하는 법을 배우게 해 준다.
>
> 만약, 당신이 비슷한 상황에 있다면 어떻게 감정을 표현했을지도 말하라(예를 들어, "만약 내가 제나에게 다섯 번이나 인형을 빌려 달라고 부탁했는데도 제나가 안 빌려 줬으면 난 정말 실망했을 거 같아. 너도 실망스러웠니?")

과제 #9. 100원 모으기 (의사소통하기)

이번 과제는 기본적으로 옷핀 과제와 같지만, 부모와 아이들의 대결 구도라는 점이 다르다! 두 개의 통을 식탁에 올려놓고, 한쪽에는 '부모', 다른 한 쪽에는 '아이'라고 써 붙인다.

부모가 존중 대화법을 쓸 때면 100원 동전을 부모의 통에 넣고, 아이가 존중 대화법을 쓸 때면 아이의 통에 넣는다. 존중 대화법(나는 ~ 느낀다/나는 ~ 원한다)에 대해, 자녀가 어릴수록 특히 아이들에게 명확히 설명해야 함을 명심하라. 도전하기 전에 7장에 나온 '감정 리스트'에 예시를 모두 적어 놓고 시작하는 방법도 좋다.

> **습관 들이기 팁**
>
> 다음 날, 가족회의를 열고 과제에 대해 논의한다. 부모와 아이 중, 누구의 통에 동전이 더 많이 들어 있나? 당신이 배운 점에 대해 존중 대화법을 써서 말하고, 아이에게도 마찬가지로 그렇게 말하게 한다. '나는 ~ 느낀다/나는 ~ 원한다' 방식을 일상 생활에서 계속 사용하면, 당신이 보여준 대로 아이들의 의사소통 능력이 향상되는 모습을 볼 수 있을 것이다.

과제 #10. 숫자 외우기 (집중력 높이기)

이번 과제는 아이들의 집중력과 '브레인 파워'를 높이기 위한 특별한 게임이다. 가족회의에서 아침과 오후 두 번, 몇 시에 아이들과 만날 것인지를 정하라.

1부 아이에게 숫자를 불러 준다. 아이들은 숫자를 들은 후, 들은 그대로 다시 당신에게 반복해 말한다. 우선 숫자 하나(예를 들면, 6)부터 시작한다. 아이가 6이라고 따라하면 두 번째 숫자를 말한다(예를 들면, 11). 아이가 두 숫자, 6, 11을 따라하면 또 다음 숫자를 더한다. 그러다가 아이가 숫자를 틀리거나 순서를 바꿔 말하게 될 때까지, 계속 숫자를 하나씩 더하면 된다. 아이들이 얼마나 많은 숫자를 연속으로 기억할 수 있는지 보는 것이다.

예를 들어, 당신이 "6, 11, 3, 1, 9, 14, 2"라고 했는데 아이가 "6, 11, 3, 1, 9, 2, 14"라고 한다면 게임을 중단하고 "집중 잘했어! 네 머리 속에서 바퀴가 굴러가는 소리가 들리는 것 같은데!"라고 말한다. 아이는 다섯 개의 숫자를 연속으로 틀리지 않고 기억했기 때문에 5점을 얻게 된다. 중요한 것은 얼마나 많이 기억하든지, 집중한 데 대해서만 칭찬해 준다. 이때, 당신은 미리 숫자를 써 놓고 기억하는 게 좋다. 숫자를 읽어 줄 때는 숫자 사이마다 약간의 간격(1초)을 두어라.

2부 아이들이 눈을 감고 누워서 심호흡을 하게 한다(당신도 같이 누워서 눈을 감는다). 아이들이 심호흡을 통해 충분히 긴장이 풀렸다고 생각되면, 그대로 누워 눈을 감은 채 다시 일련의 숫자들을 소리 내어 크게 읽는다. 이번에는 정확히 몇 개의 숫자를 아이들이 기억하는지 보라. 아이들이 얼마의 숫자를 기억하든―똑같거나, 많거나, 적더라도―그렇게 연습해 본 자체를 칭찬하라.

> 습관 들이기 팁

다음 날, 가족회의를 열고 과제에 대해 논의한다. 당신의 자녀에게 심호흡과 스트레스에 대해 설명하라. 호흡 연습을 보통 하루에 1~2분 정도 해 보도록 권하라. 시험이나 학교 숙제 등을 보다 쉽게 해 줄 것이다.

게임을 할 때, 같은 방식으로 하되 숫자 대신 단어로도 게임을 해 보라. 또는 신체 활동을 짧게 한 후, 아이와 함께 해 보라. 줄넘기, 점프, 혹은 간단히 주변을 뛰고 난 후, 숫자나 단어를 얼마나 기억할 수 있는지 확인해 보는 것이다.

아이들은 이 게임을 통해 가치 있는 정보를 얻을 수 있다. 예를 들어, 자신에게는 10번 점프를 하는 것이 과자보다 기억력과 집중력을 높이는 데 더 도움이 된다는 것을 알 수 있다.

과제 #11. 독서 과제(독서 능력 키우기)

각자가 24시간 동안 나이에 맞는 독서 목표를 정하도록 한다(아이들에게는 학교 숙제와는 관계 없는 것이어야 한다). 엄마나 아빠는 150페이지 정도, 아들(대략 7세)은 그림 동화책의 3개 장(章) 정도가 좋다. 가족 구성원들은 하루 일과 중에서 책을 몇 페이지씩이라도 읽을 짬을 찾아야 한다. 예를 들면, 줄 서는 동안, 차 안에서, 혹은 병원에서 진료 순서를 기다리면서. 여기에 더해서, 모든 가족이 함께 모여 저녁 식사 후 20~30분 동안, 책을 읽는 특별 시간을 확보해 둔다.

> **습관 들이기 팁**
>
> 다음 날, 가족회의를 열고 논의해 본다. 모두가 목표를 달성했는가? 달성하지 못했다면 그 이유는 무엇인가? 독서를 가족의 우선순위로 둔 일이, 독서를 보다 중요하게 느껴지도록 했는가? 매주 하루 저녁을 정해 가족들이 함께 독서하는 시간을 만들어 보자.

과제 #12. 최고/최악의 가능성(의사 결정하기)

가족회의를 열고 아이들에게 왜 '일어날 수 있는 최고의 일'과 '일어날 수 있는 최악의 일'을 생각해 봐야 하는지를 설명한다. 가족 구성원 각각이 종이 한 장씩을 받고 거기에 가상의 상황과 어떤 선택이 가능한지를 써 본다.

가장 막내가 가장 재미있는 시나리오를 써내는 일도 종종 있다.

가상의 상황 친구네 집에 저녁을 먹으러 갔는데, 고추냉이 소스를 곁들인 튀긴 벌레 음식이 나왔다.
가능한 선택 먹을 것이냐, 말 것이냐

그다음 모두의 종이를 각각 반으로 접어 가방에 넣은 후, 다시 각자 한 장씩 꺼낸다. 자신에게 주어진 상황과 선택에 대해 가능한 결과를 생각나는 대로 많이 이야기하는 사람이 이기는 게임이다. 화이트보드나 큰 종이에 그 결과들을 적으면서 진행한다.

> **습관 들이기 팁**

다음 날, 가족회의를 열고 논의해 본다. 가족 중에 결정을 하기 전, 이런 과정을 거쳐서 결정을 내려 본 사람이 있는가? 선택할 때 가능한 최악의 상황을 고려해 보는 것이 왜 중요한지 이해했는가? 당신의 자녀에게 무엇인가를 선택할 때, 이런 관점에서 생각해 보라고 권하라. 최악의 상황은 생각보다 자주 일어나곤 하므로.

저녁식사나 가족이 모이는 시간에 '내가 오늘 한 선택'에 대한 논의를 포함시킨다. 그 선택이 어떤 결과를 낳았는지 이야기해 본다.

과제 #13. 처음 해 보는 일에 도전(용기 키우기)

각자에게 이전에 해 본 적 없는 모험적인 일을 24시간 동안 개인적으로 해 볼 것을 요구한다. 또는 그 일을 할 수 있는 나이고 위험하지 않은데도 불구하고 이제껏 부모가 아이에게 허락하기에 불안했던 일을 요구하라. 자녀들이 분명한 계획과 강력한 실행 의지를 갖고 있어야 한다.

아이들 입장 학교까지 걸어서 혹은 자전거 타고 등하교하기, 이전에 써 본 적 없는 장비 사용하기, 클럽이나 그룹 모임에 처음으로 참석하기, 수업 시간에 손을 들어 질문하기, 새 친구에게 말 걸기, 운동장에서 하는 게임에 참여하기, 인라인 스케이트 타 보기, 두바퀴 자전거 타 보기, 스케이트보드 타 보기 등

부모 입장 헬스 클럽 등록하기, 세미나나 강의 들으러 가기, 보고

싶던 영화 혼자서 보러 가기, 새로운 음식에 도전해 보기, 롤러스케이트, 볼링, 또는 암벽 등반 도전해 보기, 친해지고 싶은 사람과 약속 잡기 등

습관 들이기 팁

다음 날, 가족회의를 열고 논의해 본다. 아이들과 당신은 어떻게 느꼈는가? 다시 해 보고 싶은가? 매일의 일상적인 활동에서도 용기와 자립심을 키울 수 있는 방법이 있을까? 주마다 하나씩 도전 과제를 정하고 실천해 보자.

과제 #14. 시계를 멈춰라 (숙제 습관 기르기 및 집중력 높이기)

가족회의를 열어 온 가족들이 더 현명하게 일하는 방법을 찾아 보자. 한 가지의 일에만 최대한으로 집중하고, 가능한 한 빨리 정해진 시간 내에 그 일을 완수하는 것이다.

1. 종이책, 전자책, 만화책, 잡지 등 가족 각자가 정말 읽고 싶어 하는 것을 고른다.
2. 10분으로 알람을 맞춰 놓는다. 숙제를 시작한 지 10분이 지나 타이머가 울리면, 무조건 하던 숙제를 그만두고 책을 집은 후 10분 동안 더 읽을 것이라고 아이들에게 설명하라.
3. 아이들이 숙제하는 동안 어른도 한 가지 일을 골라 집중한다. 10분이 지나면 역시 미리 고른 책을 읽는다.

4. 모두가 동시에 하던 일에서 손을 뗄 수 있도록 타이머를 설정해 놓아야 한다는 점을 명심하라.

| 습관 들이기 팁

다음 날, 가족회의를 열고 논의해 본다. 생활의 균형을 유지하고 아이들을 뛰어난 독서가로 만들기 위해, 숙제 습관을 매일의 일상에 포함시키도록 한다.

과제 #15. 1분 즐기기(집중력 높이기, 시간 관리하기, 숙제 습관 기르기)

초시계나 타이머를 준비하고 딱 1분간만 자신이 정말 좋아하는 재미있거나 웃긴 일(춤추기, 웃긴 표정 짓기, 몸짓으로 단어 설명하기, 명화 따라 그리기, 노래 부르기, 익살스러운 소재 — 지렁이 젤리와 진흙으로 맛있는 요리 만드는 법 같은 — 에 대해 설명하기)을 각자 해 보자고 제안한다. 이 과제의 유일한 목적은 1분이란 시간이 얼마나 짧고, 금세 지나가는지를 몸소 체험하는 것이다.

그다음엔 아이들이 평소에 어려워하던 일이나 불평하던 일(침실 청소, 설겆이 등)을 골라서, 딱 1분간만 집중해서 체험하게 한다.

| 습관 들이기 팁

다음 날, 가족회의를 열고 논의해 본다. 시간이 제한되어 있어서 아이들이 더 쉽게 집중할 수 있었는가? 만약 시간 제한 없이 그 일을 완전히 끝내라고 아이들에게 요구했다면, 그 같은 결과를 낼 수

있었을까? 시간 제한을 두는 것은 아이들에게 특히 효과적인데, 그래야 아이들이 끝없이 계속된다는 느낌을 받지 않기 때문이다.

과제 #16. 화면 청소(미디어 관리하기)

이번 과제는 어른들을 위한 것이다. 당신의 핸드폰을 점검한다. 당신이 스마트폰 사용자라면, 폰에 깔려 있는 아이들용 앱을 삭제하라.

> **습관 들이기 팁**
>
> 다음 날, 가족회의를 열고 논의해 본다. 이 과제가 당신에게 얼마나 어려운가? 이번 경험을 바탕으로 아이들과 핸드폰 사용법에 대해 논해 보라. 아이들이 자신의 핸드폰을 가질 수 있는 적정 연령을 가급적 14세 이후로 정하는 것이 좋다.

과제 #17 창조적인 미디어(미디어 관리하기)

부모와 아이들은 각자의 컴퓨터, 핸드폰, 태블릿 등의 미디어에서 소비적인 프로그램들을 창조적이고 교육적인 미디어로 교체해 보자.

> **예시** 핸드폰에 깔린 영화를 수학 앱으로 대체한다. 컴퓨터에 있는 어린이 동영상 전문 채널 사이트 링크를 학습 동영상 사이트로 바꾼다.

> **습관 들이기 팁**
>
> 다음 날, 가족회의를 열고 논의해 본다. 가정 내에 있던 소비적 미디어를 제거하고 나니, 아이들의 미디어 사용 시간을 관리하는 일이 좀 더 쉬워졌는가? 아이들이 창조적이고 교육적인 게임들을 오직 적정 시간 동안에만 사용했는가? 창조적인 애플리케이션으로 바꿔 나가면서 자녀의 미디어 사용 시간을 창조적인 미디어 활동으로 개선할 수 있다.

과제 #18. 건강한 몸에 건강한 정신(숙제 습관 기르기)

가족회의에서 가족 각자가 다음 24시간 이내에 45분 동안 수행할 저마다의 운동을 정하도록 한다. 줄넘기, 훌라후프, 술래잡기, 댄스, 자전거, 축구, 다이어트 비디오 따라 하기 등 땀을 낼 수 있는 운동이라면 뭐든지 괜찮다. 단지 45분 동안 격렬한 신체적인 활동에만 집중하면 된다.

> **습관 들이기 팁**
>
> 다음 날, 가족회의를 열고 논의해 본다. 모든 가족 구성원이 각자의 운동을 마쳤는가? 이 과제 이전에 가족들은 하루 최소 30분씩 운동을 해 왔는가? 저마다의 일정에 최소 30분씩 운동할 시간을 마련할 방안을 찾아 보자. 하루 운동 시간이 60분이 될 때까지 이 도전을 계속한다.

과제 #19. 양 세기(취침 습관 기르기)

가족 대항 30분 더 일찍 잠들기 게임이다. 30분을 더 자되, 아침에 늦게 일어나는 일은 없다! 아이들에게 각자 이 목표를 달성할 계획을 세우게 하라. 어른들도 물론 각자 계획을 가져야 한다. 그 계획에는 취침 시간 당기기, 자기 전에 목욕이나 샤워 하기, 잠들기 한 시간 전부터는 미디어 사용 하지 않기, 일찍 침대에 들어가 책 읽기 등이 해당된다. 혹은 저녁시간을 평소보다 차분히 보내는 것도 가능한 계획 중 하나일 수 있다.

> **습관 들이기 팁**
>
> 다음 날, 가족회의를 열고 논의해 본다. 이번 기회를 계기로 아이들과 당신의 침실 내에 TV, 핸드폰, 컴퓨터 등 어떤 기기들이 가장 수면에 방해되는지 이야기해 본다. 아이들에게 우리의 잠이 건강에 얼마나 중요한 역할을 하는지를 설명하고 2장에서 다룬 대로 취침 시간에 대한 명확한 규칙을 정한다.

과제 #20 동기 부여(목표 설정하기, 용기 키우기)

1부 어른들은 아이들이 관심을 잃어 가고, 부모 입장에서도 고민이 되는 일에 대해 논의해 본다. 예를 들어 다음과 같다.

- ✓ 자녀들이 진도를 나가지 못하고 불평만 많이 하는 수영 수업.
- ✓ 사소한 역할만 맡게 되는, 그만두고 싶은 학교 연극.

✓ 주일학교.

부모들은 해당되는 활동과 직접적으로 관련이 있는 세부적인 목표를 정한다. 이 목표는 반드시 아이들이 실천해 볼 의욕을 가질 수 있게 합당한 것이어야 한다.

2부 아이들에게 그 목표를 도전 과제로 제시하고, 그 목표가 얼마나 신나는 일인지를 이해시키도록 한다. 아이들은 목표에 동의하고 목표를 이루기 위해 해야 할 일들을 살핀다. 다음의 예처럼 계약서를 작성하고 아이들이 거기에 서명하도록 해라.

✓ 수영 수업에서 현재 배우고 있는 영법으로 한 트랙 수영하기.
✓ 연극에서 자신이 맡은 역할에 최선을 다하기. 대사나 캐릭터를 잊을 수 없도록 강렬하게 표현하기. 또는 연극에 관련된 다른 일에 사원하기(연극 포스터 만들기, 상영 프로그램 짜 보기, 세트 만드는 일이나 티켓 판매 돕기 등).
✓ 주일학교에서 제시한 특정한 질문에 대한 답을 찾아 보기. 성경을 읽고 교사에게 질문을 하거나 수업에서 주어진 짧은 쪽지 시험 풀어 보기.

목표를 이뤘을 때의 작은 보상(예를 들면, 아이들이 원하는 놀이로 20분 동안 놀아 주기)을 준비하고, 아이들이 도전에 동의하고 계약에 서명했을 때 "너 정말 열심히 할 것 같구나!"와 같은 칭찬을 해 준다.

3부 3부에서는 아이들에게 그들이 얻은 기회에 대해 알려 준다. 아이들이 스스로 자신이 약속을 지켰다는 점을 자랑스러워한다면(불평하지 않고 수영 레슨에 출석, 연극을 끝까지 마침, 주일학교에서 과제를 완료하고 성실히 참여), 다른 활동들에도 성실하게 참여할 수 있을 것이다.

- ✓ 수영하던 아이가 농구 수업을 듣고 싶어할 수 있다. 다만 그 수업을 끝까지 듣겠다고 약속해야 한다.
- ✓ 연극 배우 아이가 학교 신문을 만들고 싶어할 수 있다. 그 약속은 반드시 지켜져야 한다.
- ✓ 주일학교를 싫어하던 아이가 주일학교 대신 그 시간에 자신이 원하는 봉사 활동―무료 급식소나 탁아소, 양료원, 또는 도서관 등을 찾아 지원할 수 있다.

습관 들이기 팁

다음 날, 가족회의를 열고 논의해 본다. 흔히 어떤 사람이 올바른 성인이 되었는지를 평가하는 요소로, 그 사람이 새로운 정보에 기반해 마음을 바꾸는 능력이 꼽힌다.[주1] 또한 그 새로운 정보란 책임을 다 했을 때 얻을 수 있는 것이다. 이 과제에서 부모는 자녀들에게 각자의 방식으로 자신의 의무를 완수할 수 있도록 돕는다. 그렇게 당신은 아이에게 풍부한 용기를 기르게 해 주는 것이다!

과제 #21. 스스로 준비하기(시간 관리하기)

"학교 갈 준비해라", "밥 먹자", "숙제하자", "잘 준비하자" 등 부모들이 아이들에게 일러 줘야 할 일들은 참 많다. 어른들의 간섭 없이도 아이들이 스스로 자신의 다음 날 일정을 통제해야 한다는 과제를 내준다. 아이들이 잊지 않고 준비할 수 있으려면 어떻게 알람을 설정하고 안내문을 전해 주는 게 좋을까?

아이들이 자신의 일정을 하나씩 따라가려는 노력에 대해 부모들이 칭찬해 줘야 한다(가방 잊지 않고 잘 챙겼구나, 잘 시간에 알아서 침실로 잘 가는구나 등).

> **습관 들이기 팁**
>
> 다음 날, 가족회의를 열고 논의해 본다. 아이들이 할 수 없었던 일은 무엇이었나? 아이들이 쉽게 할 수 있던 일은 무엇이었나? 아이들이 잘할 수 있던 일들을 한번에 하나씩, 아이들이 스스로 준비하도록 습관화하고, 당신은 아이들에게 신호를 주는 일을 중지한다. 그 자체로 당신은 자녀들에게 학습 습관을 형성해 주고 있다!

21가지 가족 과제 마무리하기

가족 과제 체험을 실천했다면 이제 어떻게 이 도전을 마무리할지가 어떻게 시작하는 것 만큼이나 중요하다. 차분한 분위기로 가족회의를 열고, 도전해 본 과제들이 왜 그토록 중요한지 설명하라. 이를 계기로 아이들은 지금까지 수행했던 일들을 정리할 수 있고, 부모들은 과제 수행에서 얻은 깨달음을 매일의 일상에 적용해 보는 기회로 삼을 수 있다.

각각의 과제들을 끝낼 때마다 항상 가족들에게 일종의 보상을 해 주는 게 좋다. 노력에 대한 칭찬과 함께 공원에 간다거나 아이스크림을 사 먹는 등의 일도 아이들에게 큰 보상이 된다. 또 아이들이 직접 그 경험에 대한 자신의 생각을 글로 써서 가족 전부가 볼 수 있는 장소에 게시해 보라. 어린아이들의 경우에는 그림으로 그리고, 부모가 그 그림이 어떤 과제를 수행했을 때의 모습인지 아래에 글로 써 두면 된다. 사진이나 영상으로 기록을 남겨 냉장고 위에 붙이거나 컴퓨터의 영상 앨범에 보관해 두는 것도 권장한다. 우리 아이들은 영상 이미지에 매우 친숙하다.

마지막으로 몇 분 동안 이 가족 과제를 실천한 경험을 떠올리며 기억에 담아 두는 시간을 가져 보라. 아이들과 부모들이 지금 새롭게 배운 점들을 기억하는 데도 도움이 될 것이다!

감사의 말

지원을 아끼지 않고 통찰력 있게 편집해 준 에디터 마리안 리찌에게 감사한다. 그녀가 이 책에 대해 보여준 융통성과 흔들림 없는 믿음 덕에 결실을 맺을 수 있었다. 우리의 에이전트 헬렌에 대해서도 대단히 감사한다. 이 프로젝트의 가치를 단번에 알아 봐 주었고, 모든 과정 내내 우리 손을 잡고 놓지 않아 주었다.

학습 습관 사례들의 정리를 맡아준 서베이 크래프터의 개발자 리처드 워드에게 특별히 감사한다. 그 업무에 필요한 모든 일에 열성적으로 임해 주었다. 그가 이 프로젝트에 보여 준 낙관과 흥미, "할 수 있다"는 마음가짐, 독창성, 관대함과 지치지 않는 열정은 온라인 학습 습관 연구와 데이터에 실재성과 의미를 부여해 주었다.

WebMD 팀에도 무한한 감사를 보낸다. 우리와 몇 시간이나 통화하면서 독자들로부터 최상의 반응을 이끌어 내기 위해 조사 결과를 어떻게 표현해 내야 할지에 대한 아이디어를 풀어 놨다. 결국 우리가 가능하다고 생각했던 것보다 더 많은 데이터를 끌어모아 이 조사에 여러 충격적인 응답들을 더해 주었다. 애닉 조빈과 톰 카, 우리는 당신들의 도움에 영원히 감사할 거예요.

허핑턴포스트와 AOL의 팀에도 특별한 감사의 말을 전하고 싶다. 특히 리사 벨킨, 테리 댄젤로, 파라 밀러, 로리 레보비치, 아만다 슈마허, 그리고 아리아나 허핑턴에게.

페어런츠 매거진의 다이아나 드브로브너와 스테파니 우드에 감사를 전한다. National PTA, 특히 메리 팻 킹과 르네 잭슨 박사의 도움에 감사하고 있다. 블로그 5 Minutes for Mom의 수잔 카라레토에게 감사를 전한다.

특히 학습 습관 연구의 조사에 공헌해 준 수백명의 교사들과 모두에게 깊이 감사하다. 피드백을 주고, 시험 모델을 테스트해주고, 인터뷰에 참여하고, 질문에 답하고, 개인사를 우리에게 공유해 주었다.

다음의 연구 파트너들에게 감사를 전한다. 브라운 대학 앨버트 메디컬 스쿨의 소아과 신경심리학자 앨리슨 쉐티니 에번스 박사, 국립 아동병원 수면병동 소장인 쥬디스 오웬스 박사, 그리고 뉴잉글랜드 소아심리학 센터의 의료신.

마지막으로 바쁜 중에도 시간을 내어 학습 습관 연구에 참여해 준 모든 부모님들께 진한 감사를 보낸다. 이 책을, 진심으로, 당신들에게 바친다.

저자 일동

우리 셋의 짜릿하고, 그래서 어려웠던 이 책을 쓰게 된 여정의 시작은 아주 단순했다. 레베카가 그녀가 '정말 대단한 컨셉'이라고 칭한 과제에 대한 프레젠테이션을 들어 보라고 스테파니와 나를 초대한 것이다. 그리고 정말, 대단했다. 원고와 파워포인트 프레젠이션으로 무장한 레베카는 부모들을 위해 우리들 각자의 재능들을 책의 제작에 투입해 보지 않겠느냐고 제안했다. 부모들의 가장 곤란한 양육적 관심사에 연구와 의학에 기반한 답을 알려 주자는 것이었다. 최고의 전문가들과 통계학자들이, 가족과 아이들 모두에게 영향을 끼치게 될 우리의 연구에 동참하게 될 것이라면서.

가족과 아이들은 우리 모두의 관심사였기 때문에 그녀의 제안이 얼마나 훌륭한 것인지에 대해서는 굳이 힘들여 설득할 필요도 없었다. 내가 연구를 인도하고, 그녀가 프로젝트를 조직하고, 이미 잘 알려진 작가였던 스테파니가 이 책의 집필을 관장하면 됐다. 이렇게 훌륭한 팀이라니. 막바지에는, 레베카와 스테파니는 6주 동안, 일주일 내내, 둘이 합쳐 하루 30시간 이상의 시간을 이 책에 투자했다. 나는 그들의 그치지 않는 에너지와 창조력에 감탄했을 따름이다. 내가 어렸을 때 저런 어른이 되길 바랐는데! 스테파니, 레베카, 고마워요.

2013년 가을에 수행된 이 연구의 조사는 리처드 워드의 참여 덕에 완벽해질 수 있었다. 리처드는 이 책의 연구팀, 논문과 프레젠테이션을 위해 학습 습관 연구의 데이터를 취합하는 데 사용된 소프트웨어 서베이 크래프터 프로페셔널의 개발자다. 그는 7분 이내에 답변할 수 있는 110가지 아이템의 과학에 기반한 온라인 조사를 수행할 수 있도록 자신의 프로그램을 기꺼이 수정해 주었다. 또한 25시간 모니터

링이 요구되는 실시간 온라인 조사의 모든 기술적인 부분들을 관장했다. 우리의 통계학자들과 함께 데이터 수집과 프레젠테이션이 정확히 수행되게 해줬다. 또한 원고에 포함될 분석과 차트를 저자들에게 제공하느라 주말에도 일했다. 실로 '기술 지원'이란 용어의 신기원을 이룩해 준 사람이다.

우리가 이 프로젝트를 시작할 때는 이처럼 수백만의 광대한 데이터가 모일 줄 상상도 하지 못했다. 10,000페이지나 되는 통계 자료를 분석하는 일은 악몽과도 같았다. 연구를 수행하고, 결과를 분석하고, 출판을 위한 자료를 준비하는 동안 여러 통계학자들이 도움을 주었다. 특히 멜리사 네몬 박사가 데이터의 광맥을 파헤쳐 주었다. 복잡한 개념들을 다루는 그녀의 인내심과 명확한 결과를 도출하는 능력은 정말 놀라웠다.

멜리사를 광부라고 한다면, 레이첼 파 박사는 탐험가라고 할 수 있을 것이다. 레이첼은 학습 습관 연구의 여러 양상들과 관련된 과학적 정보들을 밝혀내는 대단한 능력을 보여 줬다. 끝부분에는 숙제, 가족 루틴, 수면, 미디어, 정신 건강, 교육적 성과와 과외 활동을 포함한, 학습 습관 연구가 얻어낸 복잡한 조사 자료들을 정리하는 데 도움을 줬다.

마지막으로, 이 프로젝트라는 선박이 가라앉지 않게 해 준 우리의 컴퓨터 기술자 데니스 수자에게 감사를 표하고자 한다. 컴퓨터 테크놀로지란 훌륭하다. 우리 컴퓨터 서버가 무서운 블루 스크린에 "드라이브에 데이터가 없습니다"란 글자를 띄웠던 때가 가장 기억에 남는 순간이다. 어떤 기술적인 어려움이 있어도 실패 없이 데니스는 신속하게 일을 처리해 줬다. 고마워요, 데니스.

로버트로부터

한 사람과 같이 살고, 함께 의학 연구를 하면서 책도 같이 쓴다는 건 대부분의 사람들에겐 불가능하게 보이겠지만, 내 사랑하는 파트너 로버트 프레스먼은 여러 면에서 그 불가능을 가능하게 도와 주었다. 환자와 이 연구에 대한 그의 헌신은 나는 감히 견줄 수 없이 대단했으면서도 동시에 가족에 대한 사랑과 헌신 역시 항상 그의 최우선 순위에 있었다. 당신의 사랑과 도움에 감사를 표해요. 항상 우리를 과학적으로 옳게 이끌어 주면서 팀을 한데 묶었고, 연구 결과를 썼고, 또 데이터를 살피고 연결시키는 일과 차트를 준비하는 일에 수천 시간을 할애하면서도 청소기까지 돌려 줬으니.

이 프로젝트 전체의 기초가 된 아이디어를 제안한 레베카 잭슨은 이 책을 위해 수백 번의 인터뷰를 진행했을 뿐 아니라 마케팅 전문가로서 프로젝트 수행에 필요한 에이전트와 미디어 파트너들을 준비해 주었다. 작가, 미디어 매니저, 조직가, 그리고 연구자로서의 다재다능함은 그녀의 엄마와 아내라는 또다른 중요한 역할 수행에 상당한 부담이 되었을 것이다. 하지만 우아하고 현명하게 그 모든 역할을 다 해냈다. 이 프로젝트에 함께 해 주어 너무 고맙다. 우리에게 현실 감각을 일깨우고, 배우게 하고, 일정을 따라잡게 했으며 훌륭한 이야기를 제공해 주었다.

변호사, 작가, 프로듀서, 다큐멘터리 영화제작자, 행동가이자 내 친구인 도나 무질은 이 책을 쓰는 동안 조언이 필요하면 내가 찾아가는 사람이었다. 이 놀라운 재능을 가진 여성은 내가 목적 의식을 잃고 지쳤을 때 흔쾌히 수백 페이지의 원고를 읽고 편집해 주었다. 말 그대로 자신의 일은 만사 제쳐둔 채. 도나, 당신은 내게 당신이 생각하는 것보다 더 큰 도움이 되었어요. 누구도 당신보다 더 좋고 의지가 되는 친구는 되어줄 수 없을 거예요. 고마워요!

바비 잭슨, 엠마 자크, 지나 발레미언과 마리 발레미언은 아이디어와 언어적인 면에서 뛰어난 조언들을 해 주었다. 지나, 당신은 이 거대한 프로젝트 중 가장 힘든 단계에서 나를 웃게 해줬어요. 웃음은 참 최고의 보약이었거든요!

그리고 마지막으로, 내 일을 큰 기쁨으로 만들어준 훌륭한 부모와 아이들에게 이루 말 할 수 없는 감사를 표한다. 우리의 연구에 참여해 주고 이야기를 이 책에 쓰도록 허락해 준 모든 분들, 감사드려요.

스테파니로부터

이 프로젝트는 내 파트너인 로버트 잭슨의 사랑과 지원 없이는 불가능했을 것이다. 우리 집을 굴러가게 해 줘서, 서랍에 빨래를 정리해 주고, 냉장고에 음식을 채워 줘서, 무엇보다 우리 아이들을 그 긴 과정 내내 즐겁게 해 줘서 고마워요. 당신 없이는 해낼 수 없었을 거예요. 누군가를 사랑하고 지원해 준다는 것의 의미를 알게 해 줬어요.

나의 두 아이들, 바비와 헌터에게도, 내가 오래도록 글 쓰는 시간을 견뎌줘서 감사한다. 너희가 아는 것보다 훨씬 더 너희들을 사랑한단다.

내 양아들의 엄마 자시 아논에게 감사한다. 내가 그녀의 아들의 삶에 들어갈 수 있도록 따뜻하게 맞아 주었고 양육에 있어 나를 신뢰해 주며 내게 이 책을 쓰인 중요한 인생의 기술들과 습관들을 많이 가르쳐 주었다.

사라 자크, 야스미나 토마스, 호프 홉킨스, 알렉산더 헨츠, 빌 카사라, 앨리사 설리번 고다드, 베리 브래디에게 감사를 보낸다. 모두가 내게 좋은 아이디어를 선사해 주었다.

레베카로부터

주석

서문

1. 로버트 프레스먼, 주디스 오웬스(Judith Owens), 앨리슨 셰티니(Allison Schettini), 멜리사 네몬(Melissa Nemon), "학습 습관 연구를 사용한 가족과 개인의 특성, 미디어, 그리고 학업적 중요성의 접점 조사(Examining the Interface of Family and Personal Traits, Media, and Academic Imperatives Using the Learning Habit Study)", American Journal of Family Therapy
2. 카이저 가족 재단(Kaiser Family Foundation), "M2 세대 8세~18세의 미디어 사용(Generation M2 Media in the Lives of 8 ― to 18 ― Year ― Olds)", 2010년 1월 20일, kff.org/other/event/generation ― m2 ― media ― in ― the ― lives ― of.

PART1

1장

1. 공통학습기준 계획(Common Core State Standards Initiative), "미국 주지사협회와 주 교육감들이 공통학습기준을 내놓는다(National Governors Association and State Education Chiefs Launch Common State Academic Standards)", corestandards.org/articles/8 ― national ― governors ― association ― and ― state ― education ― chiefs ― launch ― common ― state ― academic ― standards.
2. "부모들이 왕따와 학교 폭력 문제에 대해 학교에 낮은 점수를 주다", C. S. Mott Children's Hospital National Poll on Children's Health 7, no. 4 (2009), mottnpch.org/reports ― surveys/parents ― give ― schools ― low ― grades ― prevention ― bullying ― and ― school ― violence.
3. D. 골먼(D. Goleman), 《EQ 감성지능(Emotional Intelligence: Why It Can Matter More Than IQ)》 (New York: Bantam Books, 2006).

2장

1. 하임 G. 기노트(Haim G. Ginott), 《《부모와 십대 사이(Between Parent and Teenager)》》 (New York: Scribner, 1969).
2. 레베카 잭슨(Rebecca Jackson), "휴대폰 사용이 어떻게 당신 자녀들의 단기 기억력을 망치는가(How Cell Phone Use Is Destroying Your Kids' Short — Term Memory)", 허핑턴 포스트(Huffington Post), 2013년 9월 30일. huffingtonpost.com/rebecca — jackson/how — cell — phone — use — is — destroying — your — kids — short — term — memory_b_4016345.html.

PART2
1장

1. 히텐 삼타니(Hiten Samtani), "공통학습기준은 E러닝 업계에 호재(Common Core Standards Boon to E — Learning Industry")", WNYC, 2012년 8월 3일. wnyc.org/story/302125 — common — core — standards — boon — to — e — learning — industry.
2. 로버트 프레스먼, 주디스 오웬스(Judith Owens), 앨리슨 셰티니(Allison Schettini), 멜리사 네몬(Melissa Nemon), "학습 습관 연구를 사용한 가족과 개인의 특성, 미디어, 그리고 학업적 중요성의 접점 조사(Examining the Interface of Family and Personal Traits, Media, and Academic Imperatives Using the Learning Habit Study)", American Journal of Family Therapy
3. 켈리 월러스(Kelly Wallace), "TV는 잊어라! 아이폰과 아이패드가 아기들을 눈멀게 한다(Forget TV! iPhones and iPads Dazzle Babies)", CNN, 2013년 10월 30일. cnn.com/2013/10/29/living/parents — babies — kids — screen — time — guidelines.
4. 엘렌 A. 워텔라(Ellen A. Wartella), 준 H. 리(June H. Lee), 앨리슨 G. 카플로비츠(Allison G. Caplovitz), "아이들과 쌍방향 미디어 연구 개요 업데이트(Children and Interactive Media Research Compendium Update)", Children's Digital Media Center, Universityof Texas at Austin, 2012년 11월. academic.evergreen.edu/curricular/evs/readings/markleIntro.pdf.
5. 레베카 잭슨, "미디어 습관의 변화가 어떻게 당신 자녀의 정신 건강을 바꿀 수 있는가

(How Changes in Media Habits Could Transform Your Child's Mental Health)", 허핑턴 포스트, 2013년 10월 29일,
huffingtonpost.com/rebecca — jackson/how — changes — in — media — habits — could — transform — your — childs — health_b_4054881.html.

6. 마셜 맥루언(Marshall McLuhan), 《미디어의 이해(Understanding Media The Extensions of Man)》 (New York: McGraw — Hill, 1964).

7. "맥루언 사상의 개요(An Overview of McLuhan's Thinking)", Philosophical Society, philosophicalsociety.com/archives/McLuhan's퍼센트20Philosophy.htm#II. An Overview of McLuhan's Thinking.

8. 레베카 잭슨(Rebecca Jackson), "휴대폰 사용이 어떻게 당신 자녀들의 단기 기억력을 망치는가(How Cell Phone Use Is Destroying Your Kids' Short — Term Memory)", 허핑턴 포스트, 2013년 9월 30일,
huffingtonpost.com/rebecca — jackson/how — cell — phone — use — is — destroying — your — kids — short — term — memory_b_4016345.html.

2장

1. 데이비드 바보자(David Barboza), "상하이 학교의 정책이 학생들을 시험의 최고봉으로 끌어올린다(Shanghai Schools' Approach Pushes Students to Top of Tests)", 뉴욕 타임스(New York Times), 2010년 12월 29일,
nytimes.com/2010/12/30/world/asia/30shanghai.html?pagewanted=all&_r=0.

2. 존 마크 프로일랜드(John Mark Froiland), "부모의 자율성 지원과 학생의 학습 목표 내재적 동기 간섭에 대한 예비 조사(Parental Autonomy Support and Student Learning Goals A Preliminary Examination of an Intrinsic Motivation Intervention)", Child & Youth Care Forum 40, no. 2 (2011) 135 – 49. doi 10.1007/s10566 — 010 — 9126 — 2.

3. 상동.

4. 미국 주지사 협회 및 주 교육감 위원회(National Governors Association Center for Best Practices and Council of Chief State School Officers), 공통학습기준(Common Core State Standards for English Language Arts and Literacy in History/Social Studies, Science, and Technical Subjects) (Washington, DC Authors, 2010).

5. 진 로렌스(Jean Lawrence), "운동으로 당신의 뇌를 단련하라(Train Your Brain with Exercise)," WebMD, 2007년 6월 26일,
webmd.com/fitness — exercise/features/train — your — brain — with — exercise.

6. 제나 구드로(Jenna Goudreau), "파워 우먼의 비밀 팀 스포츠(The Secret to Being a Power Woman Play Team Sports)", 포브스(Forbes), 2011년 10월 10일,
forbes.com/sites/jennagoudreau/2011/10/12/secret — power — woman — play — team — sports — sarah — palin — meg — whitman — indra — nooyi.

7. 상동.

8. F. 트루도(F. Trudeau), R. 셰퍼드(R. Shephard), "신체적 교육, 학교의 신체 활동, 학교 스포츠와 학업 성적(Physical Education, School Physical Activity, School Sports and Academic Performance)", International Journal of Behavioral Nutrition and Physical Activity 5 (2008) 10, ijbnpa.org/content/5/1/10.

9. 샘 드호리티(Sam DeHority), "연구 결과 신체 활동이 운동선수의 정신력 테스트 결과를 더 좋게 나오게 한다는 것이 밝혀졌다(Study Suggests Physical Activity Helps Athletes Perform Better on Mental Tests)", 스택(Stack), 2013년 12월 11일, stack.com/2013/12/11/exercise-mental

10. 알렉산드라 시퍼린Alexandra Sifferlin, "연구 : 더 활동적인 십대들이 시험에서 더 높은 점수를 받는다(Study: More Active Teens Get Higher Test Scores)", 타임(Time), 2013년 10월 22일, healthland.time.com/2013/10/22/study-more-active-teens-get-higher-test-scores.

11. 상동.

12. S. B. 로빈스(S. B. Robbins), J. 앨런(J. Allen), A 카실라스(A. Casillas) 외, "대학에서의 학업 결과에 대한 전통적인 예측기준으로부터 동기와 기술, 사회성, 자기 관리의 달라진 효과를 밝히다(Unraveling the Differential Effects of Motivational and Skills, Social, and Self — Management Measures from Traditional Predictors of College Outcomes), Journal of Education Psychology 98, no. 3 (2006) 598 – 16, doi 10.1037/0022 — 0663.98.3.598.

13. 코니 주엘(Connie Juel), "읽고 쓰기 학습 : 1학년부터 4학년 학생 54명을 대상으로 한 종단적 연구(Learning to Read and Write: A Longitudinal Study of 54 Childrenfrom First through Fourth Grades)", Journal of Educational Psychology 80, no. 4 (1988): 437 – 47, doi: 10.1037/0022-0663.80.4.437.

3장

1. 로버트 프레스먼, 주디스 오웬스(Judith Owens), 앨리슨 세티니(Allison Schettini), 멜리사 네몬(Melissa Nemon), "학습 습관 연구를 사용한 가족과 개인의 특성, 미디어, 그리고 학업적 중요성의 접점 조사(Examining the Interface of Family and Personal Traits, Media, and Academic Imperatives Using the Learning Habit Study)", American Journal of Family Therapy
2. 카라 산타 마리아(Cara Santa Maria), "미친 짓의 실질적 정의(Insanity The Real Definition)", 허핑턴 포스트, 2012년 1월 4일 증보, huffingtonpost.com/2011/12/20/insanity — definition_n_1159927.html.
3. S. B. 로빈스(S. B. Robbins), J. 앨런(J. Allen), A 카실라스(A. Casillas) 외, "대학에서의 학업 결과에 대한 전통적인 예측기준으로부터 동기와 기술, 사회성, 자기 관리의 달라진 효과를 밝히다(Unraveling the Differential Effects of Motivational and Skills, Social, and Self — Management Measures from Traditional Predictors of College Outcomes), Journal of Education Psychology 98, no. 3 (2006) 598 – 16, doi 10.1037/0022 — 0663.98.3.598.

4장

1. "짐 캐리(Jim Carrey)", Feeling Success. feelingsuccess.com/jim — carrey.
2. 로버트 프레스먼, 주디스 오웬스(Judith Owens), 앨리슨 세티니(Allison Schettini), 멜리사 네몬(Melissa Nemon), "학습 습관 연구를 사용한 가족과 개인의 특성, 미디어, 그리고 학업적 중요성의 접점 조사(Examining the Interface of Family and Personal Traits, Media, and Academic Imperatives Using the Learning Habit Study)", American Journal of Family Therapy

5장

1. 크리스티안 지브렉(Christian Zibreg), "마크 주커버그가 D8 컨퍼런스에서 페이스북의 개인보호 정책 발언으로 곤욕을 치르다(Mark Zuckerberg Sweats over Facebook Privacy Talk at D8)", Geek, 2010년 6월 3일, geek.com/news/mark — zuckerberg — sweats — over — facebook — privacy — talk — at — d8 — 1260950.

2. 루이즈 페니(Louise Penny), 《네 시체를 묻어라(Bury Your Dead)》 (New York: St. Martin's Press, 2010).
3. S. 도널드슨 — 프레스먼, R. 프레스먼, 《자기도취적 가족 진단과 처방(The Narcissistic Family Diagnosis and Treatment)》 (San Francisco, CA Jossey — Bass, 1994).
4. 상동.

6장

1. "마이클 조던 — 실패(Michael Jordan — Failure)",
YouTube. youtube.com/watch?v=GuXZFQKKF7A.
2. 더그 볼드윈(Doug Baldwin), "왜 vs 어떻게(Why vs. How)", Stanford Home of Champions,
champions.stanford.edu/voices — of — champions/why — vs — how.
3. S. 도널드슨 — 프레스먼, R. 프레스먼, 《자기도취적 가족 진단과 처방(The Narcissistic Family Diagnosis and Treatment)》 (San Francisco, CA : Jossey — Bass, 1994).

7장

1. 안젤라 덕워스(Angela Duckworth), 마틴 E. P. 셀리그먼(Martin E. P. Seligman), "청소년의 학업 성과 예측에는 IQ보다 자기 수양이 우선(Self-Discipline Outdoes IQ in Predicting Academic Performance of Adolescents)", Psychological Science 16, no.12 (2005): 939–44.
2. 미국 국립보건원(National Institutes of Health), "뇌에 대한 정보(Information about the Brain)", Biological Sciences Curriculum Study, NIH Curriculum Supplement Series (Bethesda, MD: National Institutes of Health, 2007–),
ncbi.nlm.nih.gov/books/NBK20367.
3. 크리스 브루사드(Chris Broussard), "킹 제임스 버전(The King James Version)", ESPN, 2013년 10월 15일,
espn.go.com/nba/story/_/id/9824909.
4. 월터 미셸(Walter Mischel), 오즐렘 에이덕(Ozlem Ayduk), 마크 G. 버먼(Marc G.

Berman) 외, "평생 가는 '의지력' 자기 제어 분석하기('Willpower' over the Life Span Decomposing Self—Regulation)", Social Cognitive and Affective Neuroscience 6, no. 2 (2011) 252-56,

scan.oxfordjournals.org/content/6/2/252.short.

5. 상동.

6. 상동.

7. 허버트 벤슨(Herbert Benson), 미리암 Z. 클리퍼(Miriam Z. Klipper), 《《이완 반응(The Relaxation Response)》》 (New York: HarperCollins, 1975).

8. 로저 잔케(Roger Jahnke), "호흡 운동과 자가 치유(Breathing Exercises and Self—Healing)", Mercola.com, 2000년 2월 20일,

articles.mercola.com/sites/articles/archive/2000/02/20/breathing—part—one.aspx.

9. 스티븐 멜라루(Stephen Mellalieu), 쉘던 핸튼(Sheldon Hanton), 《《응용스포츠심리학의 발전 개관(Advances in Applied Sport Psychology A Review)》》 (New York : Routledge, 2008).

10. 국립대체의학센터(National Center for Complementary and Alternative Medicine / NCCAM), "건강을 위한 이완 기술 개론(Relaxation Techniques for Health An Introduction)", NCCAM D461, 2013년 2월,

nccam.nih.gov/health/stress/relaxation.htm퍼센트E2퍼센트80퍼센트8E.

11. "너무 과도한 숙제는 스트레스, 우울증과 성적 저하를 유발할 수 있다고, 연구 결과들이 제시하고 있다(Too Much Homework Can Cause Stress, Depression and Lower Grades, Studies Suggest)", Factual Facts, 2013년 1월 8일,

factualfacts.com/science—facts/too—much—homework—can—cause—stress—depression—and—lower—grades—studies—suggest.

12. E. L. 스윙(E. L. Swing), D. A. 젠틸(D. A. Gentile), C. A. 앤더슨(C. A. Anderson), D. A. 월시(D. A. Walsh), "텔레비전과 비디오 게임 노출과 주의력 문제 발생(Television and Video Game Exposure and the Development of Attention Problems)", Pediatrics 126, no.2 (2010) 214-21, doi10.1542/peds.2009—1508.

13. 줄리 헨리(Julie Henry), "전문가가 9세 이전에는 학교에서 컴퓨터 사용을 금지해야 한다고 주장하다(Ban Computers from Schools until Children Reach Age 9, Says Expert)", Telegraph, 2010년 6월 13일,

telegraph.co.uk/education/primaryeducation/7823259/Ban—computers—from—

schools — until — children — reach — age — 9 — says — expert.html.
14. 상동.
15. "주의력결핍장애와 약물 남용(ADHD and Substance Abuse)", WebMD, 2012년 5월 15일,
   webmd.com/add — adhd/guide/adhd — and — substance — abuse — is — there — a — link.

8장

1. 레아 위너먼(Lea Winerman), "우등생을 만드는 요인은 무엇인가?(What Sets High Achievers Apart?)", Monitor on Psychology 44, no. 11 (2013) p. 28.
2. 필립 L. 애커먼(Phillip L. Ackerman), 루스 칸퍼(Ruth Kanfer), 마가렛 E. 베이어(Margaret E. Beier), "학사 취득 예측 요인으로서의 성격, 인지능력, 특정분야 지식 및 STEM 교육 정책의 지속과 성별 차이(Trait Complex, Cognitive Ability, and Domain Knowledge Predictors of Baccalaureate Success, STEM Persistence, and Gender Differences)", Journal of Educational Psychology 105, no.3 (2013) 911–27, doi 10.1037/a0032338.
3. 위너먼, 위의 책, p. 28.
4. 상동, p. 30.
5. 다요 올로파데(Dayo Olopade), "유아와 아동 보육, 아프리카의 방식(Baby and Child Care, the African Way)", 뉴욕타임스, 2012년 5월 23일,
   latitude.blogs.nytimes.com/2012/05/23/african — hands — off — parenting — breeds — resilience — in — kids/?_php=true&_type=blogs&_r=0.

PART3

1. 도널드슨 — 프레스먼, 위의 책

전 세계가 주목한 최고의
'학습 습관 연구' 프로젝트

숙제의 힘

초판 1쇄 발행 2015년 3월 20일
초판 10쇄 발행 2024년 1월 12일

지은이 로버트 프레스먼·스테파니 도널드슨-프레스먼·레베카 잭슨
옮긴이 김준수
펴낸이 김선식

부사장 김은영
콘텐츠사업본부장 박현미
콘텐츠사업7팀장 김단비 콘텐츠사업7팀 권예경, 이한결, 남슬기
마케팅본부장 권장규 마케팅1팀 최혜령, 오서영, 문서희 채널1팀 박태준
미디어홍보본부장 정명찬 브랜드관리팀 안지혜, 오수미, 김은지, 이소영
뉴미디어팀 김민정, 이지은, 홍수경, 서가을, 문윤정, 이예주
크리에이티브팀 임유나, 박지수, 변승주, 김화정, 장세진, 박장미, 박주현
지식교양팀 이수인, 염아라, 석찬미, 김혜원, 백지은
편집관리팀 조세현, 백설희 저작권팀 한승빈, 이슬, 윤제희
재무관리팀 하미선, 윤이경, 김재경, 이보람, 임혜정
인사총무팀 강미숙, 지석배, 김혜진, 황종원
제작관리팀 이소현, 김소영, 김진경, 최완규, 이지우, 박예찬
물류관리팀 김형기, 김선민, 주정훈, 김선진, 한유현, 전태연, 양문현, 이민운

펴낸곳 다산북스 출판등록 2005년 12월 23일 제313-2005-00277호
주소 경기도 파주시 회동길 37-14 3, 4층
전화 02-702-1724(기획편집) 02-6217-1726(마케팅) 02-704-1724(경영관리)
팩스 02-703-2219 이메일 dasanbooks@dasanbooks.com
홈페이지 www.dasanbooks.com 블로그 blog.naver.com/dasan_books
용지 신승INC 인쇄 상지사 코팅 및 후가공 제이오엘앤피 제본 상지사
ISBN 979-11-306-0484-8(13590)

· 책값은 뒤표지에 있습니다.
· 파본은 구입하신 서점에서 교환해드립니다.
· 이 책은 저작권법에 의하여 보호를 받는 저작물이므로 무단 전재와 복제를 금합니다.

다산북스(DASANBOOKS)는 독자 여러분의 책에 관한 아이디어와 원고 투고를 기쁜 마음으로 기다리고 있습니다.
책 출간을 원하는 아이디어가 있으신 분은 이메일 dasanbooks@dasanbooks.com 또는 다산북스 홈페이지 '투고원고'란으로 간단한 개요와 취지, 연락처 등을 보내주세요. 머뭇거리지 말고 문을 두드리세요.